PPP 丛书

PPP 示范项目案例选编
——水务行业

（第二辑）

财政部政府和社会资本合作中心
E20 环境平台　编著

中国财经出版传媒集团
经济科学出版社
Economic Science Press

图书在版编目（CIP）数据

PPP 示范项目案例选编. 第二辑, 水务行业／财政部政府和社会资本合作中心, E20 环境平台编著. —北京：经济科学出版社，2017.8（2017.11 重印）

（PPP 丛书）

ISBN 978 – 7 – 5141 – 8396 – 2

Ⅰ. ①P… Ⅱ. ①财… ②E… Ⅲ. ①政府投资 – 合作 – 社会资本 – 案例 – 选编 Ⅳ. ①F830.59②F014.39

中国版本图书馆 CIP 数据核字（2017）第 216075 号

责任编辑：凌　敏
责任校对：王苗苗
责任印制：李　鹏

PPP 示范项目案例选编（第二辑）
——水务行业

财政部政府和社会资本合作中心　E20 环境平台　编著

经济科学出版社出版、发行　新华书店经销
社址：北京市海淀区阜成路甲 28 号　邮编：100142
教材分社电话：010 – 88191343　发行部电话：010 – 88191522
网址：www.esp.com.cn
电子邮箱：lingmin@esp.com.cn
天猫网店：经济科学出版社旗舰店
网址：http://jjkxcbs.tmall.com
北京密兴印刷有限公司印装
787×1092　16 开　23 印张　350000 字
2017 年 9 月第 1 版　2017 年 11 月第 2 次印刷
ISBN 978 – 7 – 5141 – 8396 – 2　定价：88.00 元
（图书出现印装问题，本社负责调换。电话：010 – 88191510）
（版权所有　侵权必究　举报电话：010 – 88191586
电子邮箱：dbts@esp.com.cn）

前　言

国家政府和社会资本合作（PPP）示范项目的行业引领、区域带动和创新示范效应已逐步显现，PPP 模式已得到更为广泛的关注与运用。

水务行业是国内 PPP 实践较早、发展较为成熟的领域，也是当前 PPP 合作边界日益延伸、商业模式不断创新的热点。为此，财政部组织开展了对前三批 PPP 示范项目中已落地环境类项目的评估工作，积极推进水务领域案例选编项目。通过水务领域 PPP 示范项目案例剖析，以期达到规范项目操作流程、提升项目落地质量、促进 PPP 持续发展、改善公共服务供给、推进政府职能转变的目的。

对比 2004 年《市政公用事业特许经营管理办法》出台后政府和社会资本主要在供水、污水处理等领域实施特许经营项目，自 2013 年国家推广 PPP 模式以来，水务 PPP 呈现出几大新特点。第一，范围更广，从城市供水、排水和污水处理拓展到原水、流域治理、农村供排水等领域，住房和城乡建设部、水利部、环保部等相关部门都有所参与。第二，商业模式创新，从供水、污水处理的单体项目扩展为区域环境综合项目；结算上政府付费、使用者付费和可行性缺口补助多种付费方式并存，并在以量计价的基础上增加了绩效付费方式。第三，《水污染防治行动计划》（以下简称"水十条"）之后，黑臭水体、海绵城市、水利建设、农村污水处理等多个热点被高度关注。第四，区别于以单体污水处理项目 BOT 为代表的 PPP 1.0 时代，目前已进入以打包项目、一体化项目为主的 PPP 2.0 时代。这种综合性体现在多个方面：一是包括若干个子项目，且项目类型多样；二是项目内容复杂，包括各类项目的投资、建设、运营；三是跨界整合，如上下游环节的整合、跨区域的整合等。与此相对应，各地对此类项目如何整体打包、长期运营维护如何实现、绩效如何有效约束、付费机制如何设计等问题进行了积极思考及实践探索。

总之，"水十条"发布以来，我国水环境治理进入以水生态、水经济为主要目标的水环境综合治理阶段，越来越突出区域联防联控，强调综合治理与自然修复结合，追求景观建设与生态重构。因此，选取一批流程规范、绩效清晰、有所创新的水务综合类PPP示范项目，供各地参考、借鉴很有必要。

为此，财政部政府和社会资本合作中心组织了一批来自行业主管部门、环保行业智库、PPP咨询机构、律师事务所、财税及投融资等领域的专家参与本案例编写工作，针对案例从行业、政策法律、流程程序、财税、融资等方面进行了分析。

在案例选择上，专家着重从付费是否体现绩效导向、风险是否合理分配、社会资本选择是否充分竞争等维度，对财政部前三批示范项目102个水务行业类项目进行三轮筛选，并组织多次研讨，最终确定10个案例。内容编排上，本书案例篇首先对水务行业进行了总结，就引水（原水）、供水（复合项目）、水环境综合整治（黑臭水体治理）、污水处理（农村污水）、海绵城市几个子领域，全面总结说明此类项目的特点与方向，从实操、财税、融资等角度分别凝炼共性特征，提出优化建议，并归纳本案例选编中各项目值得借鉴的亮点和创新；其次从项目摘要、项目识别论证、项目采购、项目落地情况、项目监管及项目点评六部分，对10个项目案例进行深入剖析。思考篇从政策法律、流程程序、财税、融资等方面进行了分析和思考，为各地设计及实施此类PPP项目提供经验和借鉴。

目 录

案例篇

水务行业总结	3
案例1 海南海口市南渡江引水工程PPP项目	10
案例2 江苏徐州市骆马湖水源地及原水管线项目	43
案例3 江苏徐州市沛县供水项目	69
案例4 山东济宁市金乡县城乡供水一体化建设工程	99
案例5 贵州贵阳市南明河水环境综合整治二期PPP项目	126
案例6 广西南宁市竹排江上游植物园段（那考河）流域治理PPP项目	164
案例7 山东临沂市中心城区水环境综合整治工程河道治理PPP项目	190
案例8 福建龙岩市四个县（区）乡镇污水处理厂网一体化PPP项目	226
案例9 江苏镇江市海绵城市建设项目	267
案例10 安徽池州市海绵城市建设清溪河流域水环境综合整治PPP项目	296

思考篇

PPP 项目实操中的共性问题与思考 …………………………………… 333
财税方面的总结与思考 ………………………………………………… 340
融资方面的总结与思考 ………………………………………………… 346

后记 ……………………………………………………………………… 358

案 例 篇

水务行业总结

全国PPP综合信息平台数据显示，截至2017年3月底，全国入库项目共计12 287个，累计投资金额14.6万亿元。据统计，环保类项目4 001个，投资额约3万亿元，其中水务类项目2 432个，占全部入库项目总数的20%，投资额1.5万亿元。

在环保类PPP项目中，涉水项目（包括污水处理、水利、供排水、水环境综合治理、海绵城市等）占比最高。

水务行业PPP在提升公共服务效率的同时，有助于实现环境治理效果。同过去设备服务、工程服务以及投资运营服务不同，水务PPP当前及未来强调的必然是效果服务。有专家认为，水务PPP乃至其他环境类PPP项目，应该有四个方面的特征。第一，项目高度集成。单体项目解决不了区域性、流域性的系统环境问题，因此必然要求项目是综合性的、集成性的，大多为多种项目类型、多种绩效标准、多种付费机制相结合的复合型项目。第二，强调长期运维。PPP不能是拉长版"BT"，不能"重建设、轻运营"，因此需要突出社会资本的长期运维责任，要求社会资本在较长的合作期限内进行运营维护。第三，强化绩效约束。集成性的项目无法简单以量计费，其付费需要和绩效考核挂钩，体现绩效约束性，"效果服务"的本质是有效果才付费。为此，会有越来越多的项目探索可用性付费与绩效进行适当挂钩。第四，利于行业发展。规范操作的水务PPP项目，尤其是以绩效为导向凸显社会资本投资、建设、运营、融资的综合竞争力，将有利于环保行业的"优胜劣汰"，推动环保产业持续、健康发展，有利于环境治理目标的最终实现。财政部与环保部在2015年4月9日联合印发《关于推进水污染防治领域政府和社会资本合作的实施意见》，结合"水十条"的现实需求已体现了综合治理的大方向。

一、重点关注综合性领域

本书未聚焦已形成相对成熟模式的传统领域，比如单体污水处理项目、供水厂项目，而是重点关注海绵城市、水环境综合整治（黑臭水体治理）、农村污水治理等新兴领域。

这类项目具有很强的综合性。首先，项目本身包括若干子项目，是项目包或项目集；其次，正因为其内容的复杂性，绩效考核的内容也相对复杂；再次，因子项目性质不同（可能包括非经营性、准经营性和经营性多种类型），付费的方式也存在多样性，可能是政府付费、使用者付费和可行性缺口补助的综合；最后，项目内部各子项目之间相互影响、互为关联，需要系统规划、协同运作，才能达到整体的环境治理效果。

二、细分领域突出特殊性

本书包括2个引水（原水）项目、2个供水项目（1个城乡一体化，1个复合项目）、3个水环境综合治理项目、1个多区县乡镇污水处理打包项目及2个海绵城市项目，是当前水务领域综合类PPP项目的典型。每一细分领域有其特殊性，面临的问题也各不相同，相关安排为各地加快推进同类项目提供思路和借鉴。

引水项目。工程逐渐显示出较强的综合性，比如海南海口市南渡江引水工程PPP项目包括城市及产业园供水工程、新城供水工程、灌溉工程、五源河防洪治涝综合整治工程及水库连通工程等子项目，回报机制对应设计为"政府支付可行性缺口补助+原水费+农业灌溉和生态用水水费"。有专家建议原水及引水工程PPP项目可在以下方面进一步完善：一是协调多类子项工程之间的关系，比如综合项目中防洪与供水、发电之间的协调问题；二是充分考虑水利工程水资源的特有风险，比如年际、年内来水量丰枯带来的供水工程能力发挥的问题；三是审慎对待用水户最低需求保障，评估政府支付能力；四是考虑农村生活用水和灌溉用水水费收取难度，应在风险分配及回报机制中有所反映；五是多个"一体化"的综合型项目，应选择具备综合资源整合能力的社会资本，即整合金融、设计、建设、运营、维护各方资源，推动PPP项目整体"物有所值"及绩效最优。

供排水项目。表现为区域、环节上的整合，即城乡打包、上下游环节一体化打包渐成趋势。如江苏徐州市沛县供水项目集地表水厂、污水处理厂、市政管网及农村饮水安全工程四部分于一体，高度综合。

黑臭水体治理项目。"水十条"对黑臭水体治理提出明确要求和治理期限，"到2020年，我国地级及以上城市建成区黑臭水体均控制在10%以内，到2030年，城市建成区黑臭水体总体得到消除。"直辖市、省会城市、计划单列市更提前到2017年底以前基本完成。黑臭水体有其特殊性，即"黑臭在水里，根源在岸上，核心在管网，关键在排口"，因此，理想的模式是将水、岸、厂、网一体化整体打包负责。有行业专家指出，黑臭水体的治理是没有捷径可走的，必须踏踏实实做好截污，做好清淤，做好后期运行维护。真正的水环境治理PPP项目，可用性付费是要和效果挂钩的。对于黑臭水体治理项目，社会资本应把核心任务和大部分的钱放在控源截污上，当然同时也要兼顾景观需求。山东临沂市中心城区水环境综合整治工程河道治理PPP项目、贵州贵阳市南明河水环境综合整治二期PPP项目、广西南宁市竹排江上游植物园段（那考河）流域治理PPP项目等几个项目在绩效考核、按效付费及系统整治方面体现了不同程度的创新。

农村污水处理项目。此类项目国家层面尚无统一的绩效考核标准，而强行要求农村生活污水执行城镇排放标准，结果往往很难达到预期效果。近年来，少数省份（如北京、山西、浙江、宁夏、河北等地）已发布《农村生活污水处理设施水污染物排放标准》《农村生活污水排放标准》等省级地方标准。2017年4月底，住房城乡建设部发布《农村生活污水处理设施技术标准（征求意见稿）》，提出设计水量和水质、污水收集系统、污水处理、配套设施、施工和验收、运行和维护等内容的技术标准，此标准尚在征求意见阶段，未正式发布。此外，农村污水处理项目难以从农民处收取污水处理费，也存在付费机制上的难题。即便如此，作为实现"美丽中国"不可或缺的组成部分，中国2 850多个县级（区、县、市、旗等）政府、39 800多个乡镇街道的到村、到户农村污水处理问题不容忽视。福建龙岩市四个县（区）乡镇污水处理厂网一体化PPP项目，虽然仍为乡镇层面的项目，但也是跨区县、多乡镇、集中处理和分散处理一体的探索与尝试。

海绵城市项目。2015年10月，国务院办公厅印发了《关于推进海绵城市建设的指导意见》，部署推进海绵城市建设工作，明确了海绵城市建设要最大限度地减少城市建设开发对生态环境的影响，将70%的降雨就地消纳和利用；到2020年，城市建成区20%以上的面积要达到海绵城市建设的目标要求；到2030年，城市建成区80%以上的面积要达到海绵城市建设的目标要求。有行业专家指出，海绵城市建设是一个系统工程，其中，年径流总量控制率是一个新的重要指标，要实现径流污染控制、雨水资源利用、水的良性循环和生态。海绵城市PPP项目具有以下几个特点：项目类型多、系统性强且边界模糊；投资主体不一，项目公益性强；项目运作模式多样化；利益相关者多，协调关系复杂。本案例选编中"江苏镇江市海绵城市建设项目"包含海绵型道路建设、海绵型小区（既有小区）建设、湿地生态系统建设、污水处理厂建设、雨水泵站建设、管网工程建设、水环境修复保护等项目的建设，并由项目公司在合作期内负责对污水处理厂、雨水泵站等项目进行运营维护，治理已取得阶段性成效。

三、专业层面探索新方向

为促进今后水务PPP项目更好落地，本次案例选编组织国内多领域的专家进行了多次研讨，并在法律、咨询、融资、财税等方面形成了一些建设性的研究成果。

法律类专家认为,从入选案例情况看,项目实施程序的规范性基本得到保障,可以在以下方面进一步完善和优化:明确竞争性磋商实操规定(如工程项目和服务项目);明确 TOT 及 ROT 模式中国有资产转让及社会资本招选程序;回报机制上要真正体现"按效付费"、实行绩效合同定价机制;优化项目现金流,根据供应量和服务效果按月或至少按季付费。

咨询类专家结合本次案例选编,深入分析了 PPP 项目与现行固定资产投资项目管理程序的衔接、PPP 项目用地、PPP 更应突出按效付费、项目公司成立等热点及难点问题,并提出了相应的建议。

财税领域专家结合本辑案例评选认为,PPP 项目应用好现有各项税收优惠政策;项目相关方应重视 PPP 项目前期税收筹划,注重 PPP 项目税收优惠审核,全面公示税收优惠享受信息;地方政府、社会资本及第三方咨询服务机构应对水务 PPP 项目涉及的税种、税收优惠政策的适用性等进行全面掌握,合理评估测算,保证项目成本测算的准确性,进而保障项目后续实施的稳定性。

融资领域专家对本辑 10 个案例的投融资基本情况进行了系统梳理及数据分析,并总结了中标社会资本实力普遍较强、项目资本金比例普遍较高、债权融资普遍由社会资本提供增信、贷款融资成本目前普遍不高及融资期限相对较长等共性特征。他们建议在匹配融资期限与 PPP 合作期限(再融资)、提高社会资本增信能力、发挥 PPP 基金作用等方面进一步完善和优化。

四、案例的亮点探索

为了通过示范项目促进程序更完善、提高规范性,本书从入库且已落地的财政部示范项目中挑选了 10 个水务行业类项目。由于顶层设计还在推进、地方实操经验尚在积累、咨询公司能力有待提升,选择的案例也不尽完美,比如部分项目边界尚未明晰、绩效标准还不完善、按效付费机制尚不健全、商业模式尚在探索等。但本案例选编中，各项目有不少亮点和创新，值得借鉴。

海南海口市南渡江引水工程PPP项目：项目采购前的市场融资测试，确保项目的可融资性；设置反向的"阶梯水价"，降低政府方保底水量预测风险，并调节项目公司超额利润；设计优化的收益合理分配，既降低政府可用性付费责任，又维持社会资本原水收费水平、保障其优化提升和探索创新的积极性。

江苏徐州市骆马湖水源地及原水管线项目：项目创新引入"持续经营、债务延续"理念，突破特许经营期限30年的概念，实现地方财政各年度支出的平滑处理；边界设计清晰、风险分配合理，项目推进阶段引起社会资本的高度关注，优选的社会资本运营经验丰富，突出提高公共产品供给质量和供应效应导向。

江苏徐州市沛县供水项目：项目城乡一体、供排一体、厂网一体"三体合一"，通过对城乡供水、市政管网、污水处理厂以上每一部分的边界进行单独设计并综合考虑，最终达到政府方和社会资本方共赢；明确提出存量项目原有人员安置方案，既保障员工的基本利益，又给予潜在社会资本一定的绩效考核空间；在实施方案报批前让参与的各家社会资本充分参与实施方案的优化完善，吸收合理建议，保证了项目设计质量；先采用竞争性磋商的方式择优选择社会资本，再按照合法程序进行项目工程招投标，满足了程序规范性要求。

山东济宁市金乡县城乡供水一体化建设工程：项目为使用者付费项目，政府出资方的股权支出为自来水公司的存量资产，财政无须承担补贴支出等预算安排；城乡供水一体化项目，多个供水系统打包为一个整体，既便于水资源的优化管理，又减少了管网和水源厂的重复建设，降低了投资成本，实现了农村供水与城区供水的有机结合。

贵州贵阳市南明河水环境综合整治二期PPP项目：项目采用动态调整付费机制，激励和控制双管齐下；交易结构设计清晰、合理，不仅为中长期支出安排提供财政保障，而且有利于吸引社会资本方投资；推动政府职能转变，重视项目组织保障及公共监督。

广西南宁市竹排江上游植物园段（那考河）流域治理PPP项目：谋定而后动，合理确定PPP项目合作范围，为全流域治理做足了前期的准备；政府付费与绩效考核全面挂钩，倒逼社会资本提升运营效率；贯穿"全流域治理"和"海绵城市"理念，项目实施已初见成效。

山东临沂市中心城区水环境综合整治工程河道治理PPP项目：项目前期政府的摸底调查工作越细致，后期项目实施越"物有所值"；在社会资本的选择方面更注重其市政工程建设能力和河道治理运营能力；按效付费保证公众获得长效的高品质服务；设立政府的项目管理机构，统筹负责项目全生命周期管理。

福建龙岩市四个县（区）乡镇污水处理厂网一体化PPP项目：跨区域项目打包，对"大项目"统一招标，提高社会资本参与的积极性，同时降低项目整体成本；污水收集风险转移给社会资本，防止污水处理设施"晒太阳"；通过市场测试、资格预审等程序，合理设置资格要求及评分规则，择优选择民营企业作为社会资本参与PPP项目。

江苏镇江市海绵城市建设项目：通过成立市政府层面的PPP领导小组并建立PPP实施方案审查制度，规范PPP项目报批程序；创新性地设计了运营费用的再谈判机制及谈判依据，有效降低再谈判的难度，保障项目后续顺利实施；引入金融机构竞争，降低项目融资成本。

安徽池州市海绵城市建设清溪河流域水环境综合整治PPP项目：项目将独立分散的子项目进行系统化整合，采用了"老区连片改造——流域+海绵+黑臭"的模式；从编制实施方案、资格审查文件、竞争性磋商文件到PPP项目合同体系，都特别强调制定详尽的项目产出目标并严格执行；在工程可行性研究报告基础上把方案设计也作为一项招标内容，要求社会资本方提供相关设计标准规划，更加强调全生命周期项目各环节的整合。

综上所述，以水生态、水经济为主要目标的水环境综合治理阶段，基于水环境治理衍生到其他领域（如有机农业、绿色工业、生态旅游等）的"水环境+"模式也在酝酿中，不同类型项目捆绑、资源组合开发等实践创新还在路上，为中国PPP发展贡献新动力。

案例 1

海南海口市南渡江引水工程 PPP 项目

一、项目摘要

项目基本信息见表 1-1。

表 1-1　　项目基本信息表

项目名称	海南海口市南渡江引水工程 PPP 项目（以下简称"本项目"）
项目类型	新建
所属行业	水利建设——引水
合作内容	概算总投资约 36.2 亿元。本项目合作内容包括中西部城市及产业园供水工程、东部城市及产业园供水工程、美安科技新城供水工程、灌溉工程、五源河防洪治涝综合整治工程及水库连通工程的投资、建设和后期运营维护。
合作期限	34 年（建设期 4 年、运营期 30 年）
运作方式	建设-运营-移交（Build-Operate-Transfer，BOT）
资产权属	合作期项目资产所有权始终归属政府方，项目公司拥有项目特许经营权，政府无偿提供项目用地。
回报机制	可行性缺口补助
实施机构	海口市水务局
采购方式	公开招标
政府出资方	海口市水务集团有限公司，国有独资（以下简称"海口水务集团"）
中选社会资本	中国葛洲坝集团有限公司（以下简称"葛洲坝集团"）
签约日期	2015 年 11 月 18 日

续表

项目公司设立概况	项目公司名称：葛洲坝（海口）引水工程投资有限公司 设立时间：2015年12月26日 股权结构：项目公司注册资本金为7亿元，其中葛洲坝集团持股80%；海口水务集团持股20%。
主要贷款机构	国家开发银行海南省分行，中国农业发展银行海南省分行

二、项目识别论证

（一）项目背景

海口市主城区供水目前主要依靠南渡江龙塘引水、永庄水库及地下水开采。因工程供水能力不足，难以支撑该地区社会经济快速发展需求，迫切需要规划建设新的供水水源。同时随着海口市城市建设和发展，需对穿越主城区的五源河进行防洪治涝综合整治，以提高其防洪排涝能力，建设优美宜居城市。

南渡江引水工程是实现海口市水资源优化配置的关键性工程。工程实施后，近期可有效缓解海口城市生活和工业缺水矛盾，解决羊山地区农业灌溉用水问题。结合改善五源河防洪排涝条件，对促进海口市国际旅游和生态城市建设、保障经济社会可持续发展具有重要作用。规划的南渡江迈湾水利枢纽建成后，通过调节河道径流，可进一步提高海口市的供水保障能力。

本项目投资规模大，建设期要求紧，为加快转变项目投融资模式，引入具备强大投融资能力和项目运营经验的社会资本方，海口市人民政府决定采取PPP模式运作南渡江引水工程项目。

2015年7月，经海口市财政局、海口市水务局联合组织竞争性比选，深圳市万德公共咨询有限公司（下称"万德咨询"）受聘成为本项目的PPP咨询机构，上海锦天城（厦门）律师事务所受聘成为本项目的法律咨询机构。

（二）发起方式

本项目由政府方发起。

（三）实施方案

1. 合作范围界定

本项目的建设内容包括中西部城市及产业园供水工程、东部城市及产业园供水工程、美安科技新城供水工程、灌溉工程、五源河防洪治涝综合整治工程及水库连通工程等。

工程总体布局：在南渡江中游新建东山闸坝和泵站，从南渡江提水后通过渠（管）道输水至美安科技新城水厂和永庄水库调蓄，再分别向海口市西部、中部片区供水，沿线向美安工业园及羊山灌区农业灌溉供水；同时在已建龙塘闸坝左、右各增建一座泵站，分别向龙塘灌区和江东水厂、云龙水厂供水。

2. 项目边界条件

（1）回报机制

本项目通过"可行性缺口补助"方式实现财务平衡。

① 项目可行性缺口补助

本项目投资额较大，且具有准公共产品的特征，仅靠原水售水收入，社会资本无法收回投资成本并获得预期合理回报，因此有必要在运营期内由政府提供一定的补贴，以弥补使用者付费之外的缺口部分，使项目具备商业上的可行性。

根据测算结果，本项目可行性缺口补助金额较大，因此，本项目在选择社会资本时，将项目可行性缺口补助金额作为竞价标的。即：在社会资本的资本实力、投资运营经验相近的情况下，报价更低者将被选为中标社会资本。其报价将写入 PPP 项目合同，作为政府的付费依据。

② 原水费

本项目的原水费是指向供水企业出售原水而支付给项目公司的费用。在充分考虑居民和供水企业的可承受能力、海口市未来对原水的需求情况以及项目的经营成本和投资吸引力后，实施机构设定了项目特许经营期内原水的供应价格（见表 1-2）和保底水量标准。

表 1-2　　　　　特许经营期内原水基准价格标准　　　　单位：元/吨

年份	2020~2022	2023~2025	2026~2028	2029~2031	2032~2034	2035~2037	2038~2049
单价	0.6	0.8	1.0	1.2	1.4	1.6	1.80

海口水务集团根据实际取水量向项目公司支付原水费，若实际取水量低于保底水量，则不足部分的原水费由政府支付给项目公司。因原水成本上升政府可启动调整终端水价程序，若水价调整不及时或无法调整，则增加的原水成本由政府支付给项目公司。原水费每月支付一次。

若海口市未来实际原水需求量超过保底水量时，项目公司须按实际需求提供，且超过 20% 以内的部分，按基准价的 70% 计费；超过 20%~50% 的部分，按基准价的 60% 计费；超过 50% 的部分，按基准价的 50% 计费。

上述安排为不可变更条款列入项目招标条件。

③ 农业灌溉和生态用水水费

提供农业灌溉用水和五源河生态用水是本项目一项重要功能。从逻辑上讲，农业灌溉用水适宜由使用者即灌溉用户付费，但由于该费用的收取难度极大，收费成功率具有高度的不确定性。因此，项目方案中设定该费用由政府支付。政府可根据当地实际情况再向灌溉用户收取水费，具体回报机制见表 1-3。

表 1-3　　　　　　　　　项目回报机制一览

回报	回报类型	调价因素	调价周期
原水费	使用者付费	电价、人工成本、燃料成本、水资源费和其他成本（不包含折旧或摊销）	不短于两年
生态用水及农业灌溉用水	政府付费		不短于两年
可行性缺口补助	政府付费	贷款基准利率	变化累计达到0.5个百分点

注：生态用水水费作为一项公共产品由政府付费；农业灌溉用水水费类似污水处理费，农业灌溉用水的受益者并没有支付能力，很难收取上来，设定该费用由政府付费（政府可向用户收取用水费用）。

五源河生态用水是为了满足城市公共服务需求的一项公共产品，理应由政府付费。

项目公司必须根据市政府的调度指令提供农业灌溉用水和生态用水。政府根据计量的供水量，按照 0.40 元/立方米的初始价格向项目公司支付水费。农业灌溉和生态用水水费每季度支付一次。

④ 用水量的计量

原水及农业灌溉、生态用水的计量由项目公司、用水单位和海口市水务局三方共同确认的流量计量仪表进行计量，其中交付点为项目公司的供水设施与输水管网连接之处。计量表和配套计量设备的型号、规格和技术指标，应符合中华人民共和国的计量法规，并具有法定计量检测机构颁发的使用许可证。流量计量仪表精度应不低于 0.5 级。项目公司应按照市政府计量行政部门指定的计量检定机构申请周期检定，并邀请用水单位和海口市水务局到场。

（2）项目调价机制

① 项目可行性缺口补助调价机制

项目运营期内，利率的变化影响项目公司偿还银行贷款利息的支出。结合项目风险分担基本框架，利率变化超限的风险应由政府进行分担。因此，项目可行性缺口补助在偿还银行贷款期间可根据银行贷款计息利率的变化予以调整。调价机制设置为：在项目正式运营后，若银行贷款基准利率变化累计不少于 0.5 个百分点时，双方均可提出调整项目可行性缺口补助的申请并启动调价程序，调价幅度以能完全覆盖利息变化额度为限。

② 原水价格、灌溉和生态用水水费调价机制

在项目正式运营满两年后，若因人工成本、CPI、电力成本等成本因素变化致使项目运营维护和管理成本变化超过3%时，双方均可以提出调整原水、灌溉和生态用水水费单价的申请，并启动调价程序。调价幅度以能完全弥补成本变化额度为限，每次调价距上一次调价时间间隔不得短于两年。

③ 调价公式

无论是可行性缺口补助的调整还是原水价格、灌溉和生态用水水费的调整，方案中均设定了具有可操作性的调价公式。

ⅰ 项目可行性缺口补助调价公式。调价公式设定如下：

$$S_n = S_{n-1} + B \times (R_n - R_{n-1}) \times T/365$$

其中：S_n为第 n 年调价后可行性缺口补助金额；S_{n-1}为第 n 年调价前可行性缺口补助金额；B 为第 n 年调价时借款未付余额；R_n为银行贷款利率变化后执行的银行贷款基准利率；R_{n-1}为上一次调整可行性补贴缺口补助时的银行贷款基准利率（若此前未调整可行性补贴缺口补助，则R_{n-1}为 PPP 项目协议签订时的银行贷款基准利率）；$R_n - R_{n-1}$的绝对值大于或等于 0.5%；T 为利率变化年计息期内利率变化后的计息天数。

ⅱ 原水价格、灌溉和生态用水水费调价公式。调价公式设定如下：

$$P_n = (P_{n-2} - D) \times K + D$$

其中：

n 为原水单价、灌溉和生态用水水费单价调整执行年。

P_n为第 n 年（即调价当年）调整后的原水单价或灌溉和生态用水水费单价。

P_{n-2}为调整前的原水单价或灌溉和生态用水水费单价。

D 为初始原水单价或灌溉和生态用水水费单价中的折旧摊销金额。

K 为调价系数，依据以下公式确定：

$$K = C_1(E_n/E_{n-2}) + C_2(L_n/L_{n-2}) + C_3(F_{n-1} \times F_{n-2}) \\ + C_4(I_n/I_{n-2}) + C_5(1 + CPI_{n-1})(1 + CPI_{n-2})$$

其中：C_1 是正常运营条件下的电力费用在原水单价或灌溉和生态用水水费单价可调部分（可调部分为原水单价或灌溉和生态用水水费单价组成中的经营成本和财务费用，不包括折旧摊销）中所占的比例；C_2 是人工费用在原水单价或灌溉和生态用水水费单价可调部分中所占的比例；C_3 是材料燃料费在原水单价或灌溉和生态用水水费单价可调部分中所占的比例；C_4 是水资源费在原水单价或灌溉和生态用水水费单价可调部分中所占的比例；C_5 是原水单价或灌溉和生态用水水费单价可调部分中除电力费用、人工费用、材料燃料费和水资源费以外的其他因素在原水单价或灌溉和生态用水水费单价可调部分中所占的比例。$C_1 + C_2 + C_3 + C_4 + C_5 = 1$，$C_1$、$C_2$、$C_3$、$C_4$、$C_5$ 取第 $n-1$ 年全年的运行数据的月算术平均值，由乙方与甲方本着对双方有利的原则共同协商确定。协商不一致的，由海口市水务局聘请不少于 3 名独立的外部财务专家确认 $C_1 \sim C_5$ 各参数值。因人工成本、CPI、电力成本等成本因素变化需进行价格调整时，分别核定原水单价以及灌溉和生态用水水费单价中的 C_1、C_2、C_3、C_4、C_5 值。

E_n 为第 n 年时本项目实际支付的综合平均电价（实际缴纳电费除以实际用电量）；E_{n-2} 为第 n-2 年时本项目实际支付的综合平均电价；L_n 为第 n 年由海口市统计局公布的第 n-1 年当地在岗职工平均工资（以《海口市统计年鉴》中"总计"一栏中水利环境和公共设施管理业工资为准）；L_{n-2} 为第 n-2 年由海口市统计局公布的第 n-3 年当地在岗职工平均工资（以《海口市统计年鉴》中"总计"一栏中水利环境和公共设施管理业工资为准）；F_{n-1} 为第 n 年由国家统计局在《中国统计年鉴》中公布的第 n-1 年按工业行业分工业品出厂价格指数中石油和天然气开采业价格指数/100；F_{n-2} 为第 n-1 年时由国家统计局在《中国统计年鉴》中公布的第 n-2 年按工业行业分工业品出厂价格指数中石油和天然气开采业价格指数/100；I_n 为第 n 年时本项目实际支付的水资源费单价；I_{n-2} 为第 n-2 年时本项目实际支付的水资源费单价；CPI_{n-1} 为第 n 年由海口市统计局公布的第 n-1 年海口市 CPI 的增长率；CPI_{n-2} 为第 n-1 年由海口市统计局公布的第 n-2 年海口市 CPI 的增长率。

(3) 风险分配基本框架

本项目PPP模式运作时，按照风险分担、收益对等和风险可控等原则，进行风险分配。政府和社会资本谁对哪种风险更有控制力，谁就承担相应的风险，以此降低项目在全生命周期内所面临的各种风险。

结合项目投融资结构及项目自身特点，通过协议约定，形成如表1-4所示的风险分配基本架构。

表1-4　　　　　　　　风险分担模式

主要由政府承担的风险	双方共同承担的风险	主要由社会资本方承担的风险
政治风险	利率变化超限风险	融资风险
法律风险	通货膨胀超限风险	工期延误风险
规划、标准变更风险	不可抗力风险	成本超支风险
土地获得风险		技术风险
政府决策风险		运营管理风险

第一，政治、法律、政策等宏观层面的风险，主要指行业管制政策变动、治安恶化、税种税率变动、水质标准提高、防洪标准提高、无法按时取得建设用地，以及政府部门工作人员渎职怠政导致决策迟缓等一系列影响项目建设进度和增加项目成本的因素。因为这些风险主要由政府方引起，或出现后政府有较强的控制力，所以这类风险应主要由政府方承担。

第二，原则上，建设期、运营期的大部分非系统性风险由社会资本方承担。包括但不限于：投资建设期的融资不能按时到位风险、融资成本过高风险、工期延误风险（非社会资本方原因导致的情况另行约定）、建设质量风险及建设成本超支风险等，运营期的运营效率风险及服务质量风险。

第三，由政府和社会资本方共同承担的风险包括：利率风险、通货膨胀风险及不可抗力风险。

利率风险及通货膨胀风险主要由社会资本合作方承担，但其承担该风险应有一定的上限，当利率变化及通货膨胀超过承受上限的部分，则由政府以补贴方式进行分担。

不可抗力风险是不可避免和不可控制的,所以由政府和社会资本合作方共同承担。

3. 项目交易架构

本项目采取政府和社会资本合作模式(PPP 模式),市政府授权市水务局作为实施机构,采取公开招标方式选择社会资本方,同时政府授权海口水务集团作为政府出资代表,与中标社会资本方共同出资设立项目公司。

市水务局与项目公司签署《南渡江引水工程 PPP 项目特许经营协议》,将本项目的特许经营权授予项目公司,由项目公司负责项目的投融资、建设和运营。在特许经营期限届满后,项目公司将本项目无偿移交给海口市人民政府指定的机构。

本项目特许经营期为 30 年(不含 4 年建设期)。项目运营期内,由项目公司向海口水务集团供应原水,同时由政府方购买景观用水和农业灌溉用水。海口水务集团向项目公司支付原水费,海口市水务局向项目公司支付农业灌溉和生态用水水费以及可行性缺口补助(见图 1-1)。

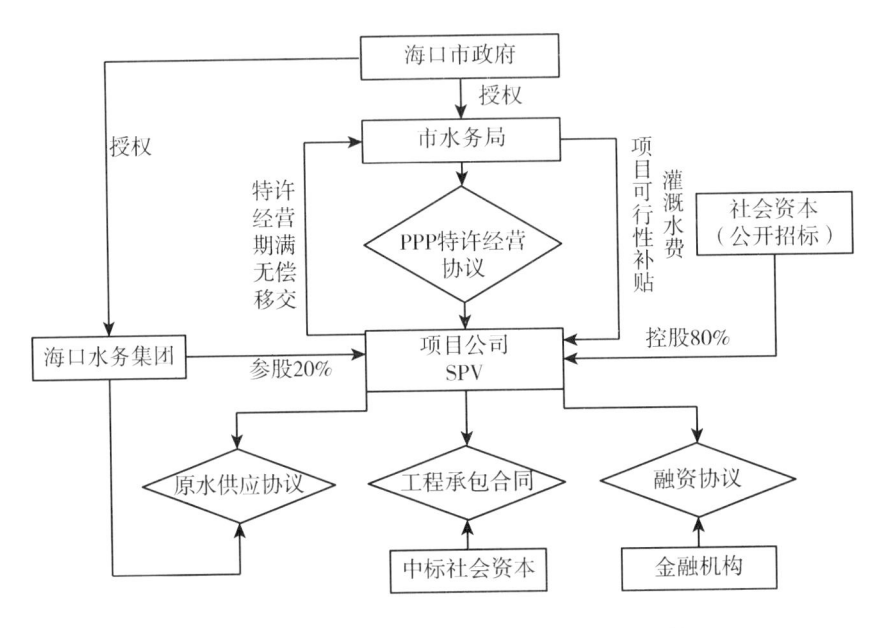

图 1-1 南渡江引水工程 PPP 交易架构

4. 绩效考核指标及体系

本项目公共服务产出为原水供应和农业灌溉、景观用水供应，在原水供应协议中规定了项目公司应确保原水水质符合国家"地表水环境质量标准"中对集中式生活饮用水地表水源地的水质要求，即《地表水环境质量标准》（GB3838-2002）Ⅱ类标准（因农业灌溉、景观用水水质标准为Ⅴ类标准，低于集中式饮用水地表水水源地的水质要求，统一要求达到饮用水水质标准）。同时，项目公司应根据其运营维护管理范围，对取水管渠沿线进行保护，确保取水不受二次污染。

同时，PPP项目合同、特许经营协议、原水供应协议对水质超标、供应不足、暂停服务等均进行了详细的约定。

PPP项目合同对项目的运营维护、水库管养、水源保护、引水管线维护等均进行了详细的约定。

5. 项目实施的规范性

（1）项目审批

本项目在采购社会资本前，政府方已经完成立项、可研、初设、建设用地报批、环评等项目审批工作。其中，项目可行性研究报告于2015年7月经国家发改委批复同意实施。

（2）配套支持

本项目进入项目采购阶段时，东山闸坝及泵站工程、中西部城市供水线路、五源河综合治理工程、美安科技新城供水线路、东部城市供水线路、灌区工程、连通工程7个子项目征地工作已全面启动，移交用地满足计划要求。

（3）预算安排

海口市人民政府已经承诺将项目支出纳入财政一般公共预算支出和中长期财政规划。

（4）组织保障

领导协调机制：为更好推广使用政府和社会资本合作（PPP）模式，

保证本项目高效实施，海口市政府成立了工作领导小组，统筹四个区政府、市财政、市国土等相关部门协调推进，海口市水务局安排专人驻点负责协助推进征地工作。

6. 项目前期费用

本项目可行性研究报告投资估算中涉及的工程建设其他费用原则上均由项目公司承担，包括但不限于规划选址、环境影响评价、立项及可研、建设单位管理费（应该控制在初步设计概算审批的金额以内，并按照国家规定的有关要求使用）、监理费、勘察设计费、施工图预算编制费、临时设施费（包括施工临时用电等"三通一平"费用）等，另外，本项目PPP招标咨询费也由项目公司承担。工程建设及其他费用以政府认可的最终竣工决算审计确定的金额为准，并相应调整项目可行性缺口补助（按照8%的折现系数调整）。

（四）项目物有所值评价和财政承受能力论证

1. 物有所值评价要点

（1）定性评价

鉴于本项目实施时，《关于印发〈PPP物有所值评价指引（试行）〉的通知》（财金〔2015〕167号）尚未颁布实施，因此，本项目主要采取定性评价开展物有所值评价（167号文发布之后，实施机构又委托咨询机构补充开展了定量评价），主要从增加公共供给、优化项目风险分配、提高建设和运营管理效率、促进政府职能转变等方面进行论证。

对于本项目来说，PPP模式不仅可以减轻海口市政府的财政负担，减轻融资压力，加快推进项目建设；还能有效促进政府职能改变，减少对微观事务的干预，腾出更多的精力放到规划和监管上。

从全生命周期来考虑，本项目采用PPP模式比采用传统模式更能起到节约成本的作用。一方面社会资本方将投资和施工进行无缝对接（传统方式下分开实施），在建设管理上更有优势，更重要的是项目建成后仍由社会资本方继续负责运营，使其有很大的激励在保证质量的前提下尽可能降低建设成本，因此也就避免了传统方式下的"三超"（概算超估算、预算超概算、决算超预算）和"豆腐渣"工程。经专家小组评审，该项目具有较好的效果，适宜采用PPP模式进行运作。本项目物有所值定性评价"通过论证"。

（2）定量评价

咨询机构对本项目进行物有所值（VFM）评价。经测算，该项目VFM值为正，表明本项目适宜采用PPP模式，项目物有所值定量评价"通过论证"。

2. 财政承受能力论证要点

本项目根据《关于印发〈政府和社会资本合作模式操作指南（试行）〉的通知》（财金〔2014〕113号）、《关于印发〈政府和社会资本合作项目财政承受能力论证指引〉的通知》（财金〔2015〕21号）等文件规定开展财政承受能力论证。通过对项目进行责任识别，对各类支出责任详细测算，同时结合海口市2010~2014年财政支出增长情况（复合增长率超过14%），考虑到在新常态下，海口市的经济发展方式将有所改变，增长速度较过去几年可能会有所放缓，同时财政收支增速也可能会减缓，按照年均复合增长8%和5%的速度分别预测2015~2019年以及2020~2049年的海口市财政支出增长情况。

本项目系海口市最早实施PPP模式的项目之一（按项目签约时间，系海口市第一个签约的PPP项目）。根据项目可研报告和前述初步匡算，政府在本项目整个建设期和特许经营期间每年的支出均远低于全市地方公共财政总支出的1%，将来还有望随着公共财政收入及支出的增加而逐年递减。其中，本项目运营期间的最大项目可行性缺口补助金额为9 800万元，占同期（2020~2024年）财政支出的比重尚不足5‰。此后年份（2025~2049年）的可行性缺口补助金额2 080万元（系中标报价金额），更不足当年市级财政支出金额的1‰，因此，本项目各年财政支出责任均可通过财政预算安排予以保障，不会对地方政府性债务风险产生显著的不利影响。实施本项目，当前及今后年度财政支出金额占财政公共支出预算比例较小，对存量地方政府债务规模不会产生额外影响。海口市地方财政完全有能力承担本项目的支出。

经专家评审，本项目符合《关于印发〈政府和社会资本合作项目财政承受能力论证指引〉的通知》规定"每一年度全部 PPP 项目需要从预算中安排的支出责任，占一般公共预算支出比例应当不超过 10%"，本项目财政承受能力"通过论证"。

三、项目采购

（一）市场测试及资格审查情况

1. 市场测试

根据《中华人民共和国政府采购法》、财政部《关于印发〈政府和社会资本合作模式操作指南试行〉的通知》和《关于印发〈政府和社会资本合作项目政府采购管理办法〉的通知》的相关规定，经海口市人民政府批准，本项目采用公开招标的形式选择社会资本。

本项目的资格预审公告在中国政府采购网（http://www.ccgp.gov.cn/）、海南省人民政府网（http://www.hainan.gov.cn/code/V3/）和中国采购与招标网（www.chinabidding.com.cn）上发布。同时，由本项目 PPP 咨询机构万德咨询通过邮件/电话通知目前国内比较活跃的投资机构，请它们关注有关公告并参加报名竞标。这些机构均具有较强的资本实力，且拥有丰富的水务/水利建设和运营经验（见表 1-5）。

表 1-5　　　　　　　　联络的部分投资机构名单

序号	名称	备注
1	海南控股	海南省属国有独资企业，净资产超过 200 亿元。下属海南省水电集团拥有丰富的水务/水利建设和运营经验。
2	葛洲坝集团	以大型水利、水电工程建设为主业的央企，拥有丰富的水务项目建设管理和运营经验。

续表

序号	名称	备注
3	中国水利水电建设集团	拥有水利水电建设丰富经验的大型央企。
4	北控水务	国内市场领先的水务企业，北京市政府控股的上市公司。多年入选"最具影响力水务企业"并排名第一。
5	首创股份	国内市场领先的水务企业，北京市政府控股的上市公司。
6	中信水务	中信集团控股的专业水务投资机构，运营了多个大型水务PPP项目。
7	碧水源	大型水务类上市公司，资本实力和运营经验均十分雄厚（目前可用现金超过60亿元）。
8	粤海水务	广东省政府控股的上市公司，建设和运营东深供水工程（供应香港原水）等大型原水工程（可用现金100亿元）。
9	中国水务投资	水利部综合事业局控股的大型水务企业，拥有丰富的水务运营经验。
10	上海城投水务集团	上海市政府全资的水务投资和运营机构，拥有上海原水（日供水量超1000万吨）、上市自来水和污水处理业务，系目前国内最大规模的城市水务运营商。

2. 资格预审条件

本项目设定投标人的资格预审条件如下：

（1）资本实力

实收资本不低于人民币15亿元（以营业执照为准），或公司2014年年末净资产不低于15亿元（以审计报告为准）；可用资金（银行存款证明）不低于4亿元。

（2）业绩要求

具有大型水利（水务）项目的投资、建设或运营经验（以合同为准）。具体要求为：最近五年内（2010年7月1日至2015年6月30日）至少承接过一项合同金额达到5亿元人民币的水利工程投资建设项目或实际运营至少一项总资产不低于5亿元的水利工程项目（上述"水利工程"含水利水电工程、城市供水、原水及输水工程、水环境治理工程四类项目）。

（3）企业资质

具备水利水电工程施工总承包一级及以上资质。

（4）企业合规及信用

第一，投标人应为中华人民共和国国内注册成立的独立企业法人（不接受以分支机构为代理人的申请）。

第二，不接受外商独资企业或外商控股企业的申请。

第三，没有处于责令停业，财产被接管、冻结、破产状况等。

第四，在最近三年内没有骗取中标和严重违约及重大工程质量问题。在本项目投标期间未被建设等行政主管部门明令取消、暂停、禁止参与投标且在处罚有效期内。

第五，商业信誉良好，在经济活动中无重大违法违规行为，近三年内财务会计资料无虚假记载、银行和税务信用评价系统或企业信用系统中无不良记录。

第六，投标人必须具有良好的银行资信，投标人需具备国有或股份制商业银行出具的 A 级或以上资信评估证明书。

（5）对联合体的要求

第一，投标人可以是联合体，但联合体成员不能超过 2 名。

第二，联合体的牵头单位需同时满足上述第（1）、（2）、（4）项要求。

第三，联合体各成员均需满足上述第（4）项要求。

第四，联合体中至少有一方满足上述第（3）项要求。

本项目限制同一集团下属企业同时参与本项目，资格预审公告中提出，具有投资参股关系的关联企业，或具有直接管理和被管理关系的母子公司，或同一母公司的子公司，或法定代表人为同一人的两个及两个以上法人不得同时提出资格预审申请。

3. 项目资格预审结果

本项目的资格预审评审采取"合格制"，即由资格评审委员会成员认定满足前述基本资格条件（资本实力、融资能力、施工总承包资质、同类项目业绩以及合规守信要求）的社会资本全部入围。根据评审结果，9家报名的社会资本中，共有5家通过了资格预审，分别是：中国葛洲坝集团股份有限公司；广东水电二局股份有限公司；中国电力建设股份有限公司/中电建路桥集团有限公司（联合体）；中铁十二局集团有限公司；山东水务发展集团有限公司/山东水利建设集团有限公司（联合体）。

5家通过资格预审的供应商均购买了项目招标文件，并参与了本项目的投标。

（二）评审情况

1. 评审标准

项目投标文件由项目评审委员会进行评审，评审委员会由工作领导小组按照相关法律法规的要求组建，共7人，其中实施机构代表2名（由政府研究确定人员），另外再外聘5名评审专家（至少应包含1名财务专家和1名法律专家）。

本次评标采用综合评分法。对投标文件的评审主要集中在三方面：一是投融资能力和专业能力；二是项目施工组织和运营维护方案；三是投标报价。其中前两项满分为60分，第三项满分为40分。各项分配如下：投标人经验和业绩15分；财务方案10分；建设质量控制和进度安排15分；施工组织设计方案10分；运营维护方案10分；项目可行性缺口补助报价40分。

详细评分标准如下：

（1）项目业绩（15分）

投标人（包括投标人控股51%以上的子公司）最近五年内承担过的合同金额达到5亿元人民币及以上的水利/水务项目的（含水利工程、城市供水工程、原水及输水工程、水环境治理工程四类，下同），或目前正在运营的总资产5亿元以上的水利/水务项目，每一项得3分，最高得15分。

(2) 财务方案（10分）

ⅰ 融资能力，满分3分。投标人投标时提供银行出具的20亿元及以上人民币贷款承诺函或意向书的，得3分；提供银行出具的10亿~20亿元（不含20亿元）人民币贷款承诺函或意向书的，得2分；提供银行出具的10亿元人民币以下（不含10亿元）的贷款承诺函或意向书的，不得分。

ⅱ 财务实力及融资方案，满分3分。包括但不限于投标人自有资金对项目的支持；项目的融资计划，包括详述资金的来源、使用计划和资金成本；借款主体和借款具体的金额、预期的条款和还款时间表的详细情况。按照方案的完整性、合理性等酌情打分，得分0~3分。

ⅲ 财务测算分析，满分4分。包括但不限于财务测算分析基本情况；财务测算成本明细，及成本计算过程；财务测算报表及分析过程，测算报表应包括项目总投资使用计划与资金筹措表、主要设备明细表、折旧及摊销估算表、成本费用估算表、利润及利润分配表、项目投资现金流量表、项目资本金现金流量表等。按照方案的完整性、合理性等酌情打分，得分0~4分。

(3) 建设质量控制和进度安排（15分）

包括但不限于主要施工方案（含工程特点、施工重点与难点及绿色施工）与技术措施、质量管理体系与措施、安全管理体系与措施、施工总进度表与网络计划图、工期保证措施等。由评标委员会按照方案的成熟性、合理性和可操作性等酌情打分，得分0~15分。

(4) 施工组织设计（10分）

包括但不限于建设管理措施、文明施工和环境保护管理体系及施工现场扬尘治理措施、施工总平面图布置、拟投入的主要施工机械计划劳动力安排计划、拟投入的主要物资计划等。由评标委员会按照方案的成熟性、合理性、完整性等酌情打分，得分0~10分。

(5) 运营维护（10分）

包括但不限于人员组成与主要管理人员履历介绍、运营维护标准、日常运营组织安排、内部管理规章制度、设备检修与维护、运行检测与报告制度、突发事件应急处理方案、保险方案等，按方案内容的全面、合理性等酌情打分，得分 0~10 分。

（6）报价评审（40 分）

本次招标只要求投标人提交 1 个报价，即 2025~2049 年的项目可行性缺口补助金额（万元/年）。投标人综合考虑本项目的技术经济条件、项目付费机制、建设及运营维护成本等因素，测算确定自身要求的补贴金额。投标人的报价不得高于最高限价（5 990 万元/年）。报价低于最高限价的，为有效报价。报价金额准确到万元。

① 满分报价（假设其数值为 A）

所有有效报价的算术平均值为满分报价。计算满分报价时按四舍五入法取整数，不保留小数点后的尾数。

② 实际报价得分

根据实际报价确定了满分报价（A）后，按以下方式计算每一项报价的实际得分：报价每高于满分报价 1 万元，扣除 0.005 分，报价每低于满分报价 1 万元，扣除 0.003 分。

2. 中标人确定方式

评审委员会对投标文件进行评审后，排出第一、第二、第三名候选中标人。项目谈判小组按照评审委员会推荐的候选中标人排名，依次与候选中标人就项目合同中可变的细节问题进行项目合同签署前的确认谈判，确认谈判不得涉及项目合同中不可谈判的核心条款，率先达成一致的候选中标人即为预中标人。谈判结果报政府批准后预中标人即为中标人。

3. 评审结果

2015 年 10 月 30 日，在海口市政府采购中心主持下，实施机构组织了本项目公开招标的评标活动。经过专家评审，中国葛洲坝集团股份有限公司（以下简称"葛洲坝集团"）以可行性缺口补助 2080 万元/年的中标金额确定为第一中标候选人。预中标及中标结果均按照规定在中国政府采购网以及海南省政府网公告。

（三）合同谈判及签署

评标确定葛洲坝集团为第一中标候选人后，海口市水务局及海口市政府办公厅、市审计局、市法制局、市财政局、市发改委、市检察院等部门（以下简称"政府方"）代表与葛洲坝集团及海口水务集团的授权谈判代表，于2015年11月2～15日在海南省海口市就《海口市南渡江引水工程PPP项目协议》《海口市南渡江引水工程特许经营协议》《项目原水供应协议》《南渡江引水工程PPP项目公司合资（合作）合同》《项目公司章程》五个文件（以下合称为"海口市南渡江引水工程PPP项目合同"）进行了谈判，项目谈判完全基于招标文件和投标文件的内容进行，并未对海口市南渡江引水工程PPP项目合同的实质性约定进行修改。谈判结束后，双方签署了谈判备忘录并予以公示。谈判结果和最终的协议文本上报海口市人民政府批准。

双方签署的海口市南渡江引水工程PPP项目合同包括以下内容：

第一，《海口市南渡江引水工程PPP项目协议》，该协议是本项目协议体系的基础和核心，约定了在建设期及整个30年的运营期内的核心边界条件（包括项目公司投融资安排、工程建设管理要求、原水供应条件、项目付费及调价机制、违约及赔偿方式、移交方式及程序、争端解决等），为政府和社会资本的持续、稳定合作奠定制度基础。

第二，《海口市南渡江引水工程特许经营协议》，由海口市水务局代表政府与项目公司签署。该协议主要约定与特许经营相关的内容，包括特许经营权的授予、特许经营期、特许经营的业务范围以及政府监管等内容。

第三，《南渡江引水工程PPP项目公司合资（合作）合同》以及《项目公司章程》。由海口水务集团和葛洲坝集团签署。约定项目公司的出资方式、治理结构、决策机制、收益分配等事项。在签订PPP项目合同时一并签署。

第四，《原水供应协议》。由项目公司、水务集团和市水务局三方签署。约定了本项目建成后，分年度由项目公司向水务集团销售原水的数量（含保底水量和超进水量）、水质、单价和调度安排等方面的条件，以及相关权利义务关系。

四、项目落地情况

（一）项目公司设立情况

1. 公司概况

政府出资方代表海口水务集团与中标社会资本葛洲坝集团共同出资于2015年12月设立项目公司，项目公司名称为葛洲坝（海口）引水工程投资有限公司，公司注册资本7亿元人民币。

2. 股权结构

海口水务集团代表市政府出资1.4亿元，在项目公司中持股20%；葛洲坝集团出资5.6亿元，持股80%。全部资本分两期到位，其中第一期（注册资本50%）于项目公司设立之日起15日内到位；剩余注册资本根据项目实施需要，在项目公司设立之日起2年内到位。项目首期注册资本人民币3.5亿元按照约定在项目公司设立之日起15日内到位。

3. 项目公司管理架构

项目公司设立股东会，股东会是公司最高权力机关。公司股东会由股东按照出资比例行使表决权。对公司修改章程、增加或者减少注册资本、分立、合并、解散或者变更公司、公司融资、资产抵押、担保、重大项目投资（投资金额超过人民币100万元）、设立分公司或子公司、利润分配等事项作出决议，必须经全体股东一致同意审议通过。

项目公司董事会由3位董事组成。葛洲坝集团公司委派2位董事，海口水务集团委派1位董事。公司董事会的董事长由葛洲坝集团委派，副董事长由海口水务集团委派。

公司经营管理机构包含总经理1名，副总经理若干名，财务总监1名。为保障社会资本方的经营管理权，总经理、财务总监及副总经理均由葛洲坝集团推荐，财务总监系财务部负责人。公司财务部设财务部经理一人，由海口水务集团推荐人员担任。财务部经理系公司高级管理人员。经营管理机构成员由董事会聘任或解聘，任期与董事一致。

（二）项目融资落实情况

1. 融资方式及条件

本项目中央财政补贴93 290万元，市政府承担20 000万元移民征地补偿费，项目公司注册资本70 000万元，项目其他所需资金全部由项目公司以债权融资等各种合法方式解决。

项目公司在取得政府方书面同意的前提下，可通过经营权或依经营权而享有的收益权向提供融资的合法债权人按程序依法提供质押担保，所融资金应全部用于本项目投资、建设和运营。

项目公司应根据项目进度，及时完成本项目的融资，融资金额应足以保证完成本项目的全部建设内容，并满足项目运营维护的要求。若项目融资额不足或未能按期完成融资的，由中标社会资本方以自有资本、提供融资担保等各种方式确保项目公司能够获得足额融资，按照项目建设进度保障资金及时到位，融资成本由项目公司承担。若社会资本方提供股东借款或通过其他方式向乙方提供融资的，借款利率按照不高于年利率6%的标准执行。

2. 融资交割情况

项目公司已获得中国农业发展银行海南省分行10亿元水利建设中长期贷款额度及国家开发银行海南省分行18亿元中长期授信额度，目前（截至2017年3月）正在就贷款合同签订流程进行进一步的沟通。

案例1　海南海口市南渡江引水工程 PPP 项目

（三）项目实施进度

1. PPP 项目实施进度

本项目实施进程见图 1-2。

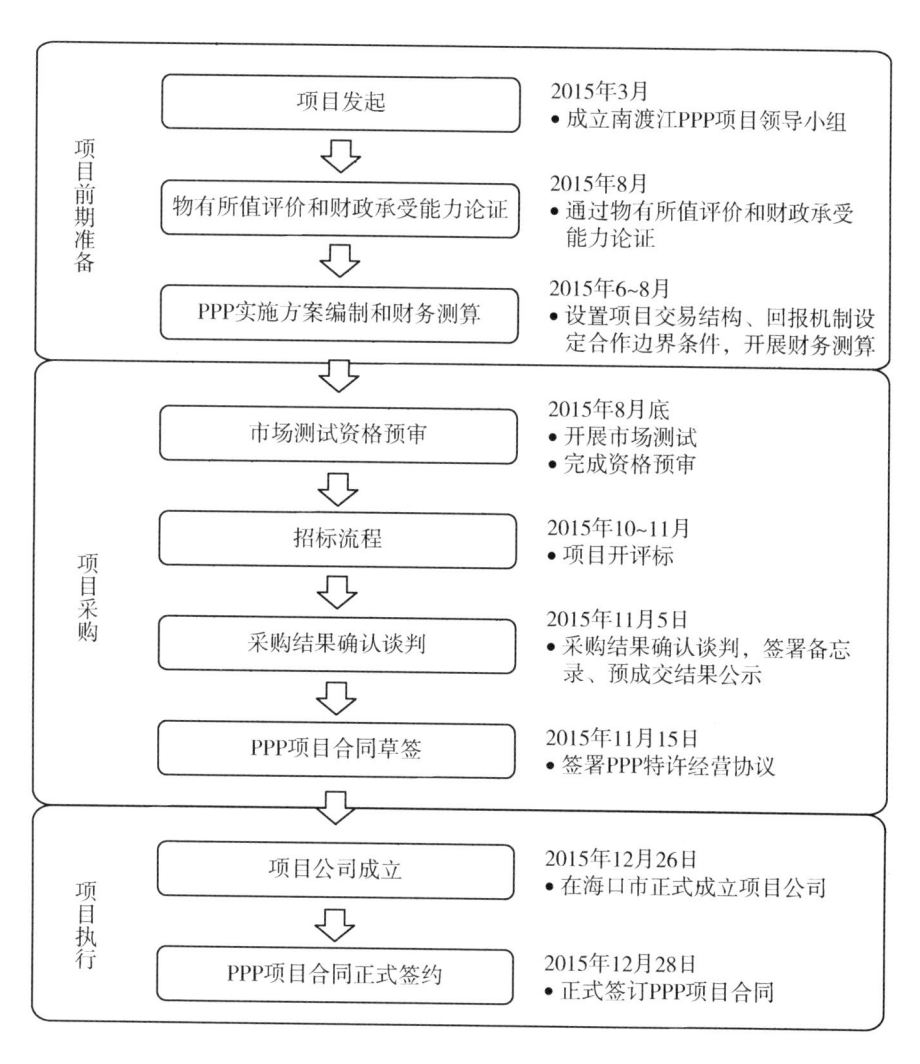

```
项目前期准备:
  项目发起 — 2015年3月
    • 成立南渡江PPP项目领导小组
  物有所值评价和财政承受能力论证 — 2015年8月
    • 通过物有所值评价和财政承受能力论证
  PPP实施方案编制和财务测算 — 2015年6~8月
    • 设置项目交易结构、回报机制，设定合作边界条件，开展财务测算

项目采购:
  市场测试资格预审 — 2015年8月底
    • 开展市场测试
    • 完成资格预审
  招标流程 — 2015年10~11月
    • 项目开评标
  采购结果确认谈判 — 2015年11月5日
    • 采购结果确认谈判，签署备忘录、预成交结果公示
  PPP项目合同草签 — 2015年11月15日
    • 签署PPP特许经营协议

项目执行:
  项目公司成立 — 2015年12月26日
    • 在海口市正式成立项目公司
  PPP项目合同正式签约 — 2015年12月28日
    • 正式签订PPP项目合同
```

图 1-2　实施进程图

2. 项目建设进度

(1) 项目投资建设进度

2015年11月18日，南渡江引水工程正式开工建设。根据《海南省人民政府办公厅关于印发2016年省重点项目责任分解方案的通知》（琼府办〔2016〕38号）的要求，南渡江引水工程2016年需完成投资8.8615亿元。截至2016年12月28日，项目累计完成投资16.76亿元，占项目总投资36.2亿元的46.27%，占中央累计下达投资计划13亿元的128.89%。其中2015年完成4.5亿元，占项目总投资的12.55%；2016年完成12.21亿元，占项目总投资的33.73%，占2016年省重点项目投资计划的137.83%，超额完成3.35亿元，占2016年中央下达投资计划的111.03%，超额完成1.21亿元。

(2) 项目工程进展

本工程共划分为东山闸坝及泵站工程、中西部城市供水线路、五源河综合治理工程、美安科技新城供水线路、东部城市供水线路、灌区工程、连通工程7个子项目，目前除连通工程和灌区工程尚未开工外，其余部位已全面开工。工程各部位施工进展稳步推进，其中：

东山闸坝及泵站工程始于2015年11月18日，截至2016年12月28日，累计完成投资0.99亿元。

中西部城市供水线路始于2015年11月18日，截至2016年12月28日，累计完成投资4.72亿元。东山泵站至岭北水池供水线路已完成压力管道段土方开挖3.38万立方米，完成岭北水池土方开挖2 100立方米；岭北水池至隧洞进口箱涵渡槽及美安黄竹分水泵完成箱涵段土石方开挖24.89万立方米，土方回填2.6万立方米，混凝土浇筑1.59万立方米；美安黄竹分水泵站完成土石方开挖2.13万立方米，开挖至EL（标高）44.00米。

输水隧洞，隧洞（进口、新1#支洞、1#支洞、2#支洞、3#支洞、新增3#支洞4#支洞、出口）完成土石方明挖开挖量11.6万立方米，总石方洞挖1.5万立方米。进口累计进尺418.8米。

隧洞出口至永庄水库箱涵段。完成箱涵段土方开挖7.87万立方米，箱涵混凝土1 868.2立方米。

五源河综合治理工程始于2016年6月9日，截至2016年12月28日，累计完成投资1.17亿元。完成河道疏浚土方开挖36.07万立方米，土方填筑2.82万立方米，石方凿除4.1万立方米，完成左右岸堤身防护抛石护脚1.1万立方米，左右岸堤身防护雷诺护垫3 573.2立方米。

美安科技新城供水线路始于2015年11月18日，截至2016年12月28日，累计完成投资0.64亿元。完成箱涵段土石方开挖5.2万立方米，混凝土浇筑3 447.5立方米，完成管线石方开挖2.3万立方米，完成美城出水池石方开挖100立方米。

东部城市供水线路始于2015年11月18日，截至2016年12月28日，累计完成投资0.89亿元。完成昌德至云龙段管槽土石方开挖4 340立方米，龙塘右泵站至昌德调节水池管槽土石方开挖1 080立方米；龙塘右泵站围堰填筑16.77万立方米，龙塘右泵站土石方开挖5.3万立方米。

五、项目监管

根据《关于政府和社会资本合作示范项目实施有关问题的通知》（财金〔2014〕112号），PPP项目监管架构主要包括授权关系和监管方式。授权关系主要是政府对项目实施机构的授权，以及政府直接或通过项目实施机构对社会资本的授权；监管方式主要包括履约管理、行政监管和公众监督等。其中，本项目的监管包含以下内容：

（一）实施机构监管

市政府授权水务局在项目投资、建设、服务质量等方面进行全过程监管。通过PPP项目协议和特许经营协议，约定项目公司在项目设计中满足政府对项目建设质量及进度的要求；及时足额完成对项目公司的注资并落实项目融资，按照市政府要求的建设期完成项目建设并交付使用。在运营期间，对项目的运营管理维护和服务质量进行监管，详细约定未能如约、按量、保质提供服务情形下，企业需要承担的违约责任。若发现项目公司存在违约情况，政府有权根据 PPP 项目协议和特许经营协议对项目公司进行违约处罚和提取履约保函。

（二）股东监管

海口水务集团作为政府方授权持股机构，作为项目公司的股东，水务集团可以通过股东会和董事会对项目公司施加影响，对公司日常经营活动中可能出现的损害政府和社会公共利益的行为进行监督和改进。

同时公司章程和合资合同约定了政府方股东对涉及公众利益和重大事项的一票否决权，要求相关事项需要全体股东或董事一致同意方可形成决议。

（三）建设期监管

建设期内，珠江委质监站会同海南质监局设立了南渡江引水工程质量监督项目站，代表政府对本工程施工质量进行监督，形成了由政府监督、项目法人负责、监理控制、施工单位实施的管理体制。同时，项目公司建立了安质环管理体系，完善了安全、质量和环保各项管理制度，明确了参建各方的管理责任，充分发挥监理单位作用，支持监理单位的安质环监理工作，建立了项目施工总承包项目部自检、监理平行检测、建设单位第三方检测的三级质量检测制度。目前工程安全、质量、环保工作处于受控状态。

同时，虽然项目公司是项目建设单位，为了增加政府方对项目工程进度和质量的监管，项目的监理合同由海口市水务局签订，勘察设计合同是由海口水务集团签订。

（四）运营监管

本项目特许经营协议约定，在运营期限内，政府将定期（间隔不超过五年）开展特许经营中期评估，对项目运营管理效率、服务质量、公众满意度、特许经营协议履约情况等进行综合评价，对运营管理和服务中存在的问题，要求项目公司及时作出调整和改进，切实提高服务质量和运营管理水平。通过评估，帮助政府全面掌握项目运营状况，发现监管工作的不足和漏洞，调整监管工作范围和工作重点，提高监管工作效率和效果。

六、项目点评

（一）特点及亮点

1. 采取PPP+施工总承包模式招标

本项目是国内较早采取PPP+施工总承包模式进行公开招标的PPP项目之一。根据本项目特点，项目咨询机构万德咨询公司建议根据招投标法的规定，采用公开招投标程序来选择社会资本，并同时确定项目施工总承包单位，这种方式的主要优点如下：

一是可以确保本项目按期开工。采用公开招投标方式选择社会资本方，当中标投资者具备施工总承包资质和能力时，可以按照招投标法的规定，不用再次对后续工程建设进行招标。因此，通过公开招标可以一次性招募项目社会资本和施工总包方，加快项目推进速度，以满足政府要求的开工建设进度要求。

二是程序严谨透明。对本项目来说，项目边界较清晰，适合采用公开招投标程序，政府可以在更大的范围内选择适合的社会投资者，形成充分竞争。

2. 创新的项目回报方式

本项目是国内较早采取 PPP 模式的重大水利工程项目，项目同时具备公益性和一定的经营性，在设计项目回报机制时，既要考虑水利工程项目的公益性特征和社会公众的承受能力，又要保障项目回报尽量减少和降低不确定性，增加项目吸引力。

经过充分论证，最终确定采取"政府支付可行性缺口补助＋原水费＋农业灌溉和生态用水水费"模式。

（1）政府支付可行性缺口补助

本项目对政府每年向项目公司支付的项目可行性缺口补助进行了分段，其中项目投入运营的前五年（即 2020～2024 年），每年固定补贴 9 800 万元，此后每年的补贴金额作为竞价标的，通过竞标产生，作为最终支付依据。这种安排下既充分考虑了政府的支付能力，同时也考虑了项目公司在运营初期（原水销售收入较低，但项目公司还本付息金额较高）的现金流压力。

（2）原水费

本项目将原水费确定为经营性收入，由项目公司直接向供水企业出售原水，在确定原水价格时，充分考虑居民和供水企业的可承受能力；同时对海口市未来的原水需求进行了分析，科学设定了原水的供应价格和保底水量标准。

在测算原水费收入、设定原水供应价格和保底水量时，咨询公司充分尊重海口水务集团意见，参照了海口水务集团"十三五"规划等重要规划文件，与集团经营层反复研究，确保预测售水量符合实际需要。

（3）农业灌溉和生态用水水费

提供农业灌溉用水和五源河生态用水是本项目一项重要功能。从逻辑上讲，农业灌溉用水适宜由使用者即灌溉用户付费，但由于该费用的收取难度极大，收费成功率具有高度的不确定性，而且大幅度增加项目公司收取费用的成本，因此最终确定该费用由政府方支付。政府可根据当地实际情况再向灌溉用户收取水费。

在确定农业灌溉和生态用水价格时,充分考虑该部分用水的公益性特征,确定0.40元/立方米的单位供水价格。该价格水平基本可以覆盖运营成本(电费、人工费和维修费用),同时不使项目公司获得超额利润。

3. 项目融资的市场测试

本项目的重要亮点之一是项目采购前的市场融资测试环节。根据本项目咨询机构万德咨询的建议,在项目采购前,由咨询机构出具融资市场测试方案,提出项目融资的各项要求(包括融资比例、融资利率、期限、担保、还款安排),由海口市政府出面,向中国建设银行海南分行、中国银行海南分行、交通银行海南分行、国家开发银行海南分行等7家银行发出征询函,了解金融机构对本项目的融资意向,回答金融机构提出的问题,确定基本的融资意向。

通过项目融资的市场测试,一方面了解了金融机构对于融资额度、融资成本、融资期限和担保措施的基本要求,由于多家金融机构都明确表示了融资支持的意愿,大幅度增强了政府对于项目采购的信心;另一方面科学计算项目融资成本,保障了项目财务测算的可靠性,有利于增强社会资本方参与项目的信心。

4. 新颖的可行性缺口补助方式

在政府付费PPP模式下,大部分的项目实施方案中,均采取了"等额年金"模式,本项目的可行性缺口补助模式采取"前期固定"+"后期等额"的方式,在项目建设完成后的前五年,政府给予固定的9 800万元/年的可行性缺口补助,剩余的期限内根据社会资本方的报价等额支付。这种新颖的补贴方式,主要考虑了以下因素:

第一,项目公司在本项目项下的主要收入为经营性的原水供应收入,但项目运营的前几年,存在原水水量较少,单价较低和景观、农业用水量不确定等情形,而相同期间内,项目公司的还本付息压力较大,通过较高的可行性缺口补助方式,可以增加项目公司的现金流,保障项目公司运营。

第二，政府方支付可行性缺口补助的财政压力较少，作为海口市第一个规范的PPP项目，本项目是海口市最早进入商业运营的PPP项目之一，政府方在该区间内的PPP项目支出压力较小，完全有能力承担。而且，这种安排可以降低后续运营期限的可行性缺口补助金额，反而减少了政府方后续的支付压力，有更多的PPP项目支付能力。

第三，这种模式考虑了项目公司在运营初期的实际困难，而且在政府方具备支付能力的前提下，减少了整个运营期内支付的可行性缺口补助总金额，真正体现了政府与社会资本之间的"合作关系"，符合PPP模式的真谛。

5. 科学的经营性收入价格机制

如前文所述，项目公司在本项目下的主要收入为经营性的原水供应收入，为了保障项目的财务可行性和收入可预测性，本项目也设定了原水水量的"基本使用量"即保底水量，但与其他项目不同的是，本项目咨询机构利用丰富的项目经验，参照城市供水价格形成机制，设置了反向的"阶梯水价"，即根据超过保底水量的用水水量，分别设定不同的原水水价。具体约定如下：原水水量超过保底水量的部分采取分段计费。超过20%以内的部分，按70%计费，20%~50%的部分，按60%计费，超过50%的部分按50%计费。具体如表1-6所示，K为当年适用的保底水量，P为当年适用的原水水价。

表1-6　　　　　　　　　　原水阶梯水价

原水水量	原水水价
原水水量≤K	P
K<原水水量≤120%K	0.7×（P-水资源费）+水资源费
120%K<原水水量≤150%K	0.6×（P-水资源费）+水资源费
150%K<原水水量	0.5×（P-水资源费）+水资源费

这种"阶梯水价"模式，一方面大幅度降低了政府方因保底水量无

法准确预计出现的风险；另一方面可以起到对项目公司超额利润的调节作用。

6. 合理的报价评审方式

本项目的报价评审分为 60 分，且只要求投标人提交一个报价，即 2025~2049 年的项目可行性缺口补助金额（万元/年）。因此，报价评审对最终的评审结果影响最大，考虑到本项目为国家重点项目，为避免恶性竞争，报价评审最终确定采用合理低价最优原则，具体评审办法如下：

(1) 满分报价（假设其数值为 A）

本项目可能有 N 家投标人参与报价，存在 N 个报价值。根据报价值从低到高的顺序排列，分别称为 N_1，N_2，N_3，N_4，N_5，…，N_n。

当 N = 4 或者 N > 4 时，满分报价 A = (N_1 + N_2 + N_3) ÷ 3；当 N = 3 时，满分报价 A = (N_1 + N_2) ÷ 2。计算满分报价时按四舍五入法取整数，不保留小数点后的尾数。

(2) 实际报价得分

根据实际报价确定了满分报价（A）后，按以下方式计算每一项报价的实际得分：报价每高于满分报价 1 万元，扣除 0.01 分（每高 100 万元扣 1 分），报价每低于满分报价 1 万元，扣除 0.005 分。

7. 项目设计优化的收益分配

本项目的设计工作也由社会资本方负责，为了提高项目建设效率，减少项目总投资金额，本 PPP 项目在实施方案和法律文件中约定了项目设计优化的收益分配机制。一方面约束社会资本方为了扩大项目投资而可能出现的设计浪费；另一方面鼓励社会资本方在保障项目使用效能的前提下，通过节约项目总投资，减少政府方的支出。

项目设计优化导致的项目总投资建设费用降低，根据 PPP 项目合同约定的计算公式，相应调整社会资本获得的可行性缺口补助金额，降低政府方的年度付费金额。同时对于项目设计优化导致的运营效率提高，不降低社会资本方的原水费用和景观补充、农业灌溉用水费用。即政府享有投资减少的收益，而社会资本享有运营成本降低的收益，这样的安排也符合 PPP 模式"重运营"的初衷。

（二）项目实施成效

本项目尚未建设完成，社会效益与经济效益尚未体现，但通过 PPP 模式引入社会资本，大幅度降低了预期的政府支付责任。经初步测算，在 30 年的运营期限内，政府应支付的项目可用性服务费及运维费合计将减少约 9.7 亿元（按照政府方组织的财务测算，按照项目公司预期年化收益率不超过 8% 计，2025～2049 年间，每年应支付的可行性缺口补助约为 5 990 万元，实际中标金额则为 2 080 万元，每年"节约"政府支出的金额为 3 910 万元，25 年合计约 9.7 亿元）。

（三）问题与建议

1. 项目物有所值评价工作略显薄弱

本项目实施时间较早，财政部关于物有所值评价的相关规范和指引尚未出台，因此，项目的物有所值评价主要进行了定性评价，且评价指标的选择、专家评审等工作相对薄弱，与后续的《PPP 物有所值评价指引》的要求存在一定的差距。虽然实施机构随后补充进行了物有所值评价中的定量评价工作，但完成物有所值定量评价时项目已经完成采购并开始建设，物有所值定量评价的结果只能作为参考，而未起到"识别"项目是否应该实施 PPP 的作用。

2. 如何实现 PPP 模式与特许经营模式的统一

本项目在实施过程中，海口市政府和万德咨询就是否需要授予项目公司特许经营权进行过多次讨论，首先水利工程领域并非传统的需要政府授予特许经营权领域，也没有更多的案例可以参考；其次，特许经营与 PPP

模式在操作上存在一定的差异，难以两全。

根据招标投标法和招标投标法实施条例规定，本项目为了实现由社会资本方同时负责施工总承包的目标，需要强调社会资本方"获得项目特许经营权"，以符合相关法律、法规的规定。

经多次讨论，万德咨询建议授予项目公司的特许经营权，并在PPP项目合同之外，另行签订特许经营协议。这种方式虽然一定程度上解决了上述问题，但是否可以成为未来类似项目实施的惯例或示范，需要在制度上进行必要的规范。

3. 工程建设监理及费用

PPP项目在建设过程中，按照传统的工程建设程序，项目公司作为业主或建设单位，应负责聘请监理单位对项目建设全过程进行监理。本项目中，由于社会资本方具备相应的施工资质，项目建设的施工总承包由社会资本方承接。如仍然由项目公司聘请监理单位，显然存在"自建自监"的问题。最终，根据咨询机构提出的意见，由项目实施机构海口市水务局负责采取竞争性方式选聘工程监理机构并签署监理合同，但考虑到项目监理费用较高，确定仍然由项目公司承担监理费用，并纳入项目总投资中。

在PPP项目合同中约定，由项目公司将监理费用支付给海口市水务局，然后再支付给监理单位，但在实际操作中，这种安排存在资金多次结转和票据开具等实际困难，最终决定采取三方协议方式，由水务局出具付款函，项目公司直接向监理单位支付，监理单位直接开具票据给项目公司。

4. 如何在PPP项目合同中对项目建设期进行科学约定

PPP项目中，普遍存在前期工作与项目工期难以完全划分的问题，从工程建设角度看，项目建设工期应从总监理工程师签发"开工令"开始计算。但在实际操作中，从政府对项目建设工期的控制要求出发，政府方更倾向于在PPP项目合同签署并生效后即进入项目建设期，而社会资本方出于对项目开工前必要的前期工作准备不足的担心，要求项目建设工期从项目取得开工许可后计算。

同时，PPP项目合同约定了比较严格的项目工期延误违约责任，社会资本方为了减少违约可能，在实际操作中，经常出现不具备合同约定的开工条件而开始建设施工的情形，这对社会资本方还是项目建设本身，都存在重大的风险和安全隐患。

建议可以在PPP项目合同中分别约定"项目工期"及"建设工期"的概念，其中，项目工期包括了项目施工前的施工准备工作，而建设工期则从开工令开始计算。政府对项目的建设期要求，通过项目工期进行限制，同时约定建设工期的最长期限；项目公司通过施工组织要求来自行设定建设工期的开始期限。同时，在PPP项目合同中分别约定项目工期和建设工期的对应内容，把大部分的施工准备纳入项目工期，避免无证施工的困扰。

案例 2

江苏徐州市骆马湖水源地及原水管线项目

一、项目摘要

项目基本信息见表 2-1。

表 2-1　　　　　　　　　项目基本信息表

项目名称	江苏徐州市骆马湖水源地及原水管线项目（以下简称"本项目"）
项目类型	存量
所属行业	市政工程——供水
合作内容	转让标的：一是骆马湖水源地新建项目工程；二是微山湖水源地项目工程。总转让金额为 24 亿元。其中： 骆马湖水源地新建项目工程，自新沂市骆马湖取水，沿规划 S334 省道铺设原水管线，途径新沂、邳州、经济开发区等区域；项目建设内容包括取水口、取水泵站、加压泵站、原水管线铺设等，其中原水管线总长 145.5 公里；项目设计供水规模 80 万立方米/天，近期 40 万立方米/天，计划 2021 年投资相关设备达到供水规模 80 万立方米/天。根据项目工程概算，本项目工程总投资为 20.8 亿元。项目已于 2014 年 9 月开工，2016 年 6 月完工，2016 年 9 月投入运营。 微山湖原水管线为存量项目，现状供水规模 40 万立方米/天，项目资产收购价值约 3.2 亿元。 项目合作期。本项目的特许经营期确定为 30 年。在项目特许经营期内，由项目公司负责资金筹措、运营管理及维护，特许经营期届满后将全部设施有偿转让给政府部门或其指定机构。在特许经营期内，项目公司投资回报为政府付费。
合作期限	30 年

续表

运作方式	转让－运营－移交（Transfer-Operate-Transfer，TOT）
资产权属	合作期间项目设施权属归项目公司所有，期满后项目设施权属有偿转让给政府方。资产转让与使用过程中涉及的流转税、财产税、所得税等按照相关税务规定处理。
回报机制	政府付费
实施机构	徐州市水务局
采购方式	公开招标
政府出资方	徐州市新水国有资产经营有限责任公司，国有企业（以下简称"新水公司"）
中选社会资本	广东粤海控股集团有限公司（以下简称"粤海控股"）
签约日期	2016年4月28日
项目公司设立概况	项目公司名称：徐州粤海水务有限责任公司（以下简称"粤海水务"） 设立时间：2016年4月20日 股权结构：项目公司注册资本金为7.2亿元，其中粤海控股（社会资本方一）占股49%，新水公司（政府出资人代表）占股26%，省PPP融资支持基金（社会资本方二）占股25%（由粤海控股占股初期获得74%股权中转让获得）。
主要贷款机构	粤海水务向广州农商行银行贷款16.8亿元，期限20年，综合成本为基准利率下浮15%。

二、项目识别论证

（一）项目背景

1. 项目概况

近年来，城市水务行业市场化程度不断深化，水务资产产权多元化，原有的投资主体单一局面被打破，在广阔的市场发展前景吸引下，水务市场呈现出一派群英荟萃的繁荣景象。城市水务行业再次成为此轮PPP潮中的一个热点。水务项目因为运营专业性、投资周期长和收益回报缓慢的特征，较为适合采取政府与社会资本合作（PPP）的方式。为确保徐州市供水安全，让百姓喝上优质水，徐州市委、市政府决定实施骆马湖水源地及原水管线项目。

骆马湖是我国第七大淡水湖，湖区面积 375 平方公里，总库容 8 亿立方米，水质常年保持在Ⅲ类，深水区可达Ⅱ类水标准，是徐州境内和周边最安全、最可靠的战略地表水源地。本项目包含骆马湖水源地及原水管线新建工程与微山湖水源地及原水管线项目工程。其中骆马湖原水管线项目为新建项目工程，自新沂市骆马湖取水，沿规划 S334 省道铺设球墨铸铁原水管线 145.5 公里，途径新沂、邳州、经济开发区等区域，工程概算总投资为 20.8 亿元；微山湖原水管线项目为存量项目，现状供水规模 40 万立方米/天，项目资产价值约 3.2 亿元。

2. 实施 PPP 的必要性

当前财政资金不能完全满足全市范围内的建设需要，亟须社会资本方参与项目投资。引进社会资本方参与管线、泵站等设施的投资建设，将有效缓解政府短期投资压力，降低政府短期投入所承受的财政风险，有利于平滑财政支出。

徐州市引入社会资本有利于提高原水供应的质量和效率。在市场竞争机制下引入社会资本，可以充分发挥社会投资人的专业优势，利用其融资、专业、技术和管理优势，提高服务质量与效率，进而实现资源的优化配置。

新水公司作为本项目政府出资人，可以通过 PPP 项目运作充实业务体系，理清政企关系、规范政府行为，实行市场化运作，不断改善内部治理机制，形成稳定的现金流，增强公司造血能力。

（二）发起方式

本项目由政府方发起。

(三) 实施方案

1. 合作范围界定

本项目合作边界为徐州市两处水源地及其原水管线项目的运营维护，分别为骆马湖水源地及原水管线项目、微山湖水源地及原水管线项目。

骆马湖水源地为新建项目，自新沂市骆马湖取水，沿规划 S334 省道铺设原水管线，途经新沂、邳州、经济开发区等区域；项目建设内容包括取水口、取水泵站、加压泵站、原水管线铺设等，其中原水管线总长145.5 公里；项目设计供水规模 80 万立方米/天，近期 40 万立方米/天，计划 2021 年投资相关设备达到供水规模 80 万立方米/天。根据项目初设批复，本项目工程总投资为 20.8 亿元。项目已于 2014 年 9 月开工，2016 年 6 月完工，2016 年 9 月投入运营。

微山湖原水管线为存量项目，现状供水规模 40 万立方米/天，项目资产收购价值约 3.2 亿元。

2. 项目边界条件

(1) 回报机制

本项目一方面因前期投资额大与售水价格低产生的矛盾因素，可能导致社会资本参与本项目的积极性不高。为保证社会资本获得合理收益，政府需要对项目进行补助，以提高项目自身收益，达到社会资本的合理预期。另外，本项目服务的接收方为自来水公司，基于自来水公司与政府长期对于水价的认同偏差，将直接影响本项目原水售水价格的确定。而社会资本无法预见这一敏感问题所带来的经营障碍，可能直接影响项目实施 PPP 模式的质量。

所以，本项目建议由政府向项目公司直接付费，原水供应服务单价以运营成本补偿及合理投资收益为原则进行核定，以保障社会资本投资本项目的相关权益，规避相关风险。

（2） 定价机制

为缓解徐州市政府前期财政支付压力，本项目在保障项目公司整体收益率的基础上，对项目公司在特许经营期内的收益率设置为阶段性增长，具体收益率设置见表2-2。

表2-2　　　　　　　　　项目各年度收益率分布表

年限（年）	收益率（%）
1~3	1.4
4~13	5.0
14~25	6.0
26~30	8.0

（3） 调价机制

通过设定价格调整公式来建立政府付费价格与某些特定系数之间的联动关系，用以反映成本变动等因素对项目价格的影响，当特定系数变动导致根据价格调整公式测算的结果达到约定的调价条件时，将触发调价程序，按约定的幅度自动调整定价。

本项目运营成本受财务费用、电费及人工成本的影响较大，因此在调价公式中设置这三类作为调价因子。由于合理收益的支付以单位水价的形式返还给项目公司，当物价变动时，单位水价可能随之调整。项目公司通过单位水价获得的补偿金额也将会发生变化，为防止社会资本通过水价调整而获得合理收益之外的超额回报，在设置调价公式时，仅调整运营部分的成本补偿收入。

（4） 风险分配基本框架

本项目政府承担的风险主要包括：项目审批风险（项目核准）、政治不可抗力的风险（包括政策风险）；项目公司承担的风险主要包括：项目投融资风险、项目运营风险、项目审批风险（相关行政监管审批）。不可抗力风险及部分运营风险由双方共同承担，具体风险分配方案见表2-3。

表 2-3　　　　　　　　　　项目风险分配明细表

风险类型	风险描述	风险分配
项目审批风险	项目决策、土地、环保等审批风险	政府权限范围内的审批由政府承担，项目公司按审批要求执行，本级政府权限范围外的审批风险由社会资本承担。
政策风险	政策风险	政府主要承担。
投融资风险	项目融资风险	社会资本主要承担，如大股东担保、银行贷款展期等。
	利率风险	融资利率风险由政府和社会资本共同承担；政府依据调价公式随基准利率波动调整服务购买价格。
项目运营风险	项目运营服务能力风险	社会资本承担，保障项目运营服务能力，并承担因运营不稳定和服务能力不足造成的损失。
	项目运营服务能力与实际服务需求存在偏差的风险	共同承担；设置最低服务承诺，项目公司必须按照最低服务承诺提供服务，否则按照违约计算违约金；政府设置原水供应目标量，项目公司按要求提供服务的同时政府保障其合理收益。
物价风险	人工、电力等价格的变化风险	共同承担；政府依据调价公式随物价波动调整服务价格。
不可抗力	发生自然灾害等不可抗力事件，致使项目不能或暂时不能正常运转	不可抗力期间，双方各自依据初始出资比例承担各自风险。
服务费支付风险	项目公司依据政府要求提供原水处理服务，原水处理服务费支付的金额及时效存在风险	政府承担。
期末转让风险	特许经营期结束后，社会资本以有偿转让方式将项目资产移交给政府或其指定机构的风险（如可能产生的兑付风险及项目可用性风险）	共同承担；社会资本须保证项目的完整性、可用性；政府须保证兑付时间、金额的履约性。

3. 交易结构

(1) 运作模式

本项目运作模式见图2-1。

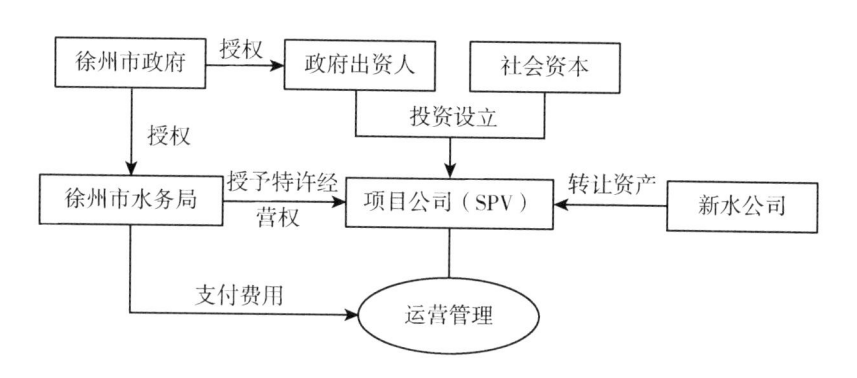

图2-1 项目运作模式

(2) 交易结构

本项目交易结构见图2-2。

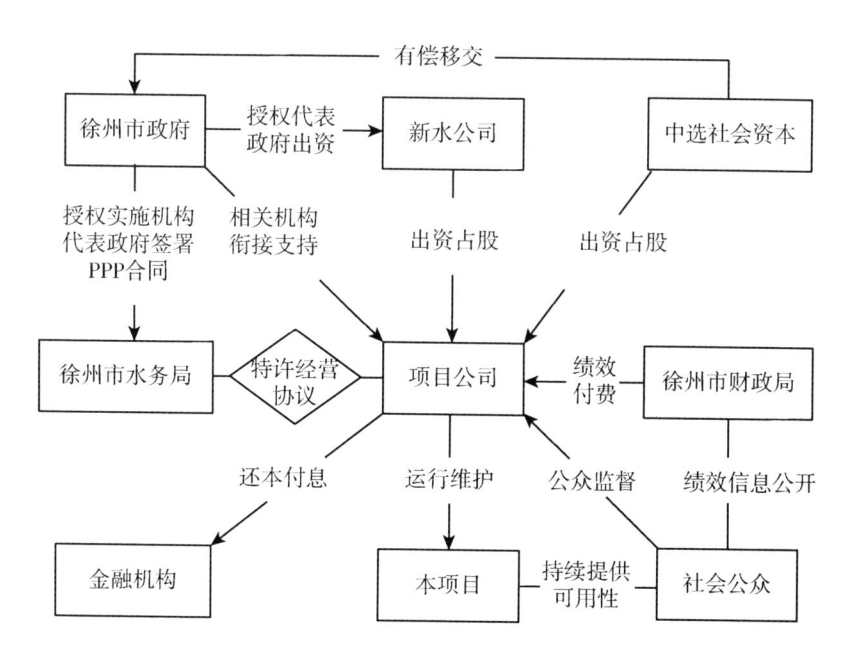

图2-2 项目交易结构

(3) 股权结构

本项目中标单位粤海控股初始持股比例为74%，为实现股权多元化，引入省PPP基金作为战略投资人，具体股权结构见图2-3。

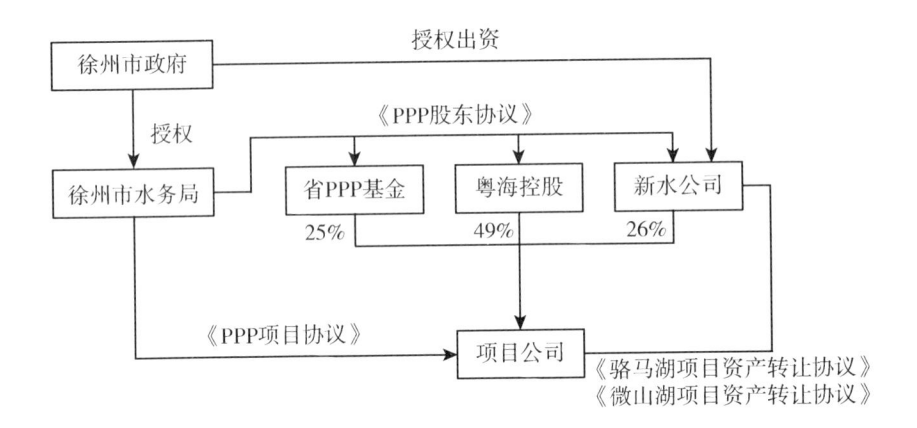

图2-3 项目股权结构

4. 绩效考核指标及体系

(1) 考核主体

考核小组由徐州市水务局及其他政府相关部门和有关专家组成评估小组对项目公司进行评估。

(2) 考核内容

第一，确认本特许协议是否实现了其目标；

第二，评估项目公司在特许经营期内的运营维护状况；

第三，与特许经营权有关的其他需评估事项。

(3) 考核指标

具体相关绩效考核指标如下：

① 原水供应的持续性指标

从商业运行日起，项目公司应每日24小时，每年365日（闰年366日）连续稳定供应原水，但符合条款约定的计划内减量服务期间除外。

② 原水工程运行质量指标

原水取水口、各级泵站和原水管网由项目公司全权负责运行管理，运行管理必须符合国家、江苏省以及徐州市相关法律法规和技术规范标准的要求。

③ 原水水质的指标

本项目水源地的原水水质由政府负责，在水源地水质符合国家相关标准的情况下，项目公司应保证其供应的原水水质符合国家相关标准。

④ 原水供应量的指标

本项目设定原水供应目标量。当项目公司实际供水量未达到原水供应目标量时，政府有权进行临时接管，并由项目公司支付接管费用。

（4）考核报告

评估小组在评估结束后15日内向徐州市水务局提交评估报告，内容包括：评估结果、修改PPP项目合同和原水供应服务协议的建议。

（5）考核与付费

每季支付费用＝实际原水供应服务费×90%－违约金（如有），扣10%作为供应量考核的调整，根据考核的实际情况予以一定的扣减，每年底综合结算一次。

每季度结束后，徐州市水务局应对该季度维护服务指标进行考核，计算项目公司各评分项的季度平均得分，并以书面形式告知项目公司。年度终了徐州市水务局应将该年度所有的维护服务指标考核情况进行汇总，计算项目公司各评分项的年度平均得分，并由此支付剩余10%的绩效考核服务费。

5. 项目实施程序的规范性

（1）项目立项等前期手续

本项目为存量资产转让，立项手续齐备，已经处于工程建设阶段。本项目严格按照PPP项目的操作流程，进行了该项目的物有所值评价和财政承受能力论证，PPP项目实施方案已经得到徐州市政府的批准。

（2）配套支持

本项目土地拆迁具体工作由政府负责实施，红线范围内的配套设施作为项目工程的一部分，纳入本项目的合作边界。

(3) 预算安排

徐州市人大常务会于 2016 年 12 月 29 日将该 PPP 项目政府补贴列入市本级财政预算,并出具相关决议。

(四) 物有所值评价和财政承受能力论证要点

1. 物有所值评价要点

(1) 定性评价

本项目定性评价指标见表 2-4。

表 2-4　　　　　　　　本项目定性评价指标评分表

指标评分	评分明细			
	1	2	…	n	加权得分
法律环境					
市场先例					
项目规模					
资产寿命					
财政承受					
政府管理					
规范要求					
合同整合					
场地类型					
服务供应					
社会效益					
环保要求					
风险转移					
风险管理					
成本可预测性					
全生命周期成本					
资产利用					

续表

指标评分	评分明细				
	1	2	…	n	加权得分
运维要求					
绩效考核					
运作透明度					
项目吸引力					
社会资本实力					
合计					

注：由于本项目进行物有所值评价时间为2015年9月，当时《关于印发〈PPP物有所值评价指引（试行）〉的通知》（财金〔2015〕167号）尚未出台，因此，物有所值定性评价指标为咨询公司内部评价体系，与财政部文件指引中的评价体系存在一定出入。

（2）定量评价

① 物有所值定量计算的假设

ⅰ 本项目特许经营期限30年，故在计算PSC值时以30年为周期；

ⅱ 本项目工程建设投资为24.07亿元，假设传统模式下政府建设投资的70%来自银行贷款；

ⅲ 人工成本按8万元/人年计算（包含五险一金支出），需要76人；

ⅳ 每吨原水的运营成本0.1993元；

ⅴ 项目收入为政府财政拨款弥补项目的运营支出；

ⅵ 修理费计提标准（见表2-5）。

表2-5　　　　　　维修费计提汇总表　　　　　　单位：%

年份（年）	费率	
	管道	设备
2016~2020	0.5	2
2021~2025	0.5	4
2026~2045	1	6

② 物有所值中对于风险的量化标准和基础

为了尽可能合理量化各风险，本报告根据风险分配明细表对项目实施机构和 PPP 运作、风险管理方面的专家进行调研，采集风险损失以及特许期内各年份风险发生概率的定量数据，经筛选和加权平均来确定最终数据。其中就本项目而言，融资风险、项目建设（技术与设计）风险、项目唯一性风险、配套设施服务提供风险、不可抗力风险和项目移交风险均难以计量，暂不纳入计算范畴，但在不同模式运作全生命周期成本相同情况下可以作为物有所值评价的考量因素。根据风险损失和风险概率构建现金流模型，本项目风险调整值为 11.12 亿元。

在 PPP 模式下，本着风险分担、收益共享原则，政府将根据风险类型和控制力自留并转移部分风险到项目公司。本项目政府方需承担的主要风险主要有政策风险、法律风险、保底量风险等，政府和项目公司共担风险为投资额变动风险、辅料采购价格变动风险、技术更新改造风险以及通货膨胀风险，剩余风险将转移到项目公司。经测算，本项目 PPP 模式下政府自留风险为 6.67 亿元，可转移风险为 4.45 亿元。

(3) 评价结论

本项目通过定性指标体系构建和专家评分过程完成物有所值的定性评价，在此基础上利用 PSC 法模拟公共部门进行类似原水厂投资的整体支出义务，与政府在本项目中的实际预算支出进行对比，完成定量的物有所值评价，因此无论从定性角度还是从定量角度出发，徐州市骆马湖水源地及原水管线项目 PPP 模式均能通过物有所值评价。

2. 财政承受能力论证要点

(1) 支出责任

本项目支出责任见表 2-6。

表 2-6　　　　　　　财政平均每年支出明细表　　　　　　单位：万元

项　　目	初期政府支出	运营期政府支出
股权投资	18 720	0
运营支出		23 688

续表

项　　目	初期政府支出	运营期政府支出
风险支出		5 362
配套投入支出		0
合计	18 720	29 050

（2）年度财政安排

本项目年度财政安排见表 2-7。

表 2-7　　　　　　　　年度财政安排明细表

年度 项目	2016 年	2017 年	2018 年	2019 年	2020 年
原水供应目标量 （万吨/日）	42	42	42	43.26	48.56
基本单价 （元/吨）	1.337 0	1.232 4	1.222 6	1.424 8	1.261 3
政府付费预算 （万元）	10 276	18 893	18 742	22 497	22 417
年度 项目	2021 年	2022 年	2023 年	2024 年	2025 年
原水供应目标量 （万吨/日）	53.89	59.27	64.69	70.15	71.65
基本单价 （元/吨）	1.135 8	1.065 2	0.985 7	0.902 1	0.872 0
政府付费预算 （万元）	22 341	23 044	23 274	23 161	22 805
年度 项目	2026 年	2027 年	2028 年	2029 年	2030 年
原水供应目标量 （万吨/日）	72.69	73.74	74.82	75.91	77.03
基本单价 （元/吨）	0.880 1	0.885 7	0.861 3	0.877 9	0.854 0
政府付费预算 （万元）	23 351	23 839	23 586	24 324	24 011

续表

年度\项目	2031年	2032年	2033年	2034年	2035年
原水供应目标量（万吨/日）	78.17	79.34	80.52	81.73	82.97
基本单价（元/吨）	0.8303	0.8129	0.8057	0.7829	0.7605
政府付费预算（万元）	23 690	23 605	23 679	23 355	23 031

年度\项目	2036年	2037年	2038年	2039年	2040年
原水供应目标量（万吨/日）	83.60	84.23	84.87	85.52	86.18
基本单价（元/吨）	0.7542	0.7656	0.7483	0.7313	0.7144
政府付费预算（万元）	23 077	23 538	23 181	22 827	22 534

年度\项目	2041年	2042年	2043年	2044年	2045年
原水供应目标量（万吨/日）	86.84	87.51	88.18	88.87	89.55
基本单价（元/吨）	0.7687	0.7582	0.7585	0.7414	0.7246
政府付费预算（万元）	24 365	24 218	24 413	24 115	23 684
政府付费30年预算总计（万元）	679 873				

（3）政府可用财力增长的计算过程和依据

徐州市市级财政一般公共预算支出2010～2015年平均增长率为15.16%。考虑到通货膨胀、经济发展状况、财政收入结构替代因素等，保守预计2016～2025年一般公共预算支出增长率为10%，2026～2035年一般公共预算支出增长率为8%，2036年后为5%。

（4）财政承受能力结论

根据《关于印发〈政府和社会资本合作项目财政承受能力论证指引〉的通知》（财金〔2015〕21号）要求，"每一年度全部PPP项目需要从预算中安排的支出责任,占一般公共预算支出比例应当不超过10%。"徐州市2016年市级17个项目汇总后在全生命周期内各年度的政府支出责任占一般公共预算支出的比例均在10%以内,最高年度为7.66%(2021年),符合财政部相关政策要求。

三、项目采购

(一) 资格预审情况

本项目于2015年11月27日在江苏省采购中心发布社会资本资格预审公告,资格预审条件如下:

第一,在中国(含香港、澳门地区)依法注册的具有独立法人资格的企业,其注册资本在2亿元人民币以上,总资产不少于25亿元人民币;

第二,在中国境内具有累计投资额超过20亿元的类似项目运营业绩,包括城市供水项目、引水工程项目、调水工程项目、提水工程项目、水利枢纽项目;

第三,自有资金不低于4亿元;

第四,不接受联合体投标。

本次资格预审共有北控水务(中国)投资有限公司、北京首创股份有限公司、广东粤海控股集团有限公司3家单位参与,并全部通过资格预审。

(二) 评审情况

本项目采取综合评分法,具体评分标准见表2-8。

表 2－8　　　　　　　　　社会资本评标标准表

项　目	评审因素	评分标准说明	分值
企业实力 （10 分）	注册资本金	注册资本金≥10 亿元：5 分； 5 亿元≤注册资本金＜10 亿元：3 分； 2 亿元≤注册资本金＜5 亿元：1 分。	5
	总资产	总资产≥100 亿元：5 分 50 亿元≤总资产＜100 亿元：3 分； 25 亿元≤总资产＜50 亿元：1 分。	5
企业资信 （10 分）	信用评级	企业资信等级为 A：1 分； 企业资信等级为 A＋：2 分； 企业资信等级为 AA：3 分； 企业资信等级为 AA＋：4 分； 企业资信等级为 AAA：5 分。	5
	综合授信	综合授信≥35 亿元：5 分； 25 亿元≤综合授信＜35 亿元：3 分； 15 亿元≤综合授信＜25 亿元：1 分。	5
项目业绩 （10 分）	类似项目业绩	社会资本拥有累计投资总额不低于 15 亿元项目业绩合同（包括 BOT、TOT、供水特许经营权等，不含 BT），每个合同得 2 分，最多得 8 分（社会资本需提供类似项目合同）。社会资本生产运营、管理获得国家级认可证书，每项加 1 分，最多得 2 分。	10
技术与运营 方案（15 分）	供水运营管理方案	从整个特许期内原水供应的运营体系、管理流程、责任权属、日常检测体系、应急预案设置操作性等方面进行综合考虑评分，合理得 5.1～7.0 分，比较合理得 2.1～5.0 分，不合理不得分。	7
	项目设施维护保养及恢复性大修和移交方案	从最后恢复性大修方案和移交方案合理性及可操作性、性能保证值满足要求等方面进行综合考虑评分，合理得 3.1～5.0 分，比较合理得 1.1～3.0 分，不合理不得分。	5
	其他保障方案	从文明服务、投诉处理、应急处理等方面进行综合评分，合理得 2.1～3.0 分，比较合理得 1.1～2.0 分，不合理不得分。	3

案例2 江苏徐州市骆马湖水源地及原水管线项目

续表

项 目	评审因素	评分标准说明	分值
法律方案 （10分）	法律方案	完全响应项目协议条款或修改和变更意见更有利于项目成功，7~10分； 基本响应项目协议条款，但提出少量修改和变更意见，对项目实施影响不大，4~6分； 没有提出实质性变更，但提出较多修改和变更意见，对项目实施存在较大不确定性，1~3分。	10
财务方案 （15分）	日常运营维护的成本分析	从日常运营维护各成本项的构成符合目前项目资产的实际运营情况，项目公司管理费用及人员费用合理性等方面进行综合考虑评分，合理得1.1~2.0分，比较合理得0.4~1.0分，不合理不得分。	2
	设备大修、改进、更新和重置分析	从项目公司大修、改进、更新和重置方案符合技术方案中的参数设计，对资产的大修、改进、更新和重置有全面、科学的维护更新计划，及重置资金筹措方案符合项目公司的实际等方面进行综合考虑评分，合理得1.1~2.0分，比较合理得0.4~1.0分，不合理不得分。	2
	偿债能力和盈利能力分析	从报表预测依据、科目完备债务偿还计划符合项目公司盈利状况及融资文件要求等方面进行综合考虑评分，合理得2.6~4.0分，比较合理得1.1~2.5分，不合理不得分。	4
	项目融资计划	从融资计划的设计、资金来源、筹资成本、资本结构、年度借还款计划与项目公司盈利预测、对融资风险分析及控制手段和项目融资担保方案等方面进行综合考虑评分，合理得1.1~2.0分，比较合理得0.5~1.0分，不合理不得分。	2
	财务支持方案	从财务支持文件的各项条款、所提供的资金支持能否足以确保项目的顺利实施、股东给予项目公司财务支持等方面进行综合考虑评分，合理得2.0~3.0分，比较合理得1.0~1.9分，不合理不得分。	3

续表

项　　目	评审因素	评分标准说明	分值
财务方案 （15分）	总体商业风险分析和控制	从项目总体风险认识和控制措施、投保险种及金额能否防范项目设施的主要风险以及保险费率及保费支出合理性等方面进行综合考虑评分，合理得1.0～2.0分，比较合理得0.4～0.9分，不合理不得分。	2
响应报价 （30分）	响应报价	采用低价优先法计算，即满足响应文件要求且报价最低的为评标基准价，其价格分为满分，其他的报价统一按下列方式进行计算：各投标人价格得分＝最低浮动系数价÷各投标人投标浮动系数×30。	30

2016年2月2日江苏省采购中心组织开标，并在省专家库随机抽取专家进行评标，评审专家共7人组成，其中水务局代表1人，财务专家1人、法律专家1人，行业专家4人。评审结果公示5个工作日无异议，2月16日发布正式中标公告，由粤海控股中标。

（三）合同谈判及签署

粤海控股中标后于2016年2月2日开标当天进行了确认谈判，并完全响应招标文件及合同的全部内容。3月31日徐州市水务局与粤海控股草签PPP项目协议、新水公司与粤海控股签署项目公司股东协议，4月20日完成原水项目公司即徐州粤海水务有限责任公司组建，并于4月28日正式签署PPP项目协议。

四、项目落地情况

（一）项目公司设立情况

1. 公司概况

政府出资方代表新水公司与中标社会资本广东粤海控股集团共同出资

于 2016 年 4 月 20 日设立项目公司，项目公司名称为徐州粤海水务有限责任公司，公司注册资本 7.2 亿元人民币。注册资本金已全部到位。

2. 股权结构

在项目公司 7.2 亿元注册资本中，粤海控股（社会资本方一）占股 49%，新水公司（政府出资人代表）占股 26%，江苏省 PPP 融资支持基金（社会资本方二）占股 25%（由粤海控股占股初期获得 74% 股权中转让获得）。各方均以现金形式出资，政府方股东作为一般股东，享有项目分红权与表决权，同时对影响公共利益或公共安全的事项享有一票否决权。

徐州市政府通过对江苏省内多只 PPP 基金进行比选后，最终选定江苏省 PPP 融资支持基金作为本项目的基金参与方。此基金由省、市、县财政共出资 10 亿元，占比 10%，其余则通过金融机构等其他出资人采取认缴制完成基金募集。当投资项目亏损时，首先由基金管理机构承担 10% 的损失（最多不超过子基金管理费的 2 倍）；其次，由省财政、市县财政以子基金的出资额承担风险，项目的剩余损失由其他出资人在出资金额内按比例承担。此项目中基金合作期限为 5 年，基金进入以从中标社会资本认购的股权中平价收购项目公司 25% 的股份，退出方式为项目公司原股东收购基金持有股权。

3. 管理层架构

按照公司章程规定，公司董事会由 5 人组成，其中，粤海控股委派 3 名董事，新水公司委派 2 名董事，董事长由粤海方担任。监事会由 3 人组成，其中粤海控股委派 1 名监事，新水公司委派 1 名监事，另由公司员工代表大会选举 1 名员工担任职工监事。

根据公司的实际情况，公司设行政人事部、生产技术部和财务部。生产技术部下辖骆马湖泵站和微山湖泵站，远期视骆马湖管线需水量适时启用加压泵站。具体管理层架构见图 2-4。

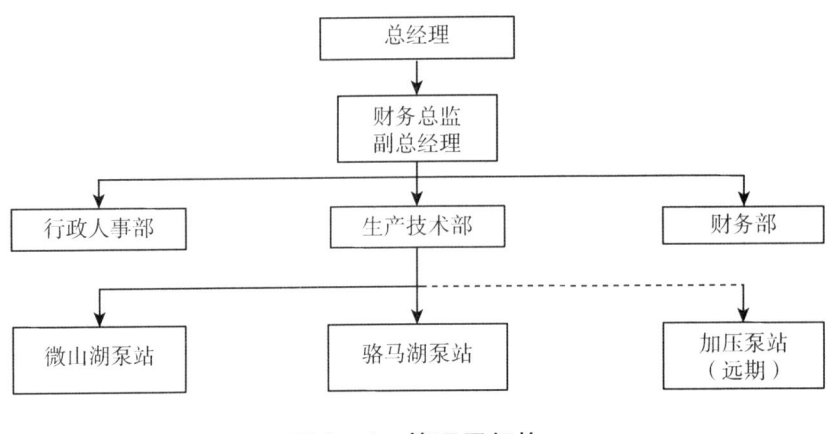

图 2-4 管理层架构

(二) 项目融资落实情况

1. 实施方案中的融资方式及条件

本项目注册资本 7.2 亿元，占项目资产总额 24 亿元的 30%，其他资金通过银行贷款或股东借款方式解决。

2. 融资实际执行情况

本项目资本金的实际出资额与方案中的设计一致。项目公司向广州农商行银行贷款 16.8 亿元，期限 20 年，综合成本较基准利率下浮 15%。增信条件为徐州市人大将该 PPP 项目政府补贴列入市本级财政预算的决议。

3. 再融资问题

项目公司获得原水供应特许经营权后，为了保证项目公司的稳定经营，保障徐州市获得持续稳定的原水供应服务，对社会资本享有的项目公司股权变更作如下约定：

第一，从项目公司签署相关协议算起，在五年内，社会资本不得将其在项目公司注册资本中拥有的股份或权益进行转让，除非这种转让为中国法律所要求，或是法院或具有适当管辖权的政府部门所命令的转让。

第二，从项目公司签署特许经营协议之日算起，自五年后，经徐州市水务局事先书面同意，社会资本可以转让其在项目公司的股份，徐州市政府享有优先认购权，若徐州市政府放弃该等权利，受让方应满足以下条件：

ⅰ项目公司的股东会通过股权转让的决议；

ⅱ项目公司向徐州市水务局提出书面申请，并提交股东会决议原件以及受让方的相关资料，该资料至少包括受让方的企业法人经营执照、在供水处理行业的经营业绩、管理水平，以及徐州市水务局要求提供的其他材料；

ⅲ受让方应在资信实力、管理水平等方面在国内同行业中具有良好水平，并能证明其有能力促使项目公司承担或履行本协议项下的责任和义务，且为此向徐州市水务局提交一份承诺书；

ⅳ项目公司的股份受让方应向徐州市水务局出具书面声明，表明其已经完全理解并承诺遵守特许经营协议及其附件全部条款规定的内容。

（三）资产权属及会计税收处理

本项目涉及固定资产转让，资产权属由徐州市水务局转移至项目公司，项目公司账务处理为一般产权交易会计处理，并无特殊之处。

本项目在资产转让环节，项目资产由徐州市水务局转让给项目公司，水务局作为政府职能部门，不作为纳税主体，因此，此环节不涉及税务处理。

本项目在移交环节，项目资产以股权的方式由项目公司转让给政府指定部门（水务局），设定为社会资本方在项目公司的股权以有偿方式进行转让，股权转让价格以移交日资产评估价格为依据，双方协商确定。项目公司的股权转让属于市场行为，政府指定机构或部门负责接收该股份。通过项目公司股权转让的方式完成资产的移交，从而避免移交环节所涉及的固定资产增值税。

（四）项目进度

1. PPP 项目实施进度

本项目实施进度安排见图 2-5。

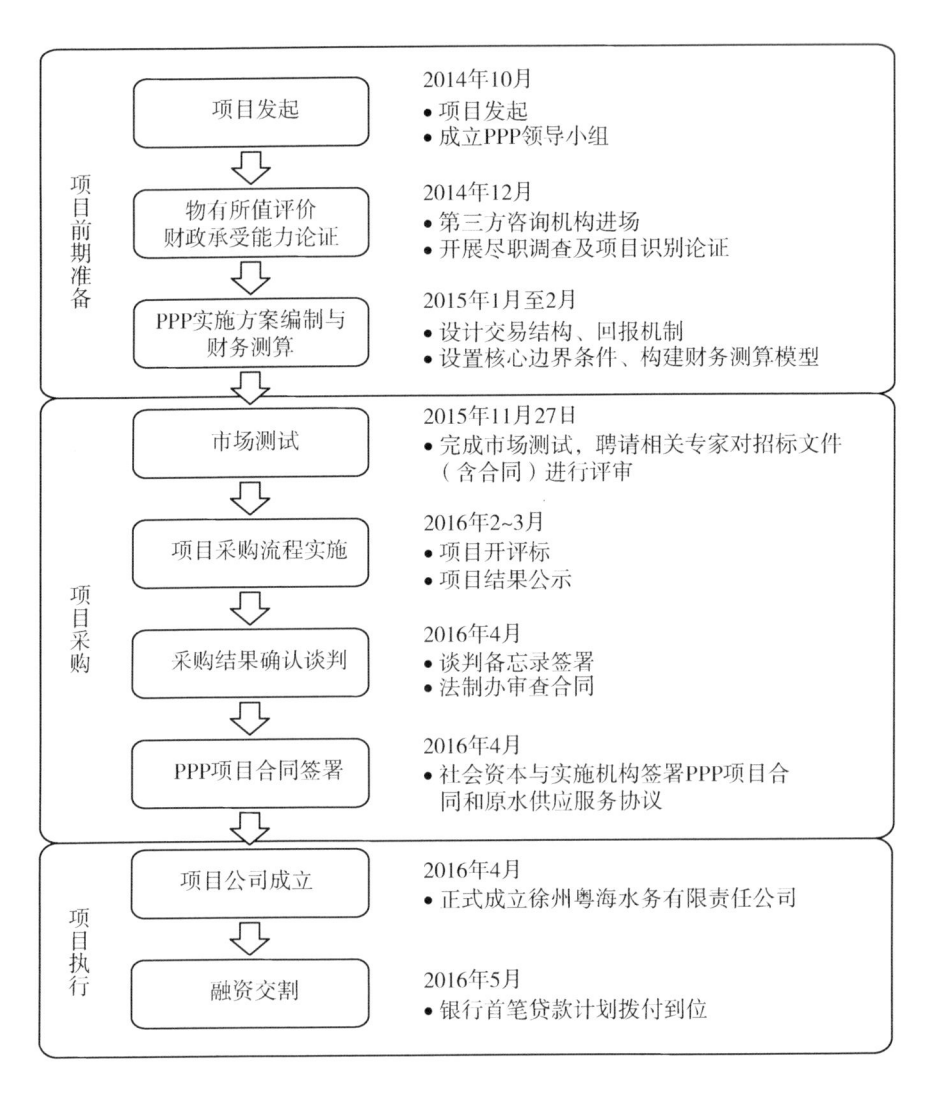

项目前期准备：

- 项目发起 —— 2014年10月
  - 项目发起
  - 成立PPP领导小组

- 物有所值评价、财政承受能力论证 —— 2014年12月
  - 第三方咨询机构进场
  - 开展尽职调查及项目识别论证

- PPP实施方案编制与财务测算 —— 2015年1月至2月
  - 设计交易结构、回报机制
  - 设置核心边界条件、构建财务测算模型

项目采购：

- 市场测试 —— 2015年11月27日
  - 完成市场测试，聘请相关专家对招标文件（含合同）进行评审

- 项目采购流程实施 —— 2016年2~3月
  - 项目开评标
  - 项目结果公示

- 采购结果确认谈判 —— 2016年4月
  - 谈判备忘录签署
  - 法制办审查合同

- PPP项目合同签署 —— 2016年4月
  - 社会资本与实施机构签署PPP项目合同和原水供应服务协议

项目执行：

- 项目公司成立 —— 2016年4月
  - 正式成立徐州粤海水务有限责任公司

- 融资交割 —— 2016年5月
  - 银行首笔贷款计划拨付到位

图 2-5　项目实施进度安排

2. 项目建设进度

本项目于 2014 年 9 月开工，2016 年 6 月各项工程均已基本完工，正在进行试通水前扫尾和完善工作，基本满足阶段验收要求，基本达到试通水目标。2016 年 9 月本工程投入运营。

五、项目监管

根据《关于政府和社会资本合作示范项目实施有关问题的通知》（财金〔2014〕112 号），PPP 项目监管架构主要包括授权关系和监管方式。授权关系主要是政府对项目实施机构的授权，以及政府直接或通过项目实施机构对社会资本的授权；监管方式主要包括履约管理、行政监管和公众监督等。其中，本项目的监管包含以下内容：

（一）履约管理

项目实施机构根据 PPP 项目合同规定对项目公司在项目期限内的合同履行情况进行监督管理，定期对项目公司经营情况进行评估和考核。

（二）行政监管

政府相关行业主管部门依据法定职责对项目公司安全、成本等进行行政监管。

一是安全生产监管，包括政府主管部门可在不影响项目正常运行的条件下，随时进场监督、检查项目设施的建设和运营状况等；

二是成本监管，包括项目公司应向政府主管部门提交年度经营成本、管理成本、财务费用等的分析资料；

三是报告制度，包括项目公司向政府主管部门和其他相关部门定期报告和临时报告。

（三）公众监管

项目公司接受用户投诉，政府主管部门接受用户对项目公司的投诉。

六、项目点评

（一）特点及亮点

1. 持续经营

鉴于本项目主要资产为球墨铸铁管及泵站房屋，设计寿命在50年以上，且管线铺设占整个项目总投资的82%，在PPP项目实施中，工作小组以每周例会方式多次论证、研究，按照政府和社会资本"合伙做企业"思路，创新引入"持续经营、债务延续"理念。原水管线及房屋等资产按50年计提折旧，30年后政府有偿回购项目公司剩余资产，突破了特许经营期限30年的概念。经测算，如按30年特许经营期内全部计提折旧计算，初期财政补贴将超过2亿元；按目前运作方式，初期财政补贴在1亿元以下，实现了地方财政各年度支出的平滑处理，大大减轻了当期财政负担，也符合财政代际公平原则。

2. 充分竞争

本项目为财政部首批示范项目，市场关注度高，且边界设计清晰、风险分配合理，在项目推进阶段就引起国内众多水务企业关注。为使项目充分竞争，徐州市水务局分别于2015年9月16日江苏省PPP省级试点项目推介会和10月21日徐州市PPP项目推介会上向全国推介本项目，并邀请国内一流供水企业参与竞争。

3. 提高效率

本项目采取 PPP 模式，不但可以盘活政府存量资产，充分发挥财政资金杠杆撬动作用，还能快速提高原水供应的服务能力，避免由政府直接运营带来的效率低下、人员臃肿、成本增加等问题。粤海控股中标后，凭借其在香港、深圳、东莞等多地提供相关服务的经验，可以更高效运营原水项目公司。

4. 培育人才

项目实施初期，国内缺少可借鉴的供水 PPP 项目案例，每个环节都由徐州市财政局、水务局、国资委、新水公司、咨询机构、会计师事务所、律师事务所等多家单位共同探讨，比选最优方案。自 2015 年 3 月正式启动项目算起，从项目的识别推出、完成物有所值评估和财政承受能力论证、编制实施方案，到进入政府采购程序直至落地，整个实施过程经历了近一年时间。本项目的落地，在积累经验的同时也完成了 PPP 人才的锻炼、储备，为徐州市后续 PPP 项目的实施打下坚实的基础。

（二）项目实施成效

1. 加快转变政府职能

骆马湖 PPP 项目的实施，有利于加快转变政府职能，实现政企分开、政事分开；有利于打破行业准入限制，激发经济活力和创造力；有利于完善财政投入和管理方式，提高财政资金使用效益，尤其是有利于减轻当期财政支出压力，平滑年度间财政支出波动，防范和化解政府性债务风险。

2. 南北供水经验融合

引进粤海控股后，徐州市区供水市场将由原水项目公司粤海水务负责原水供应，徐州首创水有限责任公司（北京首创股份有限公司控股）负责制水、售水环节，在徐州供水市场形成了广东、北京南北供水先进经验的融合，有利于徐州供水市场更好引进先进经验和技术，进一步保障徐州市区供水安全。

中标的粤海控股是广东省人民政府授权经营国有资产的综合性企业集团，成立于 2000 年，2015 年资产总额 800 亿元，员工总数 1.2 万人，旗下拥有 4 家香港联合交易所上市公司，全资及控股子公司逾 250 家，企业秉承"生命水、政治水、经济水"的管理理念，依托东深供水工程对香港、深圳和东莞沿线 50 多年安全优质供水的丰富经验，在广东、广西、江苏和海南等地运营多家自来水和污水公司，2015 年水处理规模 1 270 万吨/日。

（三）问题与建议

本项目转让标的包括骆马湖水源地新建项目工程以及微山湖水源地项目工程。根据《企业国有资产监督管理暂行条例》和国家有关法律、行政法规的规定，国有资产的转让除需要资产原权属单位的内部决议、国有资产管理部门的批准、专业第三方对资产进行评估外，还需要在产权交易机构予以挂牌，采取拍卖或者招投标方式组织实施产权交易。而在 TOT 项目的采购环节可通过公开招标、邀请招标、竞争性磋商、竞争性谈判、单一来源采购方式进行社会资本的选择，与国有资产转让程序的相关规定略有不同，在实际执行过程中如果进行操作尚未有协议性办法予以说明，但在实际 TOT 项目的操作过程中确实是普遍存在的。针对此情况，咨询公司根据国有资产转让相关规定，本着公开、公正、公平的原则，认为 PPP 项目中对社会资本的招选程序与国有资产转让规定的拍卖和招标方式的本义是一致的，但在 PPP 项目运作过程中对国有资产转让未涉及的内容仍要遵循国有资产转让管理的相关规定。建议政策明确国有资产转让程序与 PPP 采购程序的协调衔接问题。

案例 3

江苏徐州市沛县供水项目

一、项目摘要

项目基本信息见表 3-1。

表 3-1　　　　　　　　　　项目基本信息表

项目名称	江苏徐州市沛县供水项目（以下简称"本项目"）
项目类型	新建 + 存量
所属行业	市政工程——供水
合作内容	项目总投资 15.04 亿元。本项目由 20 万立方米/天规模地表水厂、10 万立方米/天规模第二水厂、8.3 万立方米/天规模 13 个建制镇污水处理厂、市政管网以及农村饮水安全工程五部分组成。新建部分由社会资本承担项目投资建设、运营和期满移交的职责，存量部分则由社会资本支付一定的经营权转让费，获得运营权，并在合作期满移交。
合作期限	30 年（建设期 3 年、运营期 27 年）
运作方式	转让 - 运营 - 移交（Transfer-Operate-Transfer，TOT）+ 建设 - 运营 - 移交（Build-Operate-Transfer，BOT）
资产权属	项目设施资产权属归政府方，项目公司拥有经营权、使用权、收益权，政府将土地提供给项目公司使用，土地使用税和房产税由项目公司承担。
回报机制	可行性缺口补助
实施机构	沛县水利局
采购方式	竞争性磋商
政府出资方	沛县城市投资开发有限公司，国有独资（以下简称"沛县城投"）

续表

中选社会资本	成都市兴蓉环境股份有限公司（以下简称"成都兴蓉"）
签约日期	2016年8月18日
项目公司设立概况	项目公司名称：沛县兴蓉水务发展有限公司（以下简称"沛县兴蓉"） 设立时间：2016年9月8日 股权结构：项目公司注册资本金为4.5亿元，其中政府出资方沛县城投出资4 512万元，持股比例为10%，社会资本方成都兴蓉出资40 608万元，持股比例为90%。
主要贷款机构	社会资本（成都兴蓉）已经取得了中国建设银行35亿元综合授信，并愿意为项目公司（沛县兴蓉）提供大股东担保和必要的资金支持。

二、项目识别论证

（一）项目背景

1. 项目概况

本项目由20万立方米/天规模地表水厂、10万立方米/天规模第二水厂、8.3万立方米/天规模13个建制镇污水处理厂、市政管网以及农村饮水安全工程五部分组成。项目总投资15.04亿元。

沛县供水基础设施的建设滞后，与社会经济发展不匹配，不能满足城市区域化发展的需要。目前已知沛县供水需求量超过10万立方米/天，现有城区人口30万，规划人口为56万。随着城镇化水平的不断提高，沛县城乡分散、无序的以地下水为水源的供水方式不能满足城市可持续发展的需要；沛县区域地下水硬度较高，水质氟离子、硫酸盐及硬度均超标，不能保证供水安全，潜在危害居民身体健康。因此城乡统筹规划、使用地表供水水源势在必行。

本项目中的沛县13个建制镇污水处理设施及相应的管网，属于建成存量项目，由于设计建设不规范，已经不能满足新型城镇化建设的需要，特别是规划不合理等因素造成污水处理量达不到基本规模，处于等水处理的窘态局面；另外，"吃不饱"的同时也对污水处理行业专业化管理提出了更高的要求。而且"水十条"颁布后的现实环境也急需对现有污水处理设施进行重新规划，更新改造、提档升级。

本项目将通过实现城乡、供排、管网于一体的区域水环境治理系统工程，形成城乡环境纵向到边、横向到底的网格式管理，以满足沛县城乡居民安全饮水和蓝色生态需要。

2. 实施 PPP 必要性

（1）响应相关政策的规定

《国务院关于鼓励和引导民间投资健康发展的若干意见》（国发〔2010〕13号）提出了"鼓励和引导民间资本进入市政公用事业和政策性住房建设领域，鼓励民间资本参与市政公用事业建设。支持民间资本进入城市供水、供气、供热、污水和垃圾处理、公共交通、城市园林绿化等领域。鼓励民间资本积极参与市政公用企事业单位的改组改制，具备条件的市政公用事业项目可以采取市场化的经营方式，向民间资本转让产权或经营权"。

为了增强市政公用产品和服务的有效供给，财政部和住房城乡建设部发布《关于市政公用领域开展政府和社会资本合作项目推介工作的通知》（财建〔2015〕29号），提出"在城市供水、污水处理、垃圾处理、供热、供气、道路桥梁、公共交通基础设施、公共停车场、地下综合管廊等市政公用领域开展政府和社会资本合作"。

（2）降低项目全生命周期成本，提高经营效率和改善公共服务

规范的 PPP 模式能够将政府的发展规划、市场监督、公共服务职能，与社会资本的管理效率、技术创新动力有机结合，减少政府对微观事物的过度参与，与传统政府采购模式相比，可以通过风险分担、利益共享等方式，充分利用专业运营公司先进的管理技术和理念，发挥其创新能力，从而降低项目全生命周期成本，提高运营效率与质量，促进创新和竞争，更能实现"物有所值"目标。

通过 PPP 模式合作，具有先进的处理技术、运营管理经验和投融资能力的社会资本能够为本项目带来先进的处理技术，提高供水及污水处理的出水标准和处理达标率；社会资本能够提高自来水厂及污水处理厂的运营效率并降低运营成本，从而降低地方政府的财政负担；社会资本具有丰富的融资渠道，能够为沛县供水及污水处理产业提供更多的资金来源。

（二）发起方式

本项目由政府方发起。

（三）实施方案

1. 合作范围界定

本项目合作范围包括：原有沛县自来水公司供水区域及供水规划范围内的供水服务；13个建制镇污水处理厂厂区内的污水处理服务；市政管网运营维护服务。市政管网含供水管网及污水管网，其中，供水管网包括水源地保护、区域供水管网、老城区管网改造、区域供水与农村饮用水支网对接水量流量计表前管网；污水管网包括13个建制镇污水厂配套管网。

2. 项目边界条件

（1）回报机制设计

① 回报机制

本项目采用"使用者付费"+"可行性缺口补助"+"政府付费"的综合回报机制。各类别项目回报机制如下：

ⅰ 地表水厂。社会资本投融资完成改扩建工程，政府授予社会资本原有和新建部分的特许经营权。居民或企业等用户按照政府定价的供水水价付费；建设期、运营期设定不同的运行基本水量，不能覆盖投资、经营成本及社会资本合理收益部分，由政府支付可行性缺口补助。

ⅱ 13个建制镇污水处理厂。项目公司负责运营13个建制镇污水处理厂，政府通过向项目公司支付污水处理服务的固定费用（含人员工资福利、管理费、修理费等）和可变费用（单位电费、单位药剂费、单位水费、单位污泥运输费等），其中可变费用根据实际污水处理量进行结算。

ⅲ 市政管网及农村安全饮水工程。社会资本投融资完成新建部分，政府将原有和新建部分委托给社会资本运营，由政府付费，管网包括新建和存量两部分。回报机制包含管网可用性付费和管网运营维护费两部分。

② 付费计算公式

ⅰ 使用者付费。使用者付费＝实际供水基本水价×售水量。

ⅱ 可行性缺口补助。可行性缺口补助＝供水成交报价×售水量－实际供水基本水价×售水量。

ⅲ 政府付费。政府付费＝市政管网运营维护费＋污水处理服务费＋市政管网投资额×（A/P，折现率，30）＋存量项目转让费×（A/P，折现率，30）＋农村饮用水安全工程投资额×（A/P，折现率，30）。

③ 支付方式

除供水使用者付费由项目公司直接向用户收取外，可行性缺口补助采用年度结算方式，在第二年第1季度内依据绩效考核审核结果向项目公司支付可行性缺口补助；政府付费采用季度结算方式，自商业运营日起，沛县财政局每个季度结束后的第二个自然月25日之前，依据绩效考核审核结果向项目公司支付政府付费。

（2）调价机制

① 一般调整

供水水价一般根据国家及省市相关政策进行调整。

污水处理单价依据沛县供水PPP项目合同中的调价公式进行调整。污水处理服务价格按照每三年一次进行调整，调价公式如下：

ⅰ 可变费用单价的调整。

$$P_n = P_0 \times K_n$$

其中:

n 为调整污水处理服务价格的当年。

P_0 为第 n 年调整前的污水处理服务价格。

P_n 为第 n 年调整后的污水处理服务价格。

K_n 为调价系数,依据以下公式确定:

$$K_n = C_1(E_n/E_{n-3}) + C_2(Ch_{n-1}/Ch_{n-4}) + C_3(CPI_{n-1} \times CPI_{n-2} \times CPI_{n-3})$$

其中:C_1 为电费在价格构成中所占的比例;C_2 为化学药剂费在价格构成中所占的比例;C_3 为价格中除电费、化学药剂费之外的因素所占的比例。其中:$C_1 + C_2 + C_3 = 1$(C_1、C_2、C_3 具体的数据依据成交社会资本在响应文件中提出的数据确定)。

E_n 为第 n 年时项目公司所适用的电价。

Ch_{n-1} 为第 n 年时徐州市统计局编制的《徐州市统计年鉴》中公布的第 n-1 年"《原材料、燃料、动力购进价格指数》——化工原料类"对应的化学药剂平均价格(注:以国产絮凝剂价格为准)。

CPI_{n-1} 为第 n 年时徐州市统计局编制的《徐州市统计年鉴》中公布的第 n-1 年"《居民消费价格指数》——总指数"。

ⅱ 人工费用的调整。

$$R_n = R_0 \times T_n$$

其中:

n 为调整人工费用的当年;

R_0 为第 n 年调整前的人工费用;

R_n 为第 n 年调整后的人工费用;

T_n 为调价系数,依据以下公式确定:

$$T_n = L_{n-1}/L_{n-4}$$

其中:L_{n-1} 为第 n 年时沛县统计局编制的《沛县统计年鉴》中公布的第 n-1 年"在岗职工平均工资——电力、热力、燃气及水生产和供应业"对应的在岗职工平均工资为准。

② 特殊情况调整

由于法律、法规或规范、税收政策发生变更，如供水水质标准、污水排放标准、污泥处置费用、处置标准和处置方式等发生变化，导致运营成本变化和投资变化时，按实际变化的单位运行成本和单位投资成本调整供水、污水处理服务费单价。

进行特殊调价时，双方应将引起特殊调价的因素和前次调价（无论是一般调价还是特殊调价）至本次特殊调价期间的一般调价因素的变化一并予以考虑。

(3) 风险分配基本框架

按照风险分配优化、风险收益对等和风险可控等原则，综合考虑政府风险管理能力、项目回报机制和市场风险管理能力等要素，本项目在政府和项目公司之间设定风险分配机制，体现在《沛县供水PPP项目合同》中。本项目特别风险点及应对措施见表3-2。

表3-2　　　　　　　　　　项目主要风险分配表

序号	风险点	举措
1	乡镇供水用户分散，供水管道建设维护成本高，水费收取难度大，管道漏损率难以控制。乡镇居民使用地下水价格低，实行同网同价供水矛盾突出。	城区居民供水到户，乡镇供水采取趸售方式，项目公司按照贸易结算总表水量和约定的基本水价，与沛县水利局下属清源供水公司结算，政府承担乡镇供水表后管道维护、水量漏损和收费风险。
2	自来水价格属政府定价，现行水价较低，且未来用水需求存在一定不确定性，自来水供应存在价格风险和需求风险。存量乡镇污水处理厂配套管网污水收集效率低，单位污水处理成本过高。	项目约定基本水价和基本水量（供水量），政府承诺使用者付费不能覆盖项目公司成本和合理收益的部分，由政府提供可行性缺口补助。 沛县农村目前还没有系统完善的排水和污水处理设施与服务体系，沛县环保部门采取模块化建设、分散式处理，满足村级基本生活污水处理需要；对具备条件的13个建制镇污水处理厂本项目采取委托运营模式。政府付费包括污水处理服务的固定费用（含人员工资、福利、管理费、修理费等）和可变费用（单位电费、单位药剂费、单位水费、单位污泥运输费等）两部分，其中可变费用根据实际污水处理量进行结算。

续表

序号	风险点	举措
3	原有供水基础设施建设滞后、分散、无序,水压不稳,管道漏损率高,产销差居高不下,水资源浪费严重。	本项目"按照供水量保底,按照售水量结算",政府承担供水不足风险(实际供水量不足基本水量),项目公司承担售水风险(产销差风险、使用者付费回款风险)。约定产销差控制总体目标,从商业运营日开始计算,3年内产销差率降至低于12%。其中:2017年末控制在25%以下,2018年末控制在16%以下,2019年末控制在12%以下,从2020年起及以后产销差率在低于12%的基础上持续或下降,并保持良好的控制水平。在此模式下,政府有压力、有动力推动供水区域拓展和地下水井关停;项目公司也有压力、有动力提高工程建设质量,加强市政管道维护和营销收费,从而降低实际产销差,提高水费回收率。
4	沛县自来水公司属事业单位,原内部管理和激励机制僵化。托管人员普遍担心托管后利益受损,历史遗留问题无法得到妥善解决。	项目公司整体托管沛县自来水公司175名在册事业单位身份员工,托管员工依法享受国家、省市县事业单位的工资福利待遇调整政策,项目公司按照相关规章制度对托管员工统一管理、统一考核。 托管员工事业单位身份不变,按人社部门核定的工资依法缴纳社费费和公积金,托管员工薪酬福利参照近3年发放情况,不低于原有待遇或同类企业行业标准为原则,由项目公司根据绩效考核情况来核定,政府授权县水利局负责全过程监管。 沛县自来水公司在改制前公司仍然保留,并负责缴纳托管人员社保、公积金。当托管人员发生退休、辞职或者出现《劳动合同法》中规定的用人单位可以解除劳动合同的情形,项目公司可将托管人员退回沛县自来水公司。

3. 交易结构

沛县政府授权沛县城投作为政府出资方,沛县城投与最终确定的社会资本共同出资成立项目公司。沛县政府授权县水利局与项目公司签订PPP项目合同,县水利局对项目公司进行行政监管和绩效考核。项目公司通过自有资金及资本市场直接债务融资工具或银行/银团贷款实现本项目的资金需求,并通过运营特许经营范围内的地表水厂、污水处理厂、市政管网获得项目收益以偿还项目贷款。县财政局按县水利局对项目公司的考核结果进行绩效付费,交易结构见图3-1。

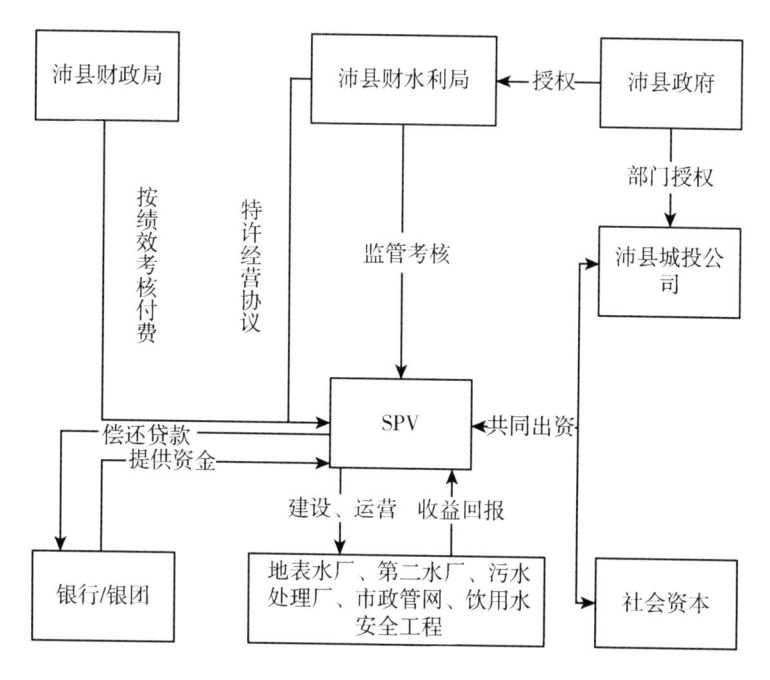

图 3-1　项目交易结构图

4. 绩效考核指标及体系

供水项目的绩效考核主要从生产管理（供水量）、质量管理（供水水质、排水水质、质量管理台账齐全）、安全管理（安全隐患整改完成率、重大安全生产责任事故）、设备管理（主要生产设备完好率、设备维修及时率、设备管理台账齐全）、基础管理（劳动纪律问题、岗位卫生）等方面进行。供水绩效考核内容及分值见表 3-3。

表 3-3　　　　　　　　　供水绩效考核表

目标	项目	考核指标	考核细则	备注
生产管理目标（15分）	供水量	万立方米/年	计划完成供水98%扣3分 计划完成供水95%扣6分 计划完成供水90%扣9分 计划完成供水80%扣12分 计划完成供水低于60%扣15分	供水计划根据实际情况，由双方协商一致确定。

续表

目标	项目	考核指标	考核细则	备注
质量管理目标（35分）	供水水质（20分）	100%	水质综合合格率85%扣2分 水质综合合格率80%扣6分 水质综合合格率75%扣8分 水质综合合格率70%扣10分 水质综合合格率70%以下扣15分	用GB5749-2006中表1、表2检测项目替代CJ/T206-2005中表1项目，用GB5749-2006中表3检测项目替代CJ/T206-2005中表2项目； 结合目前地表水厂实际情况对原水氟化物、硫酸盐、耗氧量处理开展研究实验，提出整改方案并实施，力争6个月完成整改，整改期间出厂水氟化物、硫酸盐、耗氧量、三卤甲烷四项指标暂不纳入综合合格率统计计算； 管网整改规范后再考核管网水水质。
	排水水质（10分）	100%	抽检一次不合格扣2分	
	质量管理台账齐全（5分）	100%	质量管理台账不齐全，发现一处一次扣0.1分	
安全管理目标（15分）	安全隐患整改完成率（5分）	100%	未及时完成安全隐患整改一处扣0.5分	
	重大安全生产责任事故（10分）	0	发生一次重大安全生产责任事故扣10分	
设备管理目标（25分）	主要生产设备完好率（10分）	95%	主要生产设备完好率≤95%扣1分 主要生产设备完好率≤92%扣2分 主要生产设备完好率≤90%扣5分	

续表

目标	项目	考核指标	考核细则	备注
设备管理目标（25分）	设备维修及时率（10分）	100%	主要生产设备维修响应时间大于24小时扣2分 主要生产设备维修响应时间大于48小时扣6分 主要生产设备维修响应时间大于72小时扣10分	
	设备管理台账齐全（5分）	100%	设备管理台账不齐全一次一处扣0.1分	
基础管理目标（10分）	劳动纪律问题（5分）	100%	劳动纪律制度不健全一处扣0.5分 发现违反劳动纪律一处一次扣0.1分	
	岗位卫生（5分）	100%	岗位卫生不合格一处一次扣0.01分	

污水项目的绩效考核主要从生产管理（污水处理量、污水处理率）、质量管理（水质综合合格率、排水水质抽查、质量管理台账齐全）、安全管理（重大安全生产责任事故、安全隐患整改完成率）、设备管理（主要成产设备完好率、特种设备完好率、设备维修及时率、设备管理台账齐全）、基础管理（劳动纪律问题、岗位卫生）等方面进行。污水绩效考核内容及分值见表3-4。

表3-4　　　　　　　　污水绩效考核

目标	项目	考核指标	考核细则	备注
生产管理目标（15分）	污水处理量（5分）	万立方米/年	计划完成污水处理量98%扣1分 计划完成污水处理量95%扣2分 计划完成污水处理量90%扣3分 计划完成污水处理量80%扣4分 计划完成污水处理量低于60%扣5分	污水处理计划根据实际情况，由双方协商一致确定。
	污水处理率（10分）	100%	计划完成污水处理率98%扣1分 计划完成污水处理率95%扣2分 计划完成污水处理率90%扣3分 计划完成污水处理率80%扣5分 计划完成污水处理率低于60%扣10分	

续表

目标	项目	考核指标	考核细则	备注
质量管理目标（35分）	水质综合合格率（COD、pH值、SS）等污水综合排放标准相关规定（20分）	100%	水质综合合格率85%扣2分 水质综合合格率80%扣6分 水质综合合格率75%扣8分 水质综合合格率70%扣10分 水质综合合格率70%以下扣15分	按照双方协商一致的计算方式进行考核。
	排水水质抽查（10分）	100%	抽检一处一次不合格扣0.5分	
	质量管理台账齐全（5分）	100%	质量管理台账不齐全，发现一处一次扣0.1分	
安全管理目标（15分）	重大安全生产责任事故（10分）	0	发生一次重大安全生产责任事故扣10分	
	安全隐患整改完成率（5分）	100%	未及时完成安全隐患整改一处扣0.5分	
设备管理目标（25分）	主要生产设备完好率（10分）	95%	主要生产设备完好率≤95%扣1分 主要生产设备完好率≤92%扣2分 主要生产设备完好率≤90%扣5分	
	特种设备完好率（5分）	100%	特种设备完好率≤100%扣1分 特种设备完好率≤95%扣2分 特种设备完好率≤90%扣3分	
	设备维修及时率（5分）	100%	主要生产设备维修响应时间大于24小时扣1分 主要生产设备维修响应时间大于48小时扣3分 主要生产设备维修响应时间大于72小时扣5分	
	设备管理台账齐全（5分）	100%	设备管理台账不齐全扣5分	
基础管理目标（10分）	劳动纪律问题（5分）	100%	劳动纪律制度不健全，一处扣0.5分 发现违反劳动纪律一处一次扣0.1分	
	岗位卫生（5分）	100%	每次检查不合格扣0.1分	

5. 项目前期工作开展情况

(1) 项目立项等手续

在项目建设程序上，本项目在采购社会资本前，已完成项目建议书批复的手续。

从 PPP 操作流程合规性上，本项目严格按照财政部、江苏省财政厅的要求规范实施，经过物有所值评价可适用 PPP 模式，且通过了财政承受能力论证，经沛县人民政府第 24 次常务会议审议通过，批准实施。2016 年 1 月 4 日，本项目实施方案通过江苏省财政厅专家评审、审核备案后，委托江苏省政府采购中心依法实施社会资本采购。

(2) 配套支持

本项目的土地征迁由沛县政府负责。

(3) 预算安排

沛县政府向沛县人大常委会提交了将本项目政府付费、可行性缺口补助列入财政预算的议案，议案经 2016 年 12 月 9 日沛县第十六届人大常务委员会第四十四次会议审议通过，将按年度列入预算并纳入中长期财政预算统筹考虑。

(四) 物有所值评价和财政承受能力论证要点

1. 物有所值评价要点

本项目物有所值评价分析主要依据《关于印发〈PPP 物有所值评价指引（试行）〉的通知》（财金〔2015〕167 号）和《关于印发〈政府和社会资本合作模式操作指南（试行）〉的通知》（财金〔2014〕113 号）的要求，进行物有所值定性和定量评价。

定性分析指标包括基本指标及补充指标。其中基本指标主要包括全生命周期整合程度、风险识别与分配、绩效导向与鼓励创新、潜在竞争程度、政府机构能力、可融资性。补充指标主要包括项目规模大小、预期使用寿命长短、行业示范性。

根据专家打分，评分结果为94分，通过物有所值定性评价。

2. 财政承受能力论证要点

根据《关于印发〈政府和社会资本合作项目财政承受能力论证指引〉的通知》（财金〔2015〕21号）规定："每一年度全部PPP项目需要从预算中安排的支出责任，占一般公共预算支出比例应当不超过10%。省级财政部门可根据本地实际情况，因地制宜确定具体比例。"未来年度一般公共预算支出数额参照前五年数额的平均值及平均增长率，并根据实际情况进行调整，经测算，沛县一般公共预算支出预测情况见表3-5。

表3-5　　　　　　沛县一般公共预算支出预测表　　　　　单位：亿元

年　　度	2016	2017	2018	2019	2020
一般公共预算支出	101.82	112.00	123.20	135.52	149.07
年　　度	2021	2022	2023	2024	2025
一般公共预算支出	163.98	180.37	198.41	218.25	240.08
年　　度	2026	2027	2028	2029	2030
一般公共预算支出	264.08	290.49	319.54	351.50	386.65
年　　度	2031	2032	2033	2034	2035
一般公共预算支出	425.31	467.84	514.63	566.09	622.70
年　　度	2036	2037	2038	2039	2040
一般公共预算支出	684.97	753.46	828.81	911.69	1 002.86
年　　度	2041	2042	2043	2044	2045
一般公共预算支出	1 103.15	1 213.46	1 334.81	1 468.29	1 615.12

本项目全生命周期内，年度财政支出责任占沛县一般公共预算支出比例最大值为1.57%，对沛县一般公共预算支出影响较小，同时随着财政一般公共预算支出逐步增加，补助数额占比将逐年减小。在合作期内，本项目县政府的支出责任占一般公共预算支出的比例均未超过10%。另外，本项目是沛县首个PPP项目，不存在行业集中的情况，本项目通过行业和领域均衡性评估。经县财政局对本项目财政承受能力论证的评估，本项目通过财政承受能力论证。

三、项目采购

（一）市场测试及资格审查

1. 市场测试

沛县供水项目 PPP 工作领导小组组织专家针对项目方案设计内容、前置条件进行沟通交流，积极开展项目市场测试，邀请多家潜在社会资本来沛县调研，对项目状况、构成、投资回报、人员安置、项目收益率、供排水基础设施经营权转让、服务价格和基本水量等边界条件逐一进行对接洽谈。通过磋商，了解社会资本对项目的市场响应程度和竞争是否充分。

近 20 余家潜在社会资本提交了项目建议书、方案优化意见，项目市场测试良好、竞争充分。

2. 资格预审

（1）社会资本资格条件

社会资本资格条件见表 3-6。

表 3-6　　　　　　　　社会资本资格条件表

序号	社会资本资格条件
1	本次采购的社会资本是指已建立现代企业制度的境内企业法人，但不包括本级政府所属融资平台公司及其他控股国有企业。
2	申请人应具有良好的财务状况，经审计的财务报告中企业净资产不低于人民币 10 亿元（2014 年度或 2015 年度经审计的财务报告）。
3	供应商应具有相应的投融资能力，能够提供合法有效的金融机构授信证明或银行资金证明，且额度不得低于人民币 10 亿元。
4	供应商在中国投资（包括由其投资设立的项目公司或绝对控股子公司）的单个项目规模等于或高于 10 万立方米/天的供水项目、等于或高于 5 万立方米/天的污水处理项目各不少于 1 个（供水、污水处理业绩均为一次性获取的项目合同，可分期建设、运营。以合同为准）。
5	供应商参加政府采购活动前五年内所有运营项目均未发生过重大安全和质量事故；无因自身违约或不恰当履约引起的特许经营权被提前终止或收回的记录的书面声明。

续表

序号	社会资本资格条件
6	供应商参加政府采购活动前三年内在经营活动中没有重大违法记录的书面声明。
7	供应商依法缴纳税收和社会保障资金证明。
8	本项目不接受联合体投标。
9	本项目不限定参与竞争的合格供应商的数量。

（2）资格预审结果

江苏省政府采购中心受沛县水利局的委托，于2016年4月20日对本项目进行资格预审。

资格审查委员会认为，9家社会资本符合资格预审文件的要求，可以参加本项目下一阶段的采购。资格预审合格的社会资本为：北京桑德环境工程有限公司、山东水务发展集团有限公司、广东粤海控股集团有限公司、云南水务投资股份有限公司、北京首创股份有限公司、深圳市水务（集团）有限公司、北控水务（中国）投资有限公司、成都市兴蓉环境股份有限公司、中国电建华东勘测设计研究院有限公司。

（二）竞争性磋商评审情况

因项目约束条件较多、运维绩效严格且竞争激烈，部分通过资格预审的社会资本方出于风险控制等考虑未参加投标，磋商小组针对实际响应磋商的4家投标人，按照磋商文件规定的综合评分办法的评分标准和要求，经过磋商谈判，依据各合格社会资本最终报价和响应文件进行综合评审，按综合评审得分高低顺序推荐3名成交候选社会资本。

1. 评分标准

本项目从实力业绩、技术方案、商务方案以及报价方案四个方面对社会资本递交的响应文件进行打分。其中，实力业绩评分因素包括社会资本方的净资产规模、资产负债率、项目经验等；技术方案评分因素包括建设管理方案、运营管理方案；商务评分因素包括融资方案、财务测算方案及法律方案；报价方案评分因素为报价的费用额，磋商报价得分＝（磋商基准价/最后磋商报价）×分值。

2. 磋商小组

磋商小组由项目实施机构代表（2人）和评审专家（5人）共7人组成，评审专家包括财务专家、法律专家、工程建设专家、行业专家、投融资专家。

3. 中标公示

2016年7月20日，经过采购结果确认谈判，本项目最终确定成都市兴蓉环境股份有限公司成为成交社会资本。

（三）合同谈判及签署

采购结果确认谈判就存量资产移交的时间、已由政府在建的项目承接方式、新建项目的建设安排等具体问题进行了充分的沟通和洽谈。最终形成的确认谈判备忘录内容如下：

第一，明确移交时间。在项目公司成立后7日内，由县水利局牵头，成立双方责任人参与的移交工作领导小组，先进行地表水厂、13个污水处理厂的经营权移交，保证过渡期安全生产运营，再进行项目资产移交，移交工作原则上在项目公司成立后2个月内完成，资产移交的具体时间双方另行协商。

第二，项目组成中的地表水厂、市政管网、13个建制镇污水处理厂、农村饮水安全工程所涉及的在建工程，由原业主单位继续建设，项目公司参与验收，项目公司承担建设费用。

第三，本项目新建部分，按照沛县供排水规划部署，双方配合尽最大努力完成项目前期手续，确保按计划开工建设。

在成交结果公示期满无异议后，沛县政府与成都兴蓉于2016年8月18日签署了经沛县政府批准的PPP项目合同。2016年11月12日，沛县政府与项目公司沛县兴蓉水务发展有限公司就项目执行过程中发现的情况和问题，本着风险共担、合作共赢的原则签署了 PPP 项目合同的补充协议。

四、项目落地情况

（一）项目公司设立情况

1. 公司概况

2016 年 9 月 8 日，项目公司沛县兴蓉水务发展有限公司成立，注册资本为人民币 4.51 亿元。

2. 股权结构

沛县政府方出资代表沛县城投缴纳 4 512 万元，持股比例为 10%，出资方式为货币；成都兴蓉缴纳 4.06 亿元，持股比例为 90%，出资方式为货币。

目前，项目公司注册资本已经全部到位。政府方股东根据其实缴出资比例行使表决权以及分红权，并且政府方股东在项目公司董事会和股东会议事框架内对公司影响社会公众利益的表决事项具有一票否决权。

3. 管理层架构

董事会由 5 名董事组成，其中由成都兴蓉提名委派和更换 3 名人选；由沛县政府方股东提名委派和更换 1 名人选，经股东会选举产生；职工董事 1 名，由职代会或职工大会选举产生。董事会设董事长 1 名，由成都兴蓉在提名委派的董事中推荐人选，经董事会选举产生。董事长为公司的法定代表人。

公司设立监事会，由 3 名监事组成，其中，成都兴蓉提名委派 1 名人选；沛县政府方股东提名委派 1 名人选，由股东会选举产生；职工监事 1

名，由职代会或职工大会选举产生。监事会设主席 1 人，由全体监事过半数选举产生。

公司设总经理 1 名、副总经理 2 名。总经理由成都兴蓉推荐人选，经董事长提名，由董事会聘任和解聘。总经理对董事会负责。副总经理由股东分别推荐 1 名人选，由总经理提名，由董事会聘任和解聘。

（二）项目融资落实情况

1. 实施方案中融资方式及条件

项目资本金占总投资额的 30%，政府和社会资本一次性向项目公司注入资本金，其余 70% 债务融资由项目公司负责，大股东（社会资本）对项目公司融资提供担保。

2. 融资实际执行情况及交割情况

2016 年 9 月 19 日，项目资本金 4.51 亿元一次性全额注入项目公司在沛县中行开设的基本账户。沛县政府方出资代表沛县城投出资 4 512 万元，成都兴蓉出资 4.06 亿元。成都兴蓉已经取得了中国建设银行 35 亿元综合授信，并承诺愿意按照银行基准利率下浮 40% 为沛县兴蓉水务发展有限公司融资提供大股东担保和必要的资金支持。

3. 再融资问题

本项目允许社会资本再融资，但不允许其提前退出。

（三）资产权属及会计税收处理

项目设施资产权属归政府方，项目公司拥有经营权、使用权、收益权，并按国家相关政策缴纳增值税、附加税、所得税等各项税费。

(四) 项目进度

1. PPP项目实施进度

本项目实施进程见图3-2。

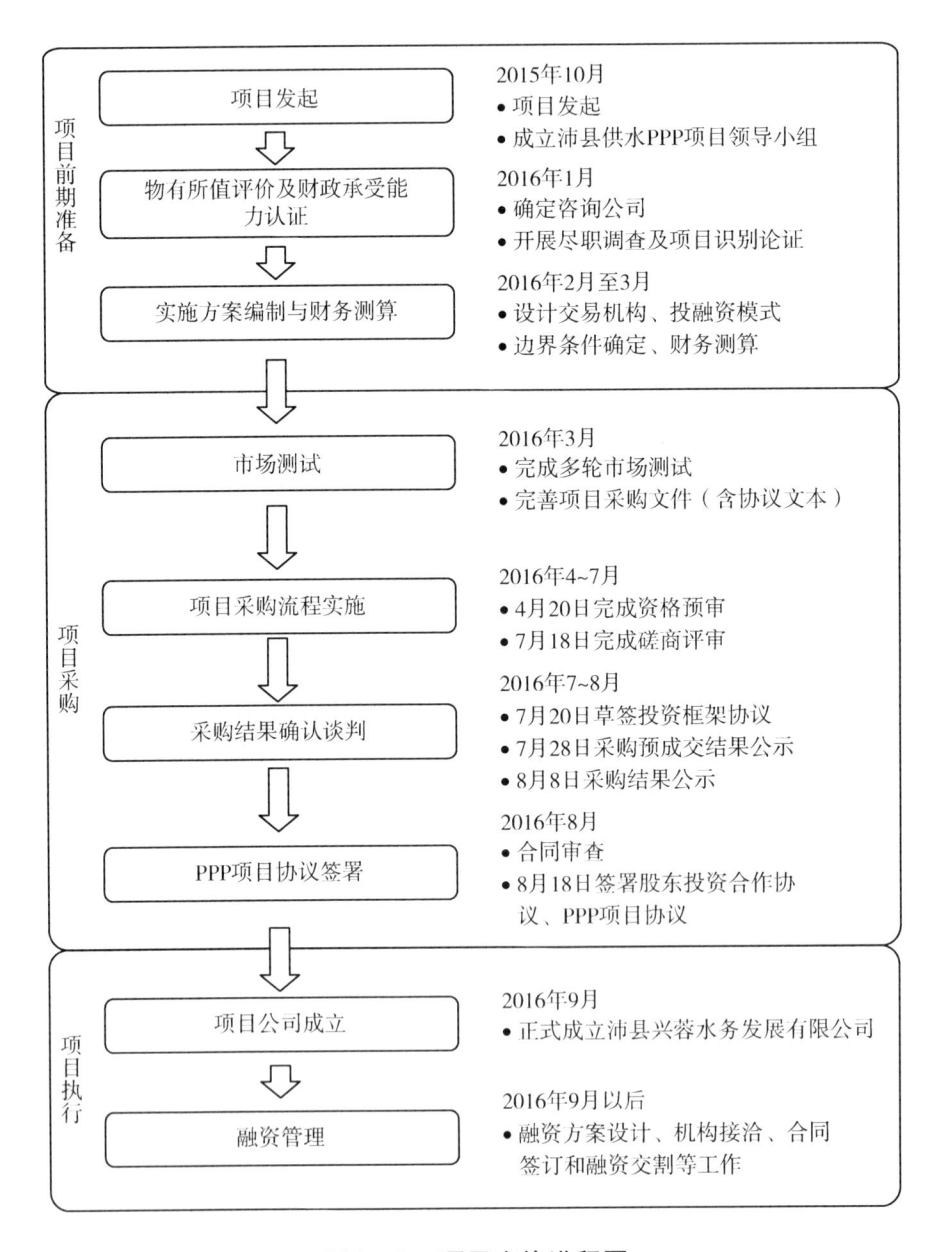

阶段	步骤	时间与内容
项目前期准备	项目发起	2015年10月 • 项目发起 • 成立沛县供水PPP项目领导小组
项目前期准备	物有所值评价及财政承受能力认证	2016年1月 • 确定咨询公司 • 开展尽职调查及项目识别论证
项目前期准备	实施方案编制与财务测算	2016年2月至3月 • 设计交易机构、投融资模式 • 边界条件确定、财务测算
项目采购	市场测试	2016年3月 • 完成多轮市场测试 • 完善项目采购文件（含协议文本）
项目采购	项目采购流程实施	2016年4~7月 • 4月20日完成资格预审 • 7月18日完成磋商评审
项目采购	采购结果确认谈判	2016年7~8月 • 7月20日草签投资框架协议 • 7月28日采购预成交结果公示 • 8月8日采购结果公示
项目采购	PPP项目协议签署	2016年8月 • 合同审查 • 8月18日签署股东投资合作协议、PPP项目协议
项目执行	项目公司成立	2016年9月 • 正式成立沛县兴蓉水务发展有限公司
项目执行	融资管理	2016年9月以后 • 融资方案设计、机构接洽、合同签订和融资交割等工作

图3-2 项目实施进程图

2. 项目建设进度

项目建设进度计划见表3-7。

表3-7　　　　　　　　项目建设进度计划表

项目组成	在建/新建/存量	项目内容	投资额（亿元）	计划完成时间
地表水厂	存量1.57亿元	地表水厂，一期建成规模10万立方米/天	1.57	已建成
	新建2.3亿元	地表水厂，二期规模10万立方米/天	1.4	2018年12月底前完成
		地表水厂，深度处理规模20万立方米/天	0.9	2017年12月底前完成10万立方米/天，2018年12月底前整体完成20万立方米/天
第二水厂	新增0.005亿元	第二水厂，规模10万立方米/天，超出估算部分调整静态总投资	0.005	根据县域规划，完成建设
市政管网	供水管网存量1.18亿元、在建1.63亿元	区域供水DN1 200~DN400管网在建工程（安国、龙固、魏庙、五段）	0.98	在建
		老城区DN1000~DN200管网改造在建工程（东风路）	0.04	在建
		水源地保护在建工程	0.61	在建
		地表水厂已建管网	1.18	已建成
	污水管网存量1.23亿元	13个建制镇污水厂已建管网	1.23	已建成
	新建供水管网5.09亿元	老城区DN1 000~DN200管网改造工程约46.76公里	0.5	2017年12月底前完成
		区域供水DN1 200~DN400管网建设工程约278公里（含开发区）	2.97	2017年6月底前完成开发区管网建设，2017年12月底前完成栖山、河口、鹿楼等镇，整体2018年12月底前完成，自备井关停同步完成
		区域供水与农村饮水安全工程支网对接水量流量计（含）表前管网约194公里	1.62	与区域供水同步实施，2018年12月底前全面完成

续表

项目组成	在建/新建/存量	项目内容	投资额（亿元）	计划完成时间
市政管网	新建污水管网 0.01亿元	13个建制镇污水处理厂新增管网，超出估算部分调整静态总投资	0.01	根据镇域规划，完成管网建设
13个建制镇污水厂	存量0.87亿元	13个建制镇污水处理厂，已建规模5.15万立方米/天	0.87	已建成
	新建0.005亿元	13个建制镇污水处理厂，二期规模3.15万立方米/天，超出估算部分调整静态总投资	0.005	根据镇域规划，完成二期建设
农村饮水安全工程	在建、新建1.15亿元	2.43万立方米/天（按人头测算，计划28眼井，3 094公里管网）	1.15	2016年12月底前完成
合计			15.04	—

五、项目监管

根据《关于政府和社会资本合作示范项目实施有关问题的通知》（财金〔2014〕112号），PPP项目监管架构主要包括授权关系和监管方式。授权关系主要是政府对项目实施机构的授权，以及政府直接或通过项目实施机构对社会资本的授权；监管方式主要包括履约管理、行政监管和公众监督等。

其中，为保证项目实施，江苏省作为全国推广运用PPP试点的首批省份，已设省级PPP试点中心，并健全完善了PPP运行管理机制。

沛县水利局以《沛县供水PPP项目合同》为依据对项目公司进行履约管理，沛县财政局、水利局、环保局、审计局、物价局等各政府部门依据职能分工对项目公司行使行政监管，以及沛县公众对项目公司进行群众监督。

在项目建设期,重点监管内容是对工程进度、建设质量和资金的监管;在项目运营期,加强绩效考核、价格监管、质量控制和财务监控;在项目移交阶段,加强项目的产权监督和合同执行情况的监督,对项目移交时项目的整体情况做出评估以确保公共部门的利益不受损害。

六、项目点评

(一) 特点及亮点

1. 积极推行 PPP 模式,政企合力克难关

沛县供水 PPP 项目作为省级试点项目、国家级示范项目,涉及农村安全饮水工程、地表水厂、市政管网、污水处理厂,真正做到了城乡一体、供排一体、厂网一体,属国内少见的县域供水"三体合一"项目。出于沛县水务战略发展考虑,通过将县域水务行业多资源重组整合,吸引国内众多专业水务公司参与角逐。由于项目涉及水务多个板块,边界交易设计复杂,如何厘清这些边界成为顺利推动项目实施的第一道难关。县政府采用 PPP 模式的初衷就是为了充分发挥政府和社会资本双方的优势,让专业的人做专业的事。正是基于这种理念,在进行边界范围划分时便充分考虑了政府方和社会资本方的特点。具体如下:

第一,对于城乡供水,项目公司负责对原来的水厂进行改扩建,并根据实际需要新建第二水厂,政府授予其特许经营权。项目公司的回报机制为"可行性缺口补助"。居民或企业等用户按照政府定价的供水水价,采取使用者付费;建设期、运营期设定不同的运行基本水量,不能覆盖社会资本合理收益部分,由政府支付可行性缺口补助,政府通过"按照供水量保底,按照售水量结算"的机制来充分发挥社会资本方技术优势。

第二,对于市政管网,从功能上包括供水、污水管网;从属性上包括存量管网和增量(新建)管网。考虑到管网自身并不存在经济效益,是

属于地表水厂和污水处理厂的配套设施。项目公司负责新建管网和全部管网的运营维护，回报机制为"可用性付费+管网运营维护费"。

为确保项目可持续实施，沛县政府充分考虑农村饮用水安全"急需供水、无序用水"的供需矛盾现实特性，合理分担风险，通过整合城市和乡村两个相对独立的饮水体系，采取总量供应、计量收费的方式，实现城乡供水同网、同质、同价的无缝对接。项目公司实行区域总量供水，政府委托沛县清源供水公司进行农村终端用户经营管理，双方以贸易结算表计量趸售方式进行结算；地方政府依靠自身优势，承担解决现行农村供水不足、水费收缴困难的现实风险，合理规避现阶段社会资本终端市场收费难的困惑，提高项目吸引力，实现了风险的最优分配，增强了社会资本的投资信心。

第三，对于污水处理厂，属于存量项目且均已建成，这部分采用的是委托运营模式。项目公司负责对污水处理厂进行维护并运营，若需要改造并新增投资的专项报政府审批。政府向项目公司支付污水处理服务的固定费用（含人员工资、福利、管理费、修理费等）和可变费用（单位电费、单位药剂费、单位水费、单位污泥运输费等），其中可变费用根据实际污水处理量进行结算。

通过对以上每一部分的边界进行单独设计并综合考虑，最终达到双方共赢。该项目的顺利实施，在推动沛县水务事业市场化进程的同时，充分将政府在战略制定方面的优势与社会资本在管理效率、技术创新方面的优势紧密结合起来，从而激发水务市场活力，达到提高公共服务质量和效率、增加沛县人民福祉的目的。

2. 砥砺前行遇重阻，求同存异创新方

在过去的十几年甚至几十年，都是由沛县自来水公司专门负责居民供水。在采用PPP模式之后，如何妥善安置沛县自来水公司的员工则是推动本项目的第二道难关。由于沛县自来水公司为事业单位，员工身份问题一直是各方争议的焦点之一，同时也一度成为各方社会资本犹豫不前的阻力。

一方面，运用PPP模式后，沛县的供水特许经营权转移到项目公司。对于沛县自来水公司的员工来说，工作前景堪忧。另一方面，各方社会资本在市场测试阶段了解到本项目还有175名（含停薪留职31名）事业单位身份员工等待安置时，亦是措手不及。

沛县政府充分考虑到自来水公司的现实情况以及本项目推进的必要性，提出"总体待遇不变，个体适度竞争"的基本思路，既保障现有自来水公司员工的基本利益，又给予潜在社会资本一定的绩效考核空间。通过收集员工意见以及与社会资本方进行了多轮谈判，在保障沛县自来水公司现有员工的利益与听取社会资本方的诉求之间最终取得了一个平衡点。

根据员工自愿原则，由沛县自来水公司与项目公司签订员工托管协议，项目公司整体接管自来水公司的员工（即托管员工），托管员工依法享受国家、省市县事业单位的工资福利待遇调整政策，项目公司按照相关规章制度对托管员工统一管理、统一考核、统一发放。托管员工按人社部门核定的工资依法缴纳社保费和公积金，托管员工薪酬福利参照近3年发放情况，不低于原有待遇或同类企业行业标准为原则，由项目公司根据绩效考核情况来核定及发放，政府授权县水利局负责全过程监管，自来水公司资产所有权不发生转移。

3. 规范科学勤谈判，合作双赢真磋商

项目的复杂程度毋庸置疑，如何选择最合适的社会资本方成为推动本项目的第三道难关。咨询公司项目组成员借鉴镇江海绵城市项目的成功经验，遇繁从简，提出了竞争性磋商的方式先择优选择社会资本，再按照合法程序进行项目工程招投标。值得一提的是，江苏省所有的省级试点项目采购均强制性委托江苏省政府采购中心代理，这也给项目规避了很多程序风险。

在项目推动过程中，沛县政府多次召开项目专题会议安排工作，各部门全力配合。在实施方案报批之前，就与多家潜在社会资本进行多轮沟通，让参与的各家社会资本对实施方案、项目合作边界条件、竞争点等方

面给予积极的反馈并提出具体的优化建议。县财政局牵头,组织县水利局、咨询公司等项目组成员共同对这些反馈意见进行多次的梳理并讨论,逐条给予反馈意见,对不采纳的意见提出具体理由。这样的工作过程虽然耗时较长,但却有效避免了社会资本在信息失真的情况下参与本项目。正式进入采购阶段时,政府方专门汇编了资料库并以光盘形式提供给所有合格的潜在社会资本。

4. 优中择优凭实力,公平公正靠竞争

本项目涉及的范围广,种类多,投资大。如何设置一个充分合理的采购标准,同时充分体现实力的报价竞争点成为推动本项目的第四道难关。

在资格预审阶段,设置的资格预审条件是为了让真正有经验和实力的公司能参与进来,并充分理解国家相关文件,强调企业的综合实力水平,包括财务状况、投融资能力、供水及污水处理业绩等。

在采购阶段,由社会资本分别对自来水基本水价(X_1)、污水处理年固定费用(X_2)、市政管网可用性付费折现率(X_3)、农村饮水安全工程年可用性付费折现率(X_4)、存量项目年融资付费折现率(X_5)、管网年日常运营维护费(X_6)进行报价,并对上述报价折算成报价费用总额。

$$报价费用总额 = X_1 \times 年平均售水量 + X_2 + 67\,300 \times (A/P, X_3, 30) + 11\,500 \times (A/P, X_4, 30) + 32\,800 \times (A/P, X_5, 30) + X_6$$

其中:X_1单位为元/立方米。纳入基本水价报价的投资额为3.87亿元,基本水价不含水资源费、污水处理费及原水费。X_1报价不超过1.532元/立方米。X_2单位为万元/年。政府向项目公司支付污水处理厂运营维护服务的固定费用(包括人员工资福利、管理费、维修费等成本因素)。X_2报价不超过387万元/年。纳入市政管网可用性付费报价的投资额为6.73亿元,X_3报价不超过7%。纳入农村饮水安全工程可用性付费的投资额为1.15亿元,X_4报价不超过7%。国有资产有偿使用费3.28亿元纳入存量项目融资付费,X_5报价不超过5.39%。X_6单位为万元/年。X_6报价不超过

200万元/年。

13个建制镇污水厂二期规模3.15万立方米/天新建投入0.01亿元不参与报价；管网大修和重置费用不参与项目报价；污水处理服务可变费用（包括电费、药剂费、水费、污泥运输费等成本因素），根据污水处理可变单价和实际污水处理量进行结算，污水处理可变单价定为0.38元/吨，不参与项目报价；前期费用包含在项目总投资中不参与报价。

通过计算报价费用总额，再根据综合评分法评分，选择出本项目中最合适的社会资本。

5. 众志成城争示范，长期共存守诚信

本项目于2015年正式启动，沛县政府为规范政府和社会资本合作，专门成立了沛县供水项目PPP工作领导小组，不定期召开项目推动会，并在会上明确各部门职责及分工。2016年7月确定中标社会资本后，政府、社会资本以及咨询公司三方齐心协力，规范程序，完善资料，解决问题，并成功申请为财政部第三批示范项目。

PPP模式不是一场"婚礼"，而是一次"婚姻"。本项目合作时间较长，含建设期共30年。政府方通过这次成功的PPP运行模式，开始有了观念上的转变，并能与企业平等对话，建立彼此信任的基础。社会资本方也通过这次公平的竞争，切入华东地区水务市场，达到战略布局的目的。然而合作刚刚开始，双方还在彼此了解和熟悉的阶段，仍需要更多的信任和彼此的理解才能更好地长期合作，这也是本项目继续顺利推动的第五道难关。

（二）项目实施成效

1. 政企合作，人员先行

由于沛县自来水公司属事业单位，原内部管理和激励机制僵化。因此托管人员普遍担心托管后利益受损，历史遗留问题无法得到妥善解决。针对这些顾虑，项目公司通过以下途径进行平稳过渡：一是围绕人员托管中的焦点问题，政府和项目公司积极主动介入疏导，稳定职工队伍，增进互相了解和信任；二是项目公司加强与职工交流沟通，及时掌握职工思想动态，出台相关政策，维护职工利益，鼓励职工积极参与生产经营，适度改善生产办公条件；三是运用工会平台，成立工会小组，构建并运用公司上下沟通渠道；四是在公司过渡期充分发挥原班子成员作用，以党政工联席会的形式，讨论、研究、决定公司重要事项，加深相互了解，促进融合，从而稳定了职工队伍。

2. 依托专业，降本增效

通过这次合作，充分发挥了社会资本方技术资源的优势。在商业运营日之前项目公司主动介入并主导地表水厂实验室三级达标工作，在基本无专业检测人员的基础上，从实验设备配置、培训计划制定、培训资料编制、现场讲解、关键环节反复示范、规范达标文件等各个环节手把手"传帮带"，在短时间通过三级实验室达标评审，也为开展水质检测和生产实验提供条件。目前，水厂混凝剂耗量由上年同期的120千克/立方千米降至60千克/立方千米左右，显著降低了生产成本。

3. 积极研发，提升水质

针对沛县地表水厂原水同时具备湖泊水和地下水特征，有机物复杂、高氟、高盐、高溴、低浊的特点，项目公司除自身技术专家外，还邀请华北院、西南院、西南交大、城市水资源开发利用南方国家工程研究中心、清华大学环境工程学院等行业专家进行咨询研究，组织技术人员开展强化混凝试验300余批次，研究粉末活性炭、高锰酸钾、单过硫酸氢钾、高铁酸钾、复合高锰酸钾、聚合铝铁、臭氧等处理方法和手段，对药剂投加系统、混凝沉淀、过滤、消毒等环节进行整改，沉淀水浊度已由3NTU降至1.5NTU以下。

4. 整合资源，提高社会满意度

针对原沛县自来水公司管网故障抢修效率低、市民和政府满意度差等突出问题，项目公司整合维修、工程部门资源，紧急购置抢修机具设备，强化抢修工作中的安全和服务意识，及时出台管理制度，管网抢修、维护效率大幅提升，得到政府的高度认同。项目公司依托集团，积极组织专业探测公司对沛县供水管网进行全方位探测查漏，有效降低管网漏损率，切实提升经营和环境效益。

5. 聚焦安全，提升保障水平

在政府支持下，项目公司及时成立安全工作小组，制定地表水厂应急预案；在现场调研的基础上适时组织安全隐患大排查，对发现的115项各类安全隐患，将责任及要求逐一落实到水厂各级员工，有效提高水厂安全保障水平。

6. 求同存异，共谋发展

本项目下的污水处理设施运行状况普遍较差，规划设计不合理，配套污水收集管网不完善，污水处理设施存在功能缺陷，设备运行负荷率低，技术管理和设施硬件难以满足稳定达标生产要求。政府和项目公司针对现状，对13个乡镇污水处理厂按照先移交、后改造、再运行的方式处理。根据沛县政府碧水绕城规划要求，项目公司多地考察调研，积极推动乡镇污水处理厂配套管网完善和污水厂性能提升同步实施，并选取4个乡镇污水处理厂先行试点。

（三）问题与建议

1. 划清政府职能边界，发挥市场作用

PPP模式的基本理念是政府搭台、市场唱戏，政府与社会资本基于权

责对等行使各自职责，尽可能避免在规则制定上把政府放置在不容挑战的主导地位。如若政府在发起的各种特定项目公司中占据主导地位，社会资本更多为项目配资，将管理创新为核心的 PPP 模式作为一种单纯的政府融资工具，社会资本仅仅获取资金收益或者工程利润，不能充分发挥运营公司的专业优势，将削弱社会资本的参与热情，不利于 PPP 的健康发展。

2. 推动 PPP 金融创新，满足项目融资需求

PPP 模式下主流金融机构的产品难以满足 10 年甚至 30 年的融资期限。由于 PPP 项目需要资金规模大、运营期限长、回报率不高等特点，推进 PPP 模式发展、加快 PPP 项目落地，建议大力发展 PPP 金融，出台相应的政策法规，破解 PPP 项目融资难问题。

案例 4

山东济宁市金乡县城乡供水一体化建设工程

一、项目摘要

项目基本信息见表 4-1。

表 4-1　　　　　　　　　　项目基本信息表

项目名称	山东济宁市金乡县城乡供水一体化建设工程（以下简称"本项目"）
项目类型	新建
所属行业	市政工程——供水
合作内容	本项目估算总投资为 11.09 亿元。 建设内容：本项目建设内容包括金乡县城区、化学工业经济技术开发区及 11 个建制镇涉及的金南水厂工程、西北地表水厂工程、高河水库净水厂二期工程、城乡供水一体化管网工程、水质监测提升工程、城乡供水水质在线监测预警工程。 产出标准：金南水厂工程包括取水工程、输水工程和水厂工程，新建水厂规模为 3.0 万立方米/天。处理工艺：管式静态混合器 + V 型滤池 + 膜处理工艺 + 二氧化氯消毒。西北地表水厂工程包括水库工程、取水工程、输水工程和水厂工程，新建引黄水库，新建水厂规模为 5.0 万立方米/天。处理工艺：机械混合 + 机械絮凝 + 斜管沉淀 + 气水反冲洗砂滤池 + 臭氧活性炭滤池 + 二氧化氯消毒 + 清水池 + 供水泵房。高河水库净水厂二期工程，规模为 2.5 万立方米/天。处理工艺：预氧化池 + 机械混合池 + 机械絮凝 + 斜管沉淀 + 臭氧接触 + 炭砂滤池 + 二氧化氯消毒。城乡供水一体化管网工程包括新建城乡供水管线 901.2 公里，其中城区配水管网长度为 111.6 公里，化学工业经济技术开发区配水管网长度为 65.6 公里，村镇供水主管网长度为 133.6 公里，村镇配水管网长度为 590.4 公里。水质监测提升工程包括强化城乡水质监测能力工程建设，建立金乡县水质监测中心，化验监测能力为 106 项目。城乡供水水质在线监测预警工程主要包括水质在线监测站、金乡县城乡供水监控中心建设、便携式水质监测平台建设、在线监测数据实时展示系统的建设。 运营服务范围：项目公司负责本项目的设计、融资、建设、运营、移交。

续表

合作期限	28年（建设期4年、运营期24年）
运作方式	建设-运营-移交（Build-Operate-Transfer，BOT）
资产权属	合作期限内，项目建设形成的资产归属政府，项目公司拥有使用权、收益权。土地：本项目基础设施建设用地由县政府无偿提供给项目公司使用。
回报机制	使用者付费
实施机构	金乡县住房和城乡建设局、金乡县水务局（以下简称"县住建局""县水务局"）
采购方式	竞争性磋商
政府出资方	金乡县自来水公司，国有企业（以下简称"自来水公司"）
中选社会资本	山东圣都水务发展集团有限公司（以下简称"山东圣都水务公司"）
签约日期	2016年5月20日
项目公司设立概况	项目公司名称：金乡县金思泉水务有限公司（以下简称"金思泉水务公司"） 设立时间：2016年7月15日 股权结构：项目公司注册资本金为3.32亿元，占项目总投资额的30%。其中自来水公司（政府出资代表）以水厂、管网等存量资产评估价1亿元作价入股，占股30%；山东圣都水务公司（社会资本方）以货币出资2.32亿元，占股70%。其余7.77亿元由项目公司通过银行或其他金融机构进行融资，融资期限15年，贷款利率4.9%。
主要贷款机构	中国工商银行股份有限公司济南高新支行（以下简称"工行济南高新支行"）

二、项目识别论证

（一）项目背景

1. 项目概况

本项目属于新建项目，项目总投资11.09亿元，建设范围包括金乡县城区、化学工业经济技术开发区及11个建制镇涉及的金南水厂工程、西北地表水厂工程、高河水库净水厂二期工程、城乡供水一体化管网工程、水质监测提升工程、城乡供水水质在线监测预警工程。

2. 实施 PPP 的必要性

随着产业迅速发展及城镇人口的增长，城镇基础设施建设急需强化，特别是全县供水不足，远远不能满足社会经济发展的需要。同时，城区供水管网不配套，局部管段管径小，部分管道因使用年限过长，管内壁严重锈蚀，水压偏低、输水能力下降，水量漏失等问题日益突出，特别是农村供水矛盾日益凸显。因此实现城乡供水一体化，是促进经济发展及提高人民生活水平的迫切需要。

实现城乡供水一体化，投资额度大，建设周期长，但当前金乡县财力有限，财政资金紧张，无法满足基础设施建设庞大的资金需求，因此亟须引入社会资本参与本项目投资建设，以增加基础设施建设投资渠道、提高供水质量，并解决短期内政府投资建设财力不足的问题。

（二）发起方式

本项目由政府方发起。

（三）实施方案

1. 合作范围界定

项目建设内容及要点：本项目建设主要包括金乡县城区、化学工业经济技术开发区及 11 个建制镇涉及的金南水厂工程、西北地表水厂工程、高河水库净水厂二期工程、城乡供水一体化管网工程、水质监测提升工程、城乡供水水质在线监测预警工程。

项目总投资为 11.09 亿元。其中第一部分费用 9.01 亿元，其他费用 7 448.15 万元，基本预备费 4 876.98 万元。此外，建设期利息 8 208 万元，铺底流动资金 303.3 万元。

2. 项目边界条件

（1）合作范围

本项目合作范围包括：项目公司负责项目的前期设计、建设，中期运营，后期移交。项目公司在合同约定的建设期限内设计并投资建设本项目，建设完成后在合同期内负责本项目全部设施的运营维护并提供相应的配套服务。合同期满后，项目公司将项目设施完整、无偿地移交给县政府或其指定机构。合作过程中县政府相关部门负责全程监管。

（2）回报机制

本项目的付费机制为使用者付费。项目公司在特许经营期内，负责净水与供水基础设施的运营与维护，按照用水量收取用户的水费。按照金乡人口现状及工农业发展水平，项目供水量可达到预期水量，政府不承担最低使用量保底。

同时，为了激励社会资本进一步发挥主观能动性、提高项目的质量和效率，政府方在法律法规允许的范围内协助项目公司申请中央或省级相关奖补资金、优惠贷款等。

（3）定价、调价机制

在项目运营期间，项目公司通过向使用者收取水费回收建设运营投资并获得合理收益。水费价格分为生活用水价格、经营用水价格、工业用水价格。生活用水价格根据项目公司供水成本上报物价局，物价局结合周边县市区的供水价格召开听证会，通过法定程序，确定生活用水供水价格；经营用水价格、工业用水价格，根据项目公司核算成本，加上合理利润，按照物价局审核批准的供水价格执行。经测算，以上三部分水费价格取平均值，水费按运营期 1~10 年 3.20 元/立方米，11~20 年 3.36 元/立方米，21~28 年 3.53 元/立方米。

在运营期间县住建局与山东圣都水务公司根据 PPP 项目合同中协商确定的价格组成要素设立价格调整公式，每四年依据调整公式协商确定最新收费价格，并接受价格主管部门的监审。水费调价公式为：

$$P = P_0\left(A + B_1 \times \frac{E_{t1}}{E_{01}} + B_2 \times \frac{E_{t2}}{E_{02}} + B_3 \times \frac{E_{t3}}{E_{03}}\right)$$

其中：P 为调整后的单价；P_0 为初始定价；A 为定值权重30%；B_1 为金乡县居民消费价格指数权重30%；B_2 为金乡县居民可支配收入增长率权重20%；B_3 为金乡县民意指数权重20%；E_{t1} 为金乡县本年度居民消费价格指数；E_{01} 为金乡县上一年度居民消费价格指数；E_{t2} 为金乡县本年度居民可支配收入增长率；E_{02} 为金乡县上一年度居民可支配收入增长率；E_{t3} 为金乡县本年度民意指数，由政府部门通过民意调查取得；E_{03} 为金乡县上一年度民意指数，由政府部门通过民意调查取得。

（4）风险分配基本框架

本项目风险分配见表4-2。

表4-2　　　　　　　　　风险分配表

	风险因素	政府方承担	社会资本承担	共同承担
政治	政局不稳定	▲		
	资产征用或国有化	▲		
	政府单方违约	▲		
	政府未能按期完成审批	▲		
法律法规	法律变化	▲		
	税收政策变化		▲	
	行业规定变化	▲		
市场	金融市场低效率		▲	
	通货膨胀率变动			▲
	利率变动			▲
	汇率变动			▲
	市场需求不足			▲
	同质项目竞争			▲
	人力/设备价格上涨			▲
自然	不可抗力			▲
	地质条件		▲	
	气候环境			▲

续表

风险因素		政府方承担	社会资本承担	共同承担
融资	融资可行性		▲	
	对投资者吸引力		▲	
	高融资成本		▲	
设计	设计质量		▲	
	技术标准未通过		▲	
	后期设计变更		▲	
建造	审批延误		▲	
	工艺/技术水平低下		▲	
	劳资/设备获取		▲	
	土地未及时划拨	▲		
	工程合同变更			▲
	工期超期		▲	
	建设成本超支		▲	
	工程质量		▲	
	施工安全		▲	
	环境/文物破坏		▲	
运营	运营费用过高		▲	
	维修更新成本过高		▲	
	运营效率低下		▲	
	运营收入不足		▲	
	收费变更风险		▲	
	运营安全		▲	
第三方	分包商、供应商违约		▲	

3. 交易结构

运作模式：建设－运营－移交（Build-Operate-Transfer，BOT）。

交易结构：项目资本金3.32亿元，占项目总投资的30%，其中政府以自来水公司存量资产评估价1亿元作价入股，占股30%，社会资本方以货币资金形式出资 2.32 亿元，占股 70%。

交易结构见图 4-1。

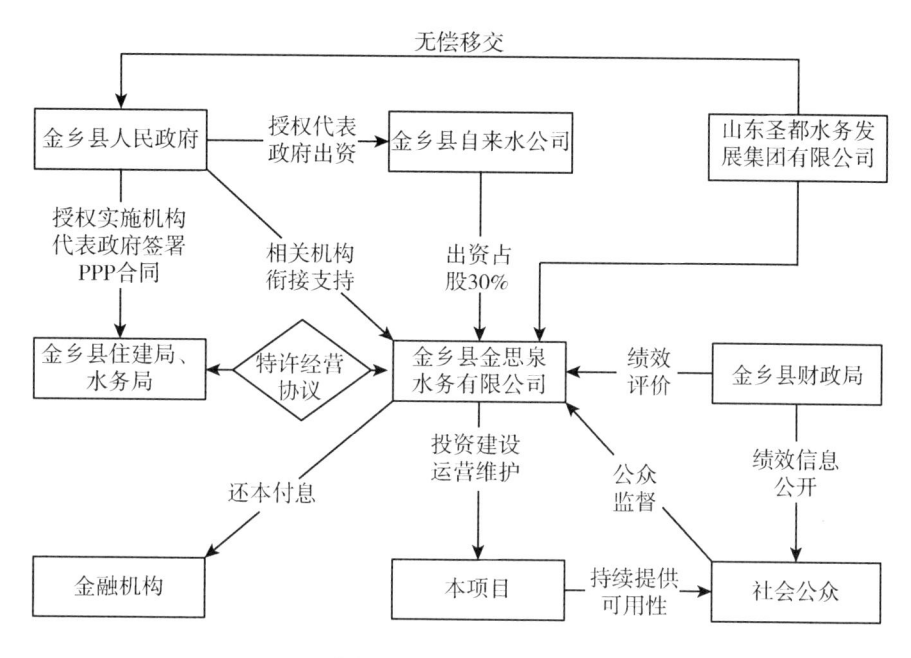

图 4-1 交易结构图

4. 绩效考核指标及体系

绩效考核包括建设期绩效考核和运营期绩效考核两部分。建设期考核指标分为综合管理、质量管理、进度管理、资金管理、安全管理、廉政建设、工程资料 7 项内容；运营期绩效考核包括日常运行过程中的绩效监控、项目阶段性的绩效评价、项目全生命周期绩效评价及绩效评价结果依法公开 4 个部分。考核满分为 100 分，其中每个考核指标划分多个明细指标，并合理分配明细指标的分值。

本项目为使用者付费项目。考核结果与履约保函、上级奖补资金等挂钩，依据考核得分进行奖惩。考核标准见表 4-3。

表4-3 考核标准表

项目内容	分项内容	评分细则
综合管理（15分）	培训计划完成率（4分）	全部完成得4分，每少完成25%扣1分。
	管理制度的完备性（3分）	管理制度健全得3分； 管理制度未更新及时得1.5分； 管理制度不健全得0分。
	档案保管及借阅（3分）	档案没有缺失得3分； 档案目录编码完整但有缺失得1.5分； 档案借阅记录不完整得0分。
	会议组织与管理（3分）	会议组织、议程发放、会议通知及时得3分； 会议议程内容较完整得2分； 会议材料准备不充分得1分。
	行为规范（2分）	所有工作人员应统一着装并佩戴工号牌，发现一次未统一着装扣0.5分； 发现一次服务人员言语行为不文明、服务不规范扣1分。
质量管理（15分）	品质保证（6分）	完全满足规定的品质要求得6分； 部分满足规定的品质要求得3分； 不满足规定的品质要求得0分。
	缺陷管理（9分）	无任何缺陷得9分； MI缺陷（次要缺陷），无须其他工具即可修正的不良得6分； MA缺陷（严重缺陷），需要更换零部件的不良得3分。 CR缺陷（致命缺陷），对人体生命及财产造成危险得0分。
进度管理（6分）	施工进度（6分）	严格按照合同约定的实施进度实施项目得6分； 延期原进度周期的1/3得4分； 延期原进度周期的1/2得0分。
资金管理（10分）	资金筹集（4分）	资金在规定时间内全部到位得4分； 资金延期到位1个月起扣1分。
	财务管理（6分）	专项核算得2分； 财务数据准确得2分； 财务综合管理质量符合要求，得2分。
安全管理（20分）	安全生产责任制度（8分）	未建立安全生产责任制度扣8分； 各部门、各级（岗位）安全生产责任制度不健全扣4~8分； 未建立安全生产责任制考核制度扣6分； 各部门、各级对各自安全生产责任制未执行，每起扣1分； 未按考核制度组织检查并考核的扣4分； 未建立、完善安全生产管理目标扣4分。

续表

项目内容	分项内容	评分细则
安全管理（20分）	生产安全事故报告处理制度（6分）	未建立生产安全事故报告处理制度扣6分； 未按规定及时上报事故的，每起扣2分； 未建立事故档案扣3分； 未按规定实施对事故的处理及落实"四不放过"原则的扣1～6分。
	安全标志（4分）	未制定施工现场安全警示、警示标识、标志使用管理规定的扣4分； 未定期检查实施情况的，每项扣1分。
	安全检查测试工具（2分）	企业未制定施工场所安全检查、检验仪器、工具配备制度的扣2分； 企业未建立安全检查、检验仪器、工具配备清单的扣1分。
廉政建设（7分）	组织领导（3分）	建立健全党风廉政建设工作机构，明确专人负责得1分； 配合职能部门建立党员干部廉政档案得1分； 明确责任分解，建立工作流程和网络体系得1分。
	宣传教育（4分）	制定党风廉政建设宣传教育计划得1分； 开展知识竞赛、理论研讨、学术论坛等廉政文化建设活动得1分； 每学期开展一次党风廉政学习活动并撰写一篇活动总结得1分； 发现和培养先进典型，并在一定范围内进行宣传得1分。
工程资料（8分）	专职资料员是否有上岗证（8分）	持有专职资料员上岗证得8分； 专职资料员上岗人数过半未有上岗证得0分。
全生命周期绩效评价（10分）	绩效导向与鼓励创新（10分）	绝大部分绩效指标符合项目具体情况，全面合理，清晰明确；项目产出说明提出了较为全面、清晰和可测量的产出规格要求，没有对如何交付提出要求，得10分； 大部分绩效指标符合项目具体情况，全面合理，清晰明确；项目产出说明提出了较为全面、清晰和可测量的产出规格要求，没有对如何交付提出要求，得5分； 绩效指标比较符合项目具体情况，但不够全面和清晰明确，缺乏部分关键绩效指标；项目的产出规格要求不够全面、清晰和可测量，并对如何交付提出了少量要求，得0～5分。
绩效评价结果依法公开（9分）	绩效结果公开（9分）	绩效评价结果在主要平台公布的得9分； 绩效评价结果公开但未在市级、省级平台公开的得4分； 绩效评价结果未公开的得0分。

依据考核结果进行奖惩，有效促进社会资本方强化管理。通过质量考

核提高水质，优化服务质量，让全县居民享受更优质的水源。

5. 项目实施程序

本项目按照财政部操作指南规定的5个阶段19个步骤进行规范操作。从PPP项目的规划、立项、申报、批复，以及物有所值评价和财政承受能力论证两项报告、实施方案、政府采购资格预审，组建专家、磋商谈判、合同签订、资产划转等各个环节按照程序依法推进。在每个重要环节如实施方案、物有所值评价及财政承受能力论证、项目合同拟定等都聘请行业、法律、财务、工程、价格等相关专家，会同政府主管部门召开论证会，最后报县PPP工作领导小组同意后由政府批复。通过竞争性磋商程序选择社会资本后，对于项目中的每一项投资建设内容，都将严格按照程序进行事前评审，确定招标控制价，然后进行公开招标，公开、公平、公正地选择优秀的建设及监理团队。

（1）项目立项等前期手续

本项目于2016年1月14日获得金乡县发改局对项目立项的批复（批准文号：金发改投资〔2016〕12号）；

2016年1月6日县环境保护局对环境影响评价报告的批复（批准文号：金环报告表〔2016〕2001号）；

2016年1月6日县国土资源局对项目建设用地的批复以及县规划局的规划证明。

（2）配套支持

本项目已取得建设用地批复，无须土地征拆。

项目建设期间的进场道路、水、电等基础设施已配套齐全；项目运营维护期间涉及的交通、排水、路灯、电力、供水、通信等相关配套设施，由县住建局牵头协调，并明确了相关部门的各自职责范围及分工衔接。

（3）预算安排

本项目为使用者付费项目，政府出资方的股权支出为自来水公司的存量资产，已完成资产划转，财政无须承担补贴支出等预算安排。

（四）物有所值评价和财政承受能力论证要点

1. 物有所值评价要点

（1）定性评价

本项目定性评价指标分为基本指标和补充指标，其中基本指标包括全生命周期整合程度、风险识别与分配、绩效导向与鼓励创新、潜在竞争程度、政府机构能力、可融资性6项指标；补充指标包括项目规模大小、预期使用寿命长短、全生命周期成本预测准确性、运营收入增长潜力4项指标。

每项指标的评分分为5个等级，即非常有利、有利、一般、不利、非常不利，对应分值分别为81~100、61~80、41~60、21~40、0~20分。定性评价专家由7人组成，财政专家2人，行业、工程技术、金融财务、项目管理及法律专家各1人。

金乡县财政局（以下简称"县财政局"）会同行业主管部门组织召开专家评审会。专家经过充分讨论后按评价指标打分，最终定性评价得分为86.53分，通过物有所值定性评价。专家综合评价意见见表4-4。

表4-4　　　　物有所值定性评价专家综合评价意见表

指　　　　标		权重（%）	评分
基本指标	全生命周期整合程度	20	17.28
	风险识别与分配	15	13.05
	绩效导向与鼓励创新	15	12.99
	潜在竞争程度	5	4.4
	政府机构能力	10	8.54
	可融资性	15	13.2
	基本指标小计	80	—

续表

指　　标		权重（%）	评分
补充指标	项目规模大小	5	4.25
	预期使用寿命长短	5	4.4
	全生命周期成本预测准确性	5	4.22
	运营收入增长潜力	5	4.2
	补充指标小计	20	—
合计		100	86.53

（2）定量评价

本项目在识别阶段开展了物有所值定量评价，并作为项目采用PPP模式的决策依据；后期在参考社会资本报价以后进行了验算，并作为定量评价的最终结果。在假设政府传统投资采购模式和PPP模式产出绩效相同的情况下，比较两种模式下项目全生命周期的净成本（或净收益）现值，以判断PPP模式是否降低项目投入成本。

PPP模式下项目全生命周期的净成本现值为PPP项目全生命周期内股权投资、运营补贴、风险承担和配套投入等各项财政支出责任的现值（PPPs），政府传统投资和采购模式下项目全生命周期的政府支出净成本现值为公共部门比较值（PSC值），计算上述两者之差得到物有所值量值。如果PPPs值低于PSC值，则物有所值量值为正，说明拟采用PPP的项目通过了物有所值定量评价；反之，则未通过评价，不宜采用PPP模式。

定量评价结果：经测算本项目全生命周期PSC值大于PPPs值，本项目VFM值为正，拟建项目通过物有所值定量评价，可以采用PPP模式。

2. 财政承受能力论证要点

依据财政部《关于印发〈政府和社会资本合作项目财政承受能力论证指引〉的通知》（财金〔2015〕21号），经测算和论证，在本项目合作期内，政府承担股权支出责任（股权支出责任1亿元，以自来水公司存量资产作价入股）、财政补贴支出责任、风险承担支出责任和配套投入支出责任。在各项补贴、优惠政策不改变的条件下，在项目全生命周期内，均未超出当年一般公共预算支出的10%。如果没有其他不可控风险出现，政府能够承受对项目的资金投入，综合上述分析结果，该项目通过财政承受能力论证。

三、项目采购

（一）市场测试及资格审查情况

1. 市场测试

在本项目开展资格预审之前，为吸引有实力的社会资本积极参与，县政府决定先行开展了市场测试：一是积极参加省内外组织的PPP项目推介会，印发项目宣传材料；二是精心制作市场需求测试文件，加强与有意向的企业洽谈对接；三是认真筛选符合条件的企业并发出前期市场测试邀请函；四是根据潜在社会资本反馈问题进行初步调研，并根据调研结果对项目的边界条件进行适当调整。最终多家企业表达了参与兴趣，并有6家企业报名参与了资格预审。

2. 资格审查情况

资格条件：

第一，中华人民共和国境内依法成立并有效存续的独立法人实体，或由不同法人实体组成的联合体，联合体成员数量不得超过3名。联合体各方均应符合《政府采购法》第二十二条规定的供应商资格条件。

第二，资格预审申请人注册资本金不低于人民币1亿元；申请人净资产不低于人民币3亿元。

第三，技术能力：资格预审申请人应具有实施本项目所需的技术能力和管理能力（技术能力要求：项目组必须包含项目经理、项目总工、安全员、质检员、施工员、材料员、会计等技术人员。项目经理必须为水利相关专业高级工程师；管理能力要求：要有水务运营管理方面的能力，投标企业要有详细的财务管理、工程管理、法律、运营管理及移交等方面的方案）。

第四，企业信誉：资格预审申请人应具有合法的法律地位，在过去3年内没有严重违约或不良行为。

第五，企业业绩：资格预审申请人5年内投资过1亿元以上类似业绩。

第六，如为联合体投标，联合体牵头人必须满足以上第二至第五项条件；联合体其他成员均不得低于本次公告要求的最低资质要求。

第七，县政府所属融资平台公司及其他控股国有企业不得参与申请本次PPP项目的资格预审。

入围情况：资格预审公告发出后，在规定的时间内6家潜在申请人参加了资格预审。招标公司按照相关法律规定在各监督部门和甲方的监督下从山东政府采购专家库中随机抽取了4名专家及1名甲方代表，4名专家分别为法律、财务、给排水、水利工程专家，甲方代表为水务专家，但甲方代表不以评审专家身份参加项目的评审。经过资格审核，共有以下3家企业符合资格条件入围：天津膜天膜科技股份有限公司、邢台市政建设集团股份有限公司、山东圣都水务发展集团有限公司。

（二）项目采购情况

1. 采购评审标准

本项目采取竞争性磋商的采购方式，采用综合评分法，除合理利润率、特许经营年限报价外，采购文件的评审因素还包括企业的业绩、资信、荣誉、财务、工程管理、运营管理及移交等诸多方面能力，以及针对本项目所提供的相应方案。在合理利润率、特许经营年限报价上，设定一个合理利润率及经营年限为基础分，在此基础上，采取下浮一定的比例进行打分，既在报价上避免恶性竞争，又保证项目质量，最大限度体现采购的公平、公正。详细评分见表4-5。

表4-5　　　　　　　　　详细评分表（100分）

评分项目	评审内容
商务得分（20分）	合理利润率（14分）：合理利润率依据《财政承受能力论证指导意见》规定的使用者付费回报机制计算，合理利润率以7.4%为基础，基础分为0分；在此基础上每降低0.1%，得1分，加满为止；所报合理利润率高于7.4%，不得分。 特许经营年限（6分）：特许经营年限30年为基础，基础分为0分，每减一年得1分。
企业综合实力（30分）	投资供水项目业绩（18分）：企业提供供水相关项目投资或运营业绩证明，日供水规模3万吨以上（含3万吨）的每一项业绩得1分，最高得8分；日供水规模10万吨以上的每一项业绩得3分，最高得6分；投资供水项目合同额达2亿及以上的项目每一项得1分，总分为4分。 PPP项目业绩（6分）：企业2014年以后在中国大陆地区投资的PPP项目业绩，每个得2分，最多得6分。 资信等级（5分）：企业具有AA+级及以上资信等级证书，得5分；具有AA级资信等级证书，得3分；具有AA-级资信等级证书，得2分；具有AA-级以下资信等级，不得分。 获得荣誉（1分）：企业投资项目入选国家或省级示范项目库，得1分。
财务方案（20分）	投资计划与资金筹措（4分）：评估投标单位融资计划的可靠性、合理性和可行性，对特许经营期项目公司的财务分析和预测，评审其合理性和完整性。 资金来源计划（4分）：资本金和债务资金来源计划明确、完整、可靠。 保险计划（2分）：评审其合理性和完整性。主要包括：本项目风险分析以及风险控制措施的合理性；投标人计划所投保险险种的完整性和合理性。 贷款意向函或诚意金（10分）：投标单位（或其母公司）提供人民币10亿元及以上、期限15年及以上的由银行机构出具的贷款意向函，得10分；若无法满足上述贷款意向书要求，企业在提交响应文件时，提供人民币2亿元诚意金，得10分。
工程管理方案（5分）	管理施工队伍人员配置（2分）：施工队伍人员安排，施工管理团队的人员情况、拟派项目经理和主要技术负责人、拟派本项目关键岗位和施工专业人员的情况。 项目施工的统筹安排（2分）：项目施工的统筹安排及配套设施全面、合理，确保整体方案的顺利实施，能够避免矛盾和不利影响。 安全、文明、环境保护方案、质量保证措施、施工进度安排（1分）：是否全面合理、切合实际。

续表

评分项目	评审内容
运营管理及移交方案（25分）	日常维护管理方案（5分）：服务保障措施、安全措施，内容全面完整，科学合理，可操作性强，得3~5分；内容完整，可操作性较强，得1~3分；内容基本满足项目实际需要，可操作性不强，得0~1分。 运营期内各类紧急情况下的应急预案（5分）：运营商应建立应急预案，并建立与之相应的安全保障体系。应急预案应至少包含如下内容：抢修人员配置，且应明确人员数量；抢修设备配备，且应明确设备数量；配合相关主管部门开展防汛、排涝工作的措施。内容全面完整，科学合理，可操作性强，得3~5分；内容完整，可操作性较强，得1~3分；内容基本满足项目实际需要，可操作性不强，得0~1分。 项目公司组建方案（5分）：项目公司组建计划中，投标人须说明项目公司的注册资本额、在项目公司中的出资形式和出资比例、项目公司组建的进度安排、项目公司人员配备等，内容全面完整，科学合理，可操作性强，得3~5分；内容完整，可操作性较强，得1~3分；内容基本满足项目实际需要，可操作性不强，得0~1分。 工作组织协调方案（5分）：对整个项目施工及运营期间关于整体工作的组织、协调工作方面的阐述，内容全面完整，科学合理，可操作性强，得3~5分；内容完整，可操作性较强，得1~3分；内容基本满足项目实际需要，可操作性不强，得0~1分。 移交方案（5分）：在特许经营期结束时，项目设施移交的工作程序、内容、时间等，内容全面完整，科学合理，可操作性强，得3~5分；内容完整，可操作性较强，得1~3分；内容基本满足项目实际需要，可操作性不强，得0~1分。

2. 过程及结果

项目竞争性磋商时间为2016年4月19日，在规定的时间内递交响应报价文件的公司为天津膜天膜科技股份有限公司、山东圣都水务发展集团有限公司。招标公司在监督部门和甲方的监督下当天组织了开标仪式，公证处进行了全程公证。

竞争性磋商评审小组由采购人代表和有关专家共计7人组成，其中，专家的人数不少于成员总数的2/3，采购人代表不以评审专家身份参加评审，专家组中财务和法律专家各1名，其余为技术和管理专家。评审采用百分制，磋商小组成员按照客观、公正、审慎的原则进行了独立评审，分别对实质响应磋商文件的供应商进行逐项评价打分，对磋商小组各成员每一因素的打分汇总后取平均分，该平均分为供应商的最后得分。

通过磋商小组评审，山东圣都水务公司完全响应磋商文件要求，最终以特许经营期 28 年、合理利润率 6.5% 被磋商小组推荐为第一成交候选人。以上评审在山东省政府采购网站公示后没有收到任何异议。

（三）合同谈判及签署

合同谈判要点：根据《财政部〈关于印发政府和社会资本合作项目政府采购管理办法〉的通知》（财库〔2014〕215 号）组建了 7 人采购结果确认谈判工作组。谈判工作组依次与候选社会资本方就项目合同中可变的细节问题，进行了项目合同签署前的确认谈判工作。对磋商文件中不可谈判的内容如项目运作方式、付费机制等核心条款不予谈判。具体谈判议定事项如下：

水费价格：根据项目公司成本监审情况，按照国家有关政策规定，结合周边县市区供水价格，合理制定金乡县供水价格。

水量：供水水量按投产运营的水厂设计规模计算水量。

合同审批及签署情况：县财政局、县住建局会同县法制办，聘请财务、法律等有关专家对本项目 PPP 项目合同进行了严格的审核。通过审核，项目合同符合财政部合同指南等相关文件要求，内容真实反映实施机构和社会资本方的需求、合理分配项目风险、明确划分各方义务、有效保障各方合法权益，为本项目的顺利实施和全生命周期管理提供了合法有效的合同依据。县财政局、县政府分别于 2016 年 5 月 6 日、5 月 10 日对该合同出具了审核意见。县住建局于 2016 年 5 月 20 日与山东圣都水务公司签署了 PPP 项目合同。

四、项目落地情况

（一）项目公司设立情况

1. 公司概况

政府方出资代表自来水公司与中标社会资本山东圣都水务公司于

2016年7月在金乡县共同出资成立了项目公司，项目公司名称为金思泉水务公司，公司注册地址金乡县城金丰大道68号，注册资本3.32亿元人民币，社会资本方已按照合同约定到位注册资金8 000万元。

2. 股权结构

项目公司注册资本3.32亿元，其中自来水公司出资1亿元人民币，持股30%，中标社会资本山东圣都水务公司出资2.32亿元，持股70%。自来水公司以存量资产评估价1亿元作价入股项目公司（该存量资产由济宁经纬资产评估有限公司采用资产基础法评估并出具了济经纬评报字〔2016〕14号评估报告书），山东圣都水务公司以现金出资。

政府方持股部分按照占股比例进行分红，对影响公共利益和公共安全的重大事项（如出现水质污染给人民生活健康或生活水平造成严重影响），政府方享有一票否决权。

3. 管理层架构

项目公司股东会由全体股东组成。

项目公司设董事会，董事会由5名董事组成。其中中标社会资本方委派3人，县政府委派2人。董事会设董事长1名，由中标社会资本方负责委派项目公司董事长，并经政府方书面同意。

项目公司设监事会。设监事3名，由甲方委派1名，乙方委派1名，员工代表1名。董事、高级管理人员不得兼任监事。监事会设立监事会主席，由甲方委派的代表担任。

（二）项目融资落实情况

1. 实施方案中的融资方式及条件

项目公司注册资本3.32亿元作为本项目资本金，占总投资额的30%，其余7.77亿元拟以项目公司名义通过银行贷款、信托、基金等渠道进行融资。融资期限19年，融资年利率5.7%。社会资本方提供不低于1 000万元的履约保函。为有效推动该项目实施，形成推进PPP模式的工作合力，项目公司专门设立城乡供水一体化建设领导小组，严格执行国家政策制度，忠实履行还款等合同义务。

2. 融资实际执行情况和交割情况

自来水公司以存量资产1亿元作价入股项目公司，资产划转手续已完成，山东圣都水务公司已按照合同约定到位注册资本金8 000万元，作为开工建设的启动资金。

工行济南高新支行、建行济宁古槐路支行于2017年3月分别与项目公司签订了7.7亿元的贷款意向，农行金乡县支行也签署了2亿元的贷款意向。其中工行济南高新支行以贷款期限15年、利率4.9%的融资条件优于其他银行，高新支行已多次表示尽快达成合作意愿，并得到山东省分行的积极支持。

同时，山东圣都水务公司的母公司山东水发集团承诺，如果银行授信无法满足项目资金需求，山东水发集团将提供资金不足部分全额授信用于该项目。山东水发集团目前与30多家银行建立战略合作关系，截至2017年3月尚有99.8亿元的授信额度，并且前期发行的票据、债券尚处在存续期。

实际融资比实施方案中的融资年限缩短了4年，融资利率下降了0.8%；履约保函由实施方案中的1 000万元提高到5 000万元。

3. 再融资问题

本项目不允许社会资本方通过股权转让等方式提前退出项目公司。

（三）资产的权属及会计处理

建设期内投资建设形成的项目资产，以及本项目运营期内因更新重置或升级改造投资形成的项目资产，归政府所有；资产的使用权及项目的经营收益权归项目公司所有。项目合作期满后，项目公司将资产无偿移交给政府或政府指定机构。

项目公司依照国家相关法律法规和财政部的有关规定制定项目公司的会计、审计制度，提交董事会通过后执行。

税收的处理。在资产转让环节，针对县自来水公司存量资产评估折价入股涉及税收问题，组织相关部门商讨并委托专业的税务师事务所进行鉴定，认为应属所得税的不征税收入，增值税免征；建设运营期产生契税、印花税、增值税、所得税、房产税、土地使用税等全部由项目公司承担，并享受行业税收优惠政策；项目移交阶段资产所有权不变，县政府和金思泉水务公司将分别承担相应税负。

（四）项目进度

1. PPP项目实施进度

第一，前期设计阶段（2015年11月至2016年1月）：主要进行工程可行性研究报告和环评报告的编制、审查，项目的审批立项，以及土地规划许可等。

第二，项目识别及项目采购阶段（2016年1月至2016年5月）：主要进行物有所值评价、财政承受能力论证报告、实施方案的编制，以及项目采购、合同的审核签订。

第三，项目公司成立，初步设计及审查、施工图设计文件编制阶段（2016年6月至2017年3月）：自来水公司与山东圣都水务公司注册成立项目公司并按照股权比例进行投资；金思泉水务公司根据批准的可行性研究报告，进行初步设计及施工图文件的编制。

第四，工程建设阶段（2017年4月至2020年9月）：施工单位根据施工图进行工程的实施，"三通一平"、土建施工、设备安装。

第五，竣工验收试运营阶段（2020年10月至2021年3月）：主要包括项目竣工验收、交付使用，向主管部门提供竣工验收报告。项目实施进程见图 4-2。

案例 4 山东济宁市金乡县城乡供水一体化建设工程

项目前期准备

- 项目发起 — 2016年1月
  - 项目发起
  - 成立PPP领导小组

- 物有所值评价财政承受能力论证 — 2016年1月
  - 第三方咨询机构进场
  - 开展尽职调查及项目识别论证

- PPP实施方案编制与财务测算 — 2016年1月
  - 设计交易结构、回报机制
  - 设置核心边界条件、构建财务测算模型

项目采购

- 市场测试 — 2016年3月
  - 完成市场测试、聘请相关专家对招标文件（含合同）进行评审

- 项目采购流程实施 — 2016年4月
  - 项目开标
  - 评标项目结果公示

- 采购结果确认谈判 — 2016年5月
  - 谈判备忘录签署
  - 磋商结果公示
  - 法制办审查合同

- PPP项目合同签署 — 2016年5月20日
  - 社会资本与实施机构签署PPP项目合同

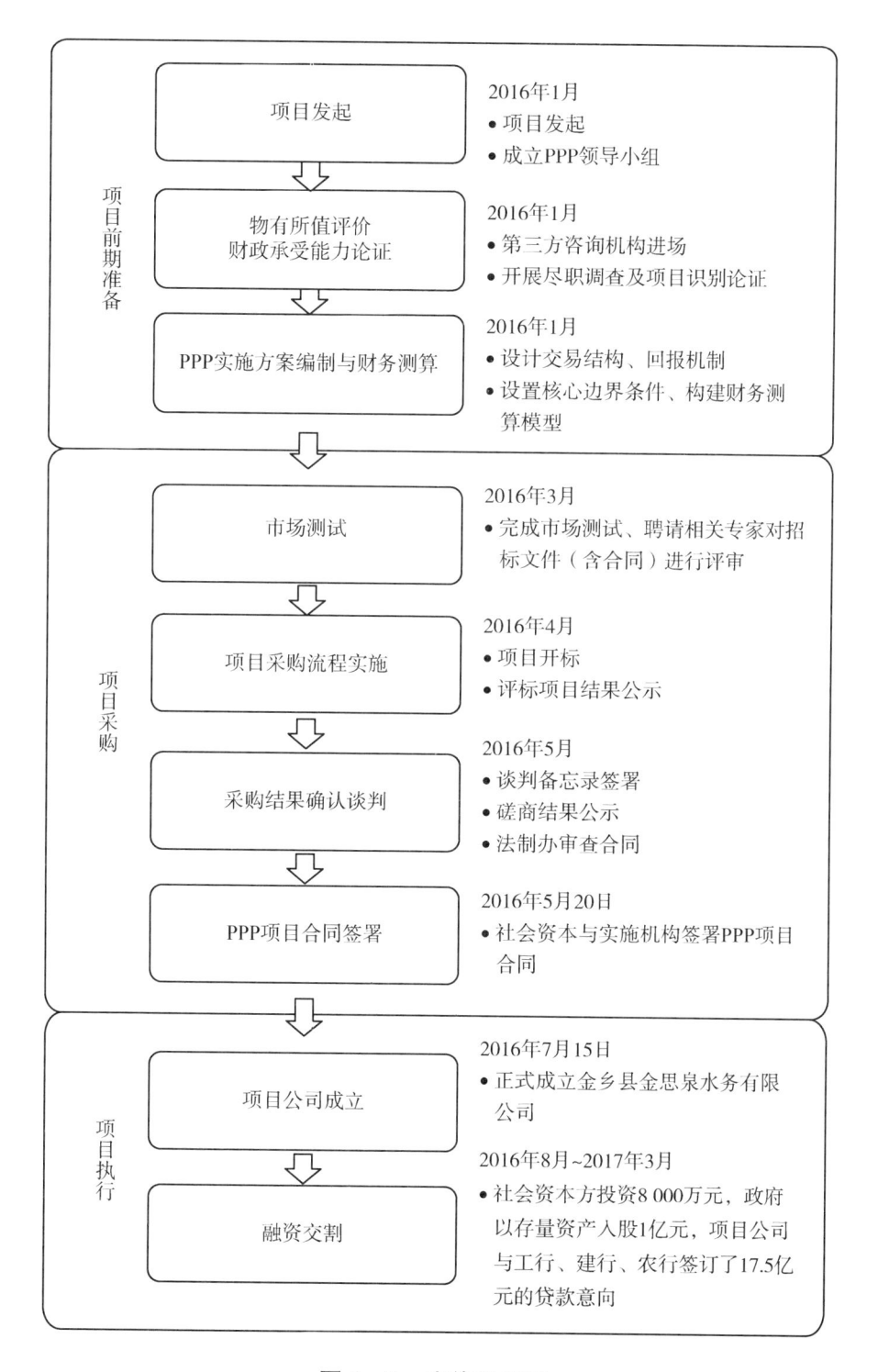

项目执行

- 项目公司成立 — 2016年7月15日
  - 正式成立金乡县金思泉水务有限公司

- 融资交割 — 2016年8月~2017年3月
  - 社会资本方投资8 000万元，政府以存量资产入股1亿元，项目公司与工行、建行、农行签订了17.5亿元的贷款意向

图 4-2 实施进程图

2. 项目建设进度

本项目采用竞争性磋商方式选择社会资本方,山东圣都水务公司具有先进的运营管理经验,为弥补建设经验不足,项目公司成立后,项目进行的每一个单体、分项工程都严格按照政府采购程序进行事前评审,确定招标控制价,然后进行公开招标,公开、公平、公正地选择施工单位。本项目正在进行开工前的各项准备工作,手续齐全后将正式开工建设。

五、项目监管

根据《关于政府和社会资本合作示范项目实施有关问题的通知》(财金〔2014〕112号),PPP项目监管架构主要包括授权关系和监管方式。授权关系主要是政府对项目实施机构的授权,以及政府直接或通过项目实施机构对社会资本的授权;监管方式主要包括履约管理、行政监管和公众监督等。

其中,本项目的实施机构——县住建局、水务局从项目准备阶段起至项目全生命周期内的合同履行情况进行全程监管,主要包括以下几项内容:

第一,准备及采购阶段:主要有发改、国土、规划、环保等部门对项目前期手续批复的监管,以及实施机构、财政、法制办对项目实施方案、采购文件及合同签订的监管。主要方式是实施机构、财政局会同县法制办联合审核相关文件并报县PPP项目领导小组批准。

第二,建设阶段:主要是对工程进度、建设质量、资金的监管。建设质量可聘请专业的监理公司,资金使用可由财政、审计进行监督。项目公司向县财政局、审计局提交年度经营成本、管理成本、财务费用等分析资料;项目公司向县财政局、住建局、水利局定期报告和临时报告运营管理状况。财政审计部门可委托专业的中介机构进行审核把关。

第三,运营阶段:主要是实施机构配合财政、质监、物价部门对项目公司提供的公共服务的质量、价格进行全面监管。服务质量可通过项目实施机构及财政部门绩效考评及质监部门水质抽查等方式进行监管;水费调价可通过物价部门举行价格听证会等方式实现。

第四,项目移交阶段:主要实施机构配合审计局、国资局对移交资产进行全面的审查,同时聘请专业的国有资产评估机构评估国有资产是否流失。

第五,安全、环保等政府相关行业主管部门依据法定职责对项目公司安全、环保等进行行政监管。在不影响正常建设和运营的前提下进场检查,检查时可聘请专业机构或专家。

第六,公众监管则通过项目实施机构建立网络投诉平台或建立公众信息反馈系统的方式实现。

六、项目点评

(一) 特点及亮点

1. 实现城乡供水一体化

自2005年山东省政府启动全省村村通自来水工程建设以来,金乡县共兴建供水站39处,实现了村村通自来水工程,使农村群众饮水状况得到明显改善,但这种分散式管理的模式和参差不齐的管理水平,无法满足人民日益增长的物质文化生活需要,特别是部分管网漏水严重、水量小、水质差,使人民群众无法喝上"安全水、放心水"。

为全面提高全县人民的生活水平,县委、县政府决定采用PPP模式,借助社会资本及其先进的运营管理水平,新建5个水厂及901.2公里的供水管网,形成日供水15万吨的供水规模,通过城区主管网及新建管网向各镇街延伸,供水至39处供水站及每村每户,形成全县供水一体化的供水网络,对原有的供水设施,保留一批,改造一批。为保护水资源及确保人民群众饮水安全,县委、县政府出台了《城乡供水一体化管理办法》,

将农村供水站全部收回，3年关闭全县所有自备井，并在不增加农民负担的前提下出台统一的水价收费标准，实现抄表收费维护管理到户。利用社会资本提供更为优质、高效的供水服务，使全县形成"同源、同质、同网、同价"的城乡供水一体化。

2. 聘请专业的咨询机构及专家提供专业的服务

针对该项目的行业特点，在项目推进过程中，严格按照财政部5个阶段19个步骤的要求进行依法推进。从项目的可研、立项、规划、申报、物有所值、财政承受能力论证、实施方案的编制，合同文本的起草、项目采购都聘请专业的机构及团队。特别是对物有所值、财政承受能力论证报告、实施方案、项目合同等专业性强的材料或重要环节，多次聘请高水平的财务、法律、水务、工程等行业专家会同项目实施单位召开论证会，发挥专家的专业才智，共同解决工作开展过程中遇到的困难。在社会资本采购过程中，选择省政府采购专家库中有丰富谈判经验的供水、法律、财务等方面的专家，在磋商谈判过程中与投标企业就项目核心边界、技术指标等不明确的问题做了更为深刻的探讨，对各投标企业的实力、行业经验有了更为直观的认识，同时使核心边界、技术指标也更加明晰。在资产入股阶段，因税收问题将给政府和企业增加负担，为此，金乡县政府及第三方机构咨询了大量的税收专家，查阅了相关的税收政策文件，组织相关部门及专业的税务师事务所对该项目税收问题进行了共同商讨，困难迎刃而解，顺利完成了资产入股。

3. 制定高规格的考核标准——使绩效考核操作性更强

针对PPP模式特点制定严格的绩效考核办法，另外根据现行国家行业标准制定了切实可行的企业考核标准和奖惩制度。PPP模式绩效考核办法包括建设期绩效考核和运营期绩效考核两部分。建设期考核指标分为综合管理、质量管理、资金管理等7项内容；运营期绩效考核包括日常运行过程中的绩效监控、阶段性的绩效评价等4个部分，每个考核指标划分很多明细指标，并有详细的分值。企业考核标准是在我国现行的行业标准上制定的，并且考核标准更高，从分值上体现了对水质、服务及运营管理的高标准严要求，并将考核服务标准不达标以违约金形式突出出来。两种考核标准有机结合在一起，对每一自然年度进行算术平均得分考核，以80分为及格分，低于80分时，按每低1分处以3万元的违约金处罚。两种考核标准的有机结合使考核标准更高、操作性更强。

4. 以PPP模式实施项目使融资渠道更为畅通

作为一个县级政府的民生项目，通过实施PPP模式，尤其本项目纳入国家级示范项目后，备受银行、基金等金融机构的青睐，不仅表达了积极的合作意愿，而且提供了相对于传统项目较为优惠的贷款条件。工行济南高新支行、建行济宁古槐路支行分别与项目公司签订了7.7亿元的贷款意向，农行金乡县支行也签署了2亿元的贷款意向，且可以按基准利率提供贷款。

（二）项目实施成效

本项目自2016年1月经县政府批准采用PPP模式后，于5月正式签订PPP项目合同，7月政府和社会资本共同出资成立了项目公司，政府已完成了资产划转入股手续，社会资本也按合同要求投资项目公司8 000万元，计划2017年4月正式开工建设。本项目成功入选山东省财政厅第二批示范项目及国家第三批示范项目，项目的实施，无论在经济效益、社会效益、环境效益还是政府治理优化等方面都将实现政府和社会资本的合作共赢。

1. 实现经济效益的合作双赢

经初步测算，本项目实施后每年可实现销售收入1.84亿元，年平均净利润5 404.82万元。项目实施后，因为有了充足的水源和良好的水质，可以促进工农业向多种经营发展，实现经济发展倍增计划；由于区域环境卫生状况的改善和人民生活水平的提高，从而创造一个良好的投资环境，对招商引资、推动地方经济的发展将发挥重要的作用。

2. 实现社会效益最大化

项目实施前，全县特别是广大农村地区普遍存在供水管材质量差、水量少、水价高的现象，全县供水管网处于各自为政的状态。金乡县采用PPP模式创新把多个供水系统打包成一个整体，这样既便于水资源的优化管理，又可减少管网和水源厂的重复建设，降低投资成本，实现农村供水与城区供水的有机结合。项目实施还可为农村剩余劳动力提供就业机会，调动劳动力向第三产业转移，促使当地经济朝着更加多元化的方向发展，这对缩小城乡差距、增加城乡居民的满意度将起到积极的作用。

3. 环境将得到有效改善，效益更加显现

为彻底解决全县供水不能达标的现象，项目实施后，政府会把供水能力与饮水安全监管摆上重要日程。一是严格实施取水许可制度，努力提高水资源利用效率。二是强化水质检测工作，提高监测频率，确保城乡水质达标。三是重点抓好以水库为重点的水源地建设和保护，全方位、立体化强化水资源的管理。项目的实施将有效改善城乡环境，实现全县居民同水同源，保障居民的健康生活不受影响，为城乡统筹发展打下良好的基础。

4. 政府治理结构更加优化，合作更完美

传统模式下城乡供水系统建设及运营由政府负责，但是政府本身对项目建设及运营有着天然的弱势，造成成本虚高、建设时间长、供水质量无法保证。通过PPP模式竞争机制引进具有丰富的建设运营管理经验的合作团队，让专业的人做专业的事，政府职能也将由深度参与转为放手市场，政府只需按照合同约定进行监管，社会资本因利而为，必定会提高服务水平、保证产品质量、降低生产成本，最终实现政府和社会资本的合作共赢。

（三）问题及建议

建议国家尽早出台相关政策解决项目实操中的问题，一是对各个阶段的税收问题予以明确，出台针对PPP项目的税收优惠政策，减轻地方政府和社会资本的负担；二是对合作过程中争议较大的地方比如设施设备大修问题，建议在相关指南或规范中进一步明确政府、社会资本各方的权利和义务；三是针对PPP合作的各个阶段，各部门的监管职责应予以明确，确保各个部门监管既不越位也不缺位；四是PPP项目手续复杂，审批环节多，影响项目推进进度，建议探索研究简化审批流程，加快项目落地进度。

案例 5

贵州贵阳市南明河水环境综合整治二期 PPP 项目

一、项目摘要

项目基本信息见表 5-1。

表 5-1　　　　　　　　　　项目基本信息表

项目名称	贵州贵阳市南明河水环境综合整治二期 PPP 项目（以下简称"本项目"）
项目类型	新建 + 存量
所属行业	生态建设和环境保护——综合治理
合作内容	总投资：20.27 亿元。 一、新建项目 （一）建设内容 新建新庄二期、花溪二期等 5 座污水处理厂（共 34.5 万立方米/天）及配套管网，新建污泥资源化处置 500 吨/天，从源头控制水质，对市西河、贯城河等支流进行截污系统完善和生态修复，对南明河干流截污系统完善和生态修复。 （二）产出标准 实现南明河干、支流水质及感官效果进一步提升，南明河流域污水处理率不低于 95%，出厂水 COD、氨氮达到Ⅳ类水体，其余指标按一级 A 标执行，河道补水约 30 万吨/天，中水回用约 20 万吨/天，增加服务面积约 90 平方公里，完善及新建管网 65.5 公里，南明河干流及五条支流 65% 的检测断面主要指标满足河道观赏性景观环境用水要求。 （三）运营服务范围及标准 1. 污水处理厂 服务标准：出水标准达到《城镇污水处理厂污染物排放标准》（GB18918-2002）一级 A 标准。

	续表
合作内容	服务范围：新庄污水处理厂二期，主要包括老城区、二环四路城市带8个功能板块及新天片区城区，服务流域面积约158平方公里；三桥污水处理厂，市西河流域范围三桥马王庙片区；孟关污水处理厂，贵阳市孟关片区；花溪污水处理厂二期，主要包括花溪镇南、花溪镇北、养牛、洛平、小黄河南部、陈亮区；牛郎关污水处理厂，贵阳市牛郎关片区。 2. 污泥深度处理中心 服务范围：对贵阳市辖区范围内（不含开阳县、息烽县、修文县、清镇市）的污水处理厂。 服务标准：泥饼含水率应不小于60%，处理后污泥达到住房城乡建设部《城镇污水处理厂污泥处置-混合填埋泥质》（GJ249-2007）标准。 3. 河道综合整治 服务范围：管理范围内的堤防护岸维护、沿河截污沟维护、河道清淤或河床疏浚、水域保洁、沿岸绿化维护及河岸的相关附属设施维护。 服务标准：符合合同要求的详细标准。 二、存量项目 已建成的1座新庄污泥干化中心，日处理能力200吨/天。 服务范围：对贵阳市辖区范围内（不含开阳县、息烽县、修文县、清镇市）的污水处理厂。 服务标准：泥饼含水率应不小于60%，处理后污泥达到住房城乡建设部《城镇污水处理厂污泥处置-混合填埋泥质》（GJ249-2007）标准。
合作期限	污水处理厂及污泥处理中心合作期为30年（不含建设期），河道合作期为10年（不含建设期）。
运作方式	建设-运营-移交（Build-Operate-Transfer，BOT），转让-运营-移交（Transfer-Operate-Transfer，TOT）
资产权属	合作期限内，项目资产的所有权归政府拥有，中选社会资本拥有污水处理厂和污泥处置及资源化中心的特许经营权以及河道的运营权，项目建设用地由中选社会资本无偿使用。
回报机制	政府付费
实施机构	贵阳市水务局（职能由城市管理局划转到水务局）
采购方式	公开招标
政府出资方	无
中选社会资本	中国水环境集团有限公司（原中信水务产业基金管理有限公司，以下简称"中国水环境集团"）旗下贵州筑信水务环境产业有限公司（以下简称"筑信水务"）
签约日期	2014年11月21日
项目公司设立概况	本项目未再另行设立项目公司，由中选社会资本直接负责项目推进实施。 公司名称：贵州筑信水务环境产业有限公司 设立时间：2013年1月30日 股权结构：社会资本持股100%
主要贷款机构	中国银行贵州省分行和交通银行贵州省分行

二、项目识别论证

(一) 项目背景

1. 项目基本情况

南明河是贵阳市的"母亲河",源于贵州省安顺市平坝县,属长江水系、乌江支流,全长118公里,其中在贵阳市境内100公里,城区段长36.4公里,分别接纳麻堤河、小车河、市西河等五条支流,流域面积6 600平方公里,位于长江上游生态敏感区,是贵阳市工业、生活和农业灌溉的主要水源,也是重要的行洪通道。南明河城区段水系图如图5-1所示。贵州省委、政府历来十分重视南明河的治理和保护,1986年时任贵州省委书记胡锦涛亲率省、市机关干部到河段清淤。

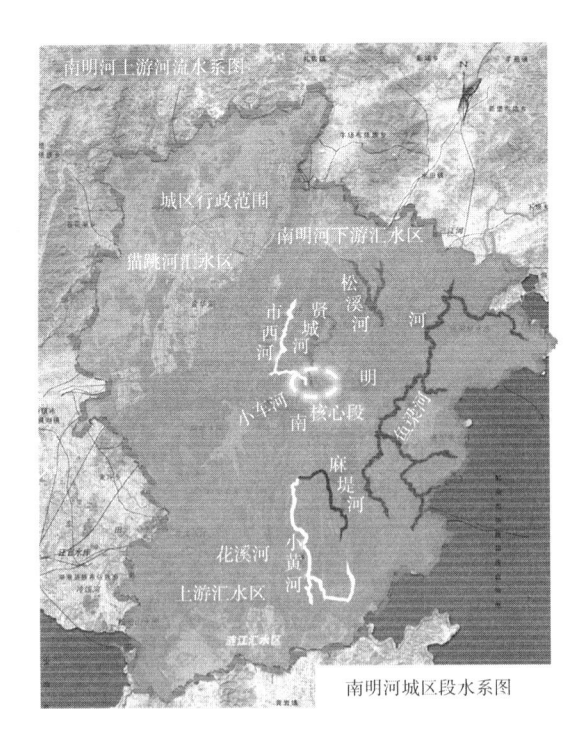

图5-1 南明河城区段水系图

贵阳市城镇化起步较晚，从2004年开始进入高速发展阶段，仅2004～2012年实现GDP增长超过4倍。随着经济的快速发展，南明河沿河200多家工业企业及生活污水每天向河中排放大量污水，河水逐渐变差、变黑、变臭，南明河及上游市西河等支流水质变成劣V类，河道丧失自然净化能力。南明河的黑臭现象严重影响了沿河居民的生产和生活。治理南明河、保护母亲河迫在眉睫，百姓翘首以盼。

2. 实施 PPP 模式的必要性

虽然贵阳市曾多次对南明河进行过治理，但随治随污，水环境未得到根本好转。2012年国务院颁布《国务院关于进一步促进贵州经济社会又好又快发展的若干意见》（国发〔2012〕2号），中央把支持贵州省经济社会发展上升到国家层面，南明河的污染情况，已经严重影响了当地居民的正常生活和贵州创建全国生态文明先行示范区、"爽爽贵阳"的城市定位。首届国家级"生态文明贵阳国际论坛"也于2013年7月举行。新一届市委、市政府面对极大的挑战，要求在短时间内、系统性解决南明河流域水环境污染问题。

因历史原因，贵阳经济快速发展起步较晚，贵阳市经济发展与环境保护之间存在一定矛盾，流域治理工作任务繁重，当地财政压力较大。

贵阳市政府高度重视南明河水环境治理，由市城管局委托设计院进行方案论证和比选。原市政规划采用传统"大截排"方案，管网建设和征地拆迁投资量很大，导致政府投资压力较大，始终未能启动；有关城投公司和其他国家大型建筑企业提出的方案着重土地开发和工程建设，对于水环境未能提出科学系统治理方案。

贵阳市政府下定决心，开放市场，采用PPP模式先行先试治理南明河。通过公开招标方式，引入技术、资金实力、社会责任强的社会资本方，让专业人干专业事，负责项目规划设计、投融资、建设及运营管理的全过程。最终，本项目成为水环境流域治理领域的国内首例PPP项目。

(二)发起方式

本项目由政府方发起。

(三)实施方案

1. 合作范围界定

本项目以提升水质为核心,以支流治理为关键,以污水处理设施(厂、管网)建设为重点,总投资20.27亿元,其中污水处理厂及污泥深度处理工程总投资11.64亿元,河道综合整治工程总投资8.63亿元,新建项目主要包括23个子项工程,具体如下:

第一,污水处理厂及污泥深度处理工程。新庄污水处理厂二期工程,建设规模24万立方米/天(总规模为40万立方米/天),总投资估算为5.36亿元;三桥污水处理厂工程,建设规模4万立方米/天,总投资估算为2.94亿元;孟关污水处理厂工程,建设规模1.5万立方米/天(总规模为3万立方米/天),总投资估算为5 919万元;花溪污水处理厂二期工程,建设规模4万立方米/天,总投资估算为8 039万元;牛郎关污水处理厂工程,建设规模1万立方米/天(总规模为2万立方米/天),总投资估算为4 282万元;孟关污水处理厂配套管网工程,建设规模为截污沟长度15.63公里(断面尺寸DN500~800毫米),总投资估算为6 117.07万元;牛郎关污水处理厂配套管网工程,建设规模为截污沟长度4.43公里(断面尺寸DN600~800毫米),总投资估算为2 147.46万元;污泥深度处理中心工程,处理规模为500吨/天(进厂含水率≤80%),总投资估算为6 911.56万元。

第二,河道综合整治工程。新庄污水处理厂二期配套管网工程,建设规模为截污沟长度13.05公里(断面尺寸B×H=2.0×2.0~2.5×2.0米),总投资估算为3.50亿元;麻堤河截污整治工程,建设规模为新建截污管 1.6 公里（断面尺寸 DN400～800 毫米）、更换破损管道 0.5 公里（断面尺寸 DN600 毫米），河道清淤 1.27 万立方米，总投资估算为 2 741.46 万元；小黄河截污整治工程，建设规模为新建截污管 3.37 公里（断面尺寸 DN800 毫米）、排出口改造 35 个、截污沟清淤 6 400 立方米，总投资估算为 4 510.13 万元；南明河截污沟小河厂至五眼桥段改造工程，建设规模为改建截污沟（管）4 958 米（断面尺寸 B×H = 1.2×1.0～1.2×1.2 米）、解放桥过河管 100 米（断面 D1 020×10 毫米），总投资估算为 7 054.35 万元；市西河截污沟改造工程，建设规模为新建截污管 7 745 米（断面尺寸 DN800～1 000 毫米）、大沟深坑回填 1.38 万立方米，总投资估算为 1.03 亿元；贯城河截污沟改造工程，建设规模为截污管疏通 2 850 立方米、污水收集支管 800 米（断面尺寸 DN400 毫米），总投资估算为 3 557.67 元；市西河河道清淤工程，清淤量 54 100 立方米，总投资估算为 4 852.89 万元；贯城河河道清淤工程，清淤量 36 360 立方米，总投资估算为 8 305 万元；南明河三江口河滩湿地工程，生态砾石床 1 200 平方米、表流湿地 1.1 万平方米，总投资估算为 1 387.87 万元；南明河五眼桥河滩湿地工程，生态砾石床 1 200 平方米、表流湿地 12 500 平方米，总投资估算为 1 387.87 万元；南明河电厂坝段生态蓄水河道工程，透水坝 3 座、水生植物 2 500 平方米，总投资估算为 170.87 万元；南明河一中桥河滩湿地工程，透水坝 1 座、生态砾石床 2 600 平方米，河滩湿地 1.5 万平方米，总投资估算为 1 954.51 万元；市西河二桥污水厂段生态砾石床工程，生态砾石床 2 000 平方米，总投资估算为 2 165.80 万元；小黄河生态湿地工程，人工湿地 2 万平方米，总投资估算为 2 165.80 万元；小车河生态湿地工程，人工湿地 5 000 平方米、截污沟清淤 1 250 立方米、排出口改造 5 个，总投资估算为 775.61 万元。

存量项目包括已建成的 1 座新庄污泥干化中心，日处理能力 200 吨/天，由政府将特许经营权授予中选社会资本。

2. 项目边界条件

（1）回报机制

本项目采取政府付费的回报机制，具体为政府向中选社会资本支付污水处理服务费、污泥处理服务费和河道服务费。

（2）定价机制

① 污水和污泥处理服务费

本项目范围内的 5 座污水处理厂、2 座污泥处理厂自商业运营日起第一个经营年的保底水量、泥量均为设计规模的 80%，第二个经营年的保底水量、泥量均为设计规模的 90%，第三个经营年至合作期结束的保底水量、泥量均为设计规模的 100%。

商业运营开始后，当污水、污泥处理厂在一个收费周期内（一个月），平均每天的实际处理量小于保底水量、泥量的：

$$\begin{matrix}污水(污泥)\\处理服务费\end{matrix} = \begin{matrix}届时适用的污水\\(污泥)服务费单价\end{matrix} \times \begin{matrix}届时适用的日\\保底水量(泥量)\end{matrix} \times \begin{matrix}该收费\\周期天数\end{matrix}$$

商业运营开始后，当污水、污泥处理厂在一个收费周期内（一个月），平均每天的实际处理量大于或等于保底水量、泥量的：若实际处理量为设计规模 110%（含）以内的，政府方按届时适用的污水、污泥处理服务费单价计算支付；若实际处理量为设计规模 110%（不含）以外的，设计规模 110% 以外部分的污水、污泥，政府方按照届时适用的污水、污泥处理服务费单价的 70% 支付。

污水和污泥处理费计费方式采用"按月计量、按月结算、按年清算"的办法，社会资本方在每月的 5 日前将上月的处理水量统计报表抄送政府方处，由政府方支付。污水处理服务费支付时间不晚于当月 25 日，污泥处理服务费支付时间不晚于当月 20 日。

② 河道服务费

河道服务费 = 河道建设服务费 + 河道运营服务费 × 根据考评确认的支付比例

ⅰ 河道建设服务费的确认原则。根据确认的河道建设投资基数、运营期限等边界条件，并满足中标人报出的运营期全投资内部收益率进行测算，确定河道建设服务费。

ⅱ河道建设投资基数。以政府审计确认的建设期内中标人在本项目的投资总额（扣除污水处理厂、污泥处理厂特许经营权作价以及政府投入到本项目的其他资金等）与建设期建设投资收益之和作为建设投资基数。其中，河道建设期建设投资收益从中标人建设资金进入共管账户之日起算，至各子项工程完工验收完成日止。根据不同的进入资金额和建设资金使用期分别计算其建设期投资收益，收益率按中国人民银行同期（五年期以上）贷款基准利率加3个百分点计算执行。

ⅲ河道运营服务费的确认原则。根据河道建设的进展情况及政府对项目后期的服务规划，在第一个河道服务年年初，由市发改、财政、审计、城市管理部门根据河道综合整治服务实际内容范围拟订河道运营期运营管理成本、管理费、税费及合理利润作为河道运营服务费数额，纳入市级财政预算安排并列入主管部门预算统筹执行，并在当年末根据实际运营成本拟订下一年度运营期运营成本及相应预算作为下一年度运营期河道运营服务费数额，鼓励和引导社会资本提高运营效率、降低成本、促进创新、增加供给，并形成良好的动态调整回报机制。

ⅳ当期河道运营服务费按考评后应支付比例确认。根据运营期服务考评结果，总分≥90分，支付比例为100%；总分≥80分，支付比例为90%；总分≥70分，支付比例为80%；总分≥60分，支付比例为70%；总分<60分，政府方当期可以不予支付，待下一期考评总分≥60分后一并支付，上期未支付部分的支付比例为70%。

ⅴ专项费用。本项目有关河道清淤、设施设备大修及重置、管网破损修复等非常态化事项不包含在河道日常运营服务费中。PPP运营期内遇有上述事项，项目公司应提前编制实施方案，报政府方审核后实施，由政府另行安排财政专项资金向项目公司支付。

为应对自然灾害等非项目公司及工程施工所造成项目设施的破坏、损毁等情形，项目公司应政府方要求购买相关保险，保险赔偿专项用于项目的非常态化事项，相关支出纳入项目运营维护成本。

（3）调价机制

① 调价程序

ⅰ 定期调价。自本项目商业运营之日起，污水、污泥处理服务费单价每满两个运营年计算调整一次。当年的定期调价工作应在当年的 3 月份启动，社会资本方应按照污水、污泥处理服务费单价调价公式计算出拟执行的新的污水、污泥处理服务费单价并向政府方提出调价申请，政府方应在收到申请后 15 个工作日内对社会资本方拟调整单价进行核定，在与社会资本方达成一致意见后上报相关政府部门，并在当年 6 月底之前确定新价格，新价格追溯适用至当年的 1 月 1 日，政府方应在确定新价格的当月支付污水、污泥处理服务费时与社会资本方一次性结算相应变化款项。

ⅱ 不定期调价。自本项目开始商业运营之日起，如发生以下任一情形的，则社会资本方可立即申请按照以下方式进行调价：

电费、人工成本、化学药剂费中的任一单项价格因素较之原数值的累计变化幅度达到或超过 5%，或居民消费价格指数（CPI）较上一调价年度数值累计变化幅度达到或超过 5%，如尚未开始调价的，则以开始商业运营当年的 CPI 作为参照计算 CPI 的变化幅度。

政府方应在收到申请后 15 个工作日内对社会资本方拟调整单价进行核定，在与社会资本方达成一致意见后上报相关政府部门，并在上报后 15 个工作日内确定新价格，新价格追溯适用至单项价格因素变化之日，政府方应在确定新价格的当月支付污水、污泥处理服务费时与社会资本方一次性结算相应变化款项。

② 污水、污泥处理服务费单价调价公式

调价当年的服务费单价的计算方法是将上一调价年度的服务费单价乘以按下述公式算出的调价系数，即：

$$P_n = P_{n'} \times K$$

其中：P_n 为第 n 年调整后的污水、污泥处理服务费单价。$P_{n'}$ 为上一调价年度的污水、污泥处理服务费单价。K 为调价系数。

$$K = a \times (E_n/E_{n'}) + b \times (L_n/L_{n'}) + c \times (Ch_n \times Ch_{n'}) + d \times (Sl_n/Sl_{n'})$$
$$+ e \times (CPI_n/100) \times (CPI_{n'}/100)$$

其中：n 是调整价格的当年；n′是上一个调价年度；E_n 为第 n 年社会资本方的电费指数（社会资本方所付的每度用电电价，按当年电价的加权平均数计算）；$E_{n'}$ 为上一个调价年度社会资本方的电费指数（社会资本方所付的每度用电电价，按当年电价的加权平均数计算）；L_n 为第 n 年贵阳市统计部门公布的第 n–1 年"电力、煤气及水的生产和供应"行业在岗职工平均工资；$L_{n'}$ 为上一个调价年度贵阳市统计部门公布的前一年"电力、煤气及水的生产和供应"行业在岗职工平均工资；Ch_n 为第 n 年贵阳市统计部门公布的"工业生产者购进价格指数"化工原料类对应的第 n–1 年化工原料价格指数/100（以上年价格为 100）；$Ch_{n'}$ 为上一个调价年度贵阳市统计部门公布的"工业生产者购进价格指数"化工原料类对应的上一年化工原料价格指数/100（以上年价格为 100）；Sl_n 为第 n 年时社会资本方的污泥运输费用标准（社会资本方所付的每吨污泥运输费用标准，按当年每吨污泥运输费用的加权平均数计算）；$Sl_{n'}$ 为上一个调价年度社会资本方的污泥运输费用标准（社会资本方所付的每吨污泥运输费用标准，按当年每吨污泥运输费用的加权平均数计算）；CPI_n 为第 n 年时贵阳市统计部门公布的《贵阳市统计年鉴》中公布的"价格指数"—"居民消费价格指数"中第 n–1 年相对应的居民消费价格指数（以上年价格为 100）；$CPI_{n'}$ 为第 n–1 年时贵阳市统计部门公布的《贵阳市统计年鉴》中公布的"价格指数"—"居民消费价格指数"中第 n–2 年相对应的居民消费价格指数（以上年价格为 100）。如第 n 年较第 n′年的 CPI 增长率低于调价期间年度任意一年的 CPI 增长率的，双方同意以 CPI 增长率较高者为准计算调价系数。a 为电费在价格构成中所占比例；b 为人工成本在价格构成中所占比例；c 为化学药剂费在价格构成中所占比例；d 为污泥运输费用在价格构成中所占比例；e 为价格构成中除电费、人工成本、化学药剂费以外的其他因素在价格构成中所占比例。a + b + c + d + e = 100%。

特许经营协议签署日各调价因素的权重比例见表 5–2 和表 5–3。

表 5 – 2　　　　　污水处理费调价因素对应权重比例　　　　单位:%

调价因素	a（电费）	b（人工费）	c（药剂费）	e（其他因素）
权重	20.31	9.52	8.55	61.62

表 5 – 3　　　　　污泥处理费调价因素对应权重比例　　　　单位:%

调价因素	a（电费）	b（人工费）	c（药剂费）	d（运输费）	e（其他因素）
权重	3.13	2.73	30.49	29.87	33.79

a、b、c、d、e 各自取值由社会资本方在每个运营年根据市场行情变化（污水、污泥处理服务费单价构成的变动）和社会资本方调价申请（如前所述）列举的财务分析进行一次修订。

③调价方法

如按照上述约定可申请价格调整的，需按照贵阳市价格调整有关规定的程序执行。

如上述任何指数不能自贵阳市统计部门公布的资料中得到，则采用贵州省统计部门公布的该指数替代。自贵阳市统计部门提供上述指数之日起，改为采用贵阳市统计指数。

如在合作期内，上述指数延迟公布的，调价时间相应顺延；如上述指数被贵阳市或贵州省统计部门修改或者不再可以得到，则政府方与社会资本方可以商定替代指数。

如 E_n、L_n、Ch_n、CPI_n 指数的基点在任何时候有变化，所公布的 E_n、L_n、Ch_n、CPI_n 值应相应调整，以提供相对于上一次公布的指数值。

(4) 风险分配基本框架

按照风险分配优化、风险收益对等和风险可控等原则，政府和社会资本谁对哪种风险更有控制力，谁就承担相应的风险，以此达到降低项目在整个建设和运营周期内所面临的各种风险。结合本项目投融资结构及项目自身特点，通过协议约定，最终形成了如表 5 – 4 所示的风险分配基本架构。

表 5-4　　　　　　　　　风险分配基本架构

主要政府承担的风险	双方共同承担的风险	主要社会资本/项目公司承担的风险
政治风险	利率变化超限风险	污水、污泥全部当期资本性支出和未来新增资本性支出的融资风险
法律风险	通货膨胀超限风险	工期延误风险
规划、标准变更风险	不可抗力风险	成本超支风险
土地获得风险		技术风险
政府决策风险		运营管理风险
最低需求风险		
河道部分新增资本性支出（指大修费用）的融资风险		

① 政府方承担的风险

ⅰ 原则上，政治、法律、政策等宏观层面的风险由政府承担；

ⅱ 政府决策失误风险，规划及相关设计、建设标准变更风险，投资诱因不足导致社会资本招选失败风险等由政府承担；

ⅲ 政府对土地（包括施工临时用地）获得风险具有最强控制力，所以该风险也由政府承担。

ⅳ 贵阳市政府具有本项目相关审批权限，项目审批风险由政府方承担。

ⅴ 根据行业惯例及风险最优分配原则，污水处理特许经营项目最低需求风险由政府承担。

② 社会资本承担的风险

原则上，融资期、建设期、运营期的绝大部分非系统性风险由社会资本方承担。

③ 合作双方共同承担的风险

由政府和社会资本方共同承担的风险包括：利率风险、通货膨胀风险及不可抗力风险。合作期内，如遇适用法律发生重大变化，对社会资本提供相应服务的履行造成实质性影响，社会资本应积极与政府协商解决方案，并采取合理措施避免双方的损失扩大。对外发生纠纷，社会资本只承担特许经营协议和 PPP 项目合同约定的相关责任，超出协议约定以外的责任由政府承担。

3. 交易结构

按照国家大力推广运用政府与社会资本合作（PPP）模式的相关文件精神，贵阳市政府授权贵阳市城市管理局为招标人，通过公开招投标方式选择社会资本方，并由其统一实施本项目的投资、规划、设计、建设、运营、移交。

新建项目采用建设－运营－移交（BOT）的运作模式，存量项目采用转让－运营－移交（TOT）的运作模式。采取政府付费的回报机制，具体为政府向中选社会资本支付污水处理服务费、污泥处理服务费和河道服务费。项目范围内的污水处理厂和污泥处置及资源化合作期均为 30 年，南明河河道综合整治合作期为 10 年。在合作期届满时，社会资本将项目无偿移交给政府或其指定机构。同时，市政府建立配套的中长期财政预算安排，将服务费纳入年度市级财政预算，结合上级政府财政部门对项目拨付的相关专项资金，确保服务费及时足额支付。

本项目交易结构如图 5-2 所示。

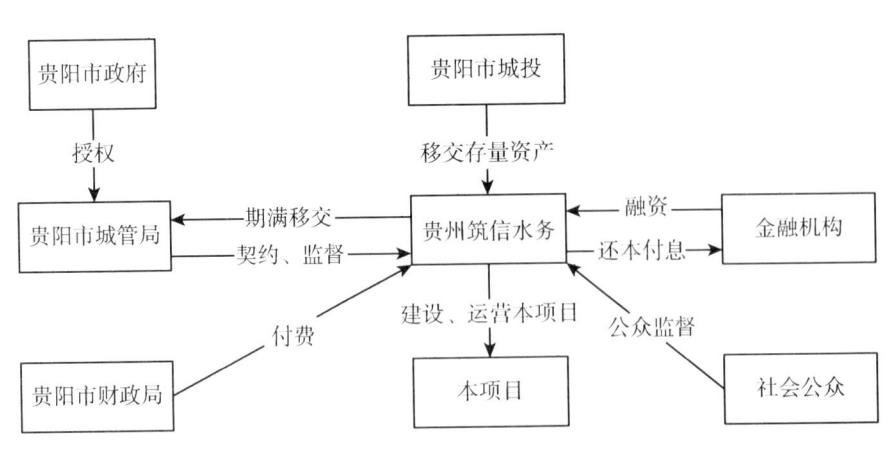

图 5-2 交易结构图

4. 绩效考核指标体系

（1）绩效评价体系

第一，构建本项目绩效评价体系。一是推行项目绩效评价。财政部门将督促行业主管部门加强对社会资本方提供服务质量和价格的监管，建立综合性评价体系，对项目进行绩效评价；二是审计部门评估。以审计部门作为评价组织体系中事后监督评估的主体，以保证评价结果的客观公正。

第二，政府组织召开专家论证会。邀请全国流域水环境综合整治领域的专家，对项目实施后取得的成效进行评估，评价项目的实施是否达到了预期目标，政府是否获得了优质的服务，从专业角度对项目进行绩效评价。

第三，建立公众评价体系。通过走访、问卷调查、意见反馈等方法，了解市民对项目实施后的直观感受，由市民评价治理成效，将市民是否满意和认可作为重要的评价标准。

第四，政府及其相关机构强化本项目绩效评价管理。项目绩效评价管理主要分为项目管理、完成时间和完成质量三个方面，考核的重点在于项目质量和管理效率。

第五，聘请第三方机构对本项目定期开展中期评估。

（2）绩效考核内容

① 污水处理

根据主要污染物削减量、出水水质等进行绩效考核。

当进厂污水水质符合协议约定时，污水处理厂的出厂水水质必须达到《城镇污水处理厂污染物排放标准》（GB18918-2002）一级 A 标准，否则视为社会资本方违约，除环保部门依法作出行政处罚外，政府方将扣减应支付的污水处理服务费，具体扣除方法如下：

当进水水质不超过协议设定的最大或最小限制值时，如处理后的出水水质未能达到协议约定标准，则扣除不达标排放污水量对应的处理服务费的 2 倍。当进水水质的某一项或多项污染物浓度指标超过设计标准时，出

水水质、污水处理服务费按如下规定执行:

根据协议约定的水质监测办法检测的进水水质任何一项指标不符合协议约定的进水水质标准,即视为进水水质超标。进水水质超标时,双方应按如下约定处理:

ⅰ社会资本方应采取积极、有效的技术手段处理超标进水,争取达到协议约定的出水水质标准,由此导致的处理服务费用增加,政府方应根据协议约定对社会资本方处理服务费用增加部分予以补偿。

ⅱ进水水质超标后,社会资本方应尽其所能处理污水。

第一,当进水水质COD_{Cr}超标5%且SS超标10%以内时,社会资本方仍应按照正常的污水处理流程尽力对污水进行处理,并且出水应达标,否则视为社会资本方违约。

第二,当进水水质COD_{Cr}超标5%且SS超标10%以上或其他指标超标时,社会资本方按照正常的污水处理流程尽力对污水进行处理后,出水水质仍达不到约定的标准时,政府方应视为社会资本方出水水质达标,政府方应按照实际处理量向社会资本方支付污水处理服务费,如每天实际日处理量低于日保底水量,每天按照日保底水量向社会资本方支付污水处理服务费,社会资本方不承担由此产生的任何违约责任。

第三,当进水水质COD_{Cr}或SS单项超标值在10%(含10%)以上,并且持续时间超过12小时,社会资本方达标处理污水将加收污水处理服务费。以上述两项超标污染物负荷之和折算增加的污水量,按COD_{Cr}和SS符合总量每增加600克分别折合1立方米污水计算。

第四,当进水水质超标足以损害本项目污水处理系统的正常运行时,社会资本方在书面通知政府方及环保主管部门的前提下,可以暂不处理污水,政府方按协议约定的日基本污水量向社会资本方支付污水处理服务费。

ⅲ当出现进水水质监测指标pH值小于6或大于9,或出现重金属等有毒、有害、具有生物抑制性、难以生物降解的物质含量过高等对污水处理设施的生化系统产生实质性影响或破坏的严重污染情况,危及处理厂安全正常运转时:

第一，社会资本方应立即将上述进水水质严重情况通知政府方及环保部门，并根据有关技术要求停止进水或减量处理；

第二，社会资本方在进水水质严重污染时适当采取了停止进水或减量处理措施的，视为社会资本方在进水水质严重污染期间及生化系统恢复至正常期间内足量处理，政府方应按协议约定的日保底水量向社会资本方支付污水处理服务费。

第三，社会资本方在进水水质严重污染时进行了适当操作，但仍给社会资本方的污水处理设施、生化系统造成破坏的，政府方应当与环保主管部门协商，对社会资本方因进水水质严重污染所遭受的实际损失进行补偿，但因社会资本方未采取适当措施避免损失扩大的部分除外。

第四，因进水水质超标导致社会资本方出水排放不达标时，视为社会资本方不违约，社会资本方不承担相应责任。

第五，合作期间，各污水处理厂的进水水量和水质应同时满足以下条件：水量不低于设计处理量的60%；BOD_5不低于协议所述的下限值且BOD_5与COD_{Cr}的比值大于0.35；水温不低于5℃，不高于40℃。

在运营期间，由于水量和水质不能满足上述条件，造成出水水质不达标，政府方应按社会资本方实际处理污水量向社会资本方支付污水处理服务费，如每日实际处理量小于日保底水量的，则按照协议约定日保底水量向社会资本方支付污水处理服务费，并且不得追究社会资本方的违约责任。如造成污水处理厂停工或重新调试，政府方每天应按协议约定的日保底水量进行污水的计量，向社会资本方支付污水处理服务费。由于政府方不付或少付污水处理服务费造成社会资本方损失的，政府方应按给社会资本方造成的实际损失进行赔偿。

除协议另有约定外，如因进水水质超标或不符合协议约定标准的，并由此导致出水不达标的，政府方应承担由此导致的环保部门的相关处罚和征收的排污费，如社会资本方先行垫付的，政府方应以现金方式一次性全额补偿。

② 污泥处理

泥饼含水率应小于60%，处理后污泥达到住房城乡建设部《城镇污水处理厂污泥处置-混合填埋泥质》（GJ249-2007）的标准。

当进泥泥质符合协议约定时，污泥处理厂的出泥泥质必须达到协议的要求，否则视为社会资本方违约，除环保部门依法作出行政处罚外，政府方将扣减应支付的污泥处理服务费，具体扣除方法如下：

当进泥泥质符合协议要求的标准时，如处理后的出泥泥质未能达到协议约定标准，则扣除不达标处理污泥量对应的处理服务费的2倍；因进泥泥质不达标，社会资本方不承担处理量不足、出泥超标的责任（包括环保部门的处罚和排污费），政府方可不向社会资本方支付污泥处理服务费且应协调免除社会资本方可能支付的款项。

③ 河道治理及管网工程

政府管理部门根据工程建设及河道运营服务质量进行绩效考核。

项目建设期，政府从方案、设计、成本、质量、安全等方面进行全过程审批和监管，同时引入监理和第三方机构进行全过程跟踪审计，涉及项目建设进度款，需在工程质量及安全文明施工、建设工期等满足要求的条件下，由项目实施机构（含现场代表）、监理、跟踪审计、指挥部等单位进行确认后方可支付，项目完工、质量达标并经竣工验收后，由第三方跟踪审计单位进行结算审计，在此基础上，由政府审计部门对项目进行财务决算审计，审计结果作为最终建设服务费的付费依据。

在河道运营阶段，社会资本方进行河道水体维护、水面保洁、河岸绿化保洁、沿岸截污沟及河道设施维护，政府有关部门采取定期（每月25日）和随机检查（以季度为考核周期，每季度安排3次），制作绩效考核评分表，以满分100分为基数，并将绩效考核总分（当期所有考核得分的算术平均值）作为当期河道运营服务费支付比例的确认依据。

ⅰ 总分≥90分，支付比例为100%；

ⅱ 80分≤总分＜90分，支付比例为90%；

ⅲ 70分≤总分＜80分，支付比例为80%；

ⅳ 60分≤总分＜70分，支付比例为70%；

ⅴ 总分＜60分，政府方当期可以不予支付，待下一期考评总分≥60分后一并支付，上一期未支付部分的支付比例为70%；

ⅵ连续两次总分<60分,政府方不予支付第一次河道运营服务费。

(3) 项目实际运营情况

自本项目建设及运营以来,在价格、工程质量、造价及达标排放等方面,社会资本方及施工单位均达到国家法律法规及PPP项目合同约定的各项要求。

其中,一阶段项目新庄二期及花溪二期已完工,通过环保验收,2015年5月1日正式商业运行,新增污水处理能力28万立方米/天(新庄24万立方米/天,花溪二期4万立方米/天),均已实现一级A标稳定达标排放。

污泥深度处理中心(120吨/天)已投入正式运行,新庄一期污泥干化中心(200吨/天)目前运行正常,处理后污泥含水率60%以下。

项目污水处理服务费目前收费正常;污泥干化中心由于设备设施的升级改造,于2015年10月进入商业运行,费用拨付流程正常;河道建设服务费按PPP项目合同约定的10年合作期限,2015年底支付第一年的费用。

5. 项目实施规范性

(1) 项目立项等前期手续

本项目二期工程23个子项均已完成项目建议书(批准文号:筑发改环资〔2014〕459号)、可行性研究报告(污水处理厂及污泥深度处理中心批准文号:筑发改环资〔2014〕460号;河道综合整治工程批准文号:筑发改环资〔2014〕461号)、环境影响评价(环评批准文号:筑环审〔2014〕118号;筑环审〔2014〕56号;乌环审〔2015〕3号;筑环表〔2014〕103号;筑环表〔2015〕3号;筑环表〔2015〕4号;筑环表〔2015〕5号;筑环表〔2015〕47号)、建设工程规划许可证(建字第520000201425153号)、建设用地规划许可证(地字第520000201416758号)、选址意见书(选字第520000201407136号)、用地预审审批手续(黔国土资发〔2010〕46号)。

另新庄污水处理厂二期工程、花溪污水处理厂二期工程完成了初步设计批复（筑发改项目〔2014〕1058号、筑发改项目〔2014〕1059号），EPC总承包一标段（新庄污水处理厂二期工程、污泥深度处理中心工程、市西河截污沟改造工程、市西河河道清淤工程、贯城河截污沟改造工程、贯城河河道清淤工程、新庄至鲨鱼沟截污沟改造工程）、二标段（花溪污水处理厂二期工程）、三标段（麻堤河截污整治工程、小黄河截污整治工程、南明河截污沟小河厂至五眼桥段改造工程）完成施工许可证办理。

（2）配套支持

政府将本项目建设所需土地无偿提供给社会资本方，在项目合作期间无偿使用。项目建设用地在正式开工建设前，政府确保已完成拆迁、补偿和安置等工作，在建设用地交付使用时，确保建设用地范围内达到"三通一平"条件，保证项目用地不存在抵押、查封或权属争议等情况。

项目各项前期工作的具体实施，涉及政府机构审批、许可、备案的，由政府及相关机构积极支持和协助。在不违反适用法律法规的前提下，政府相关机构积极协助社会资本方办理融资相关手续。

（3）预算安排

根据PPP项目合同约定，本项目服务费及时纳入年度地方财政预算管理，并建立配套的中长期财政规划安排，将本项目涉及政府支出责任的部分予以明确列支，确保及时足额支付。上级政府财政部门拨付的对本项目的相关专项资金，确保安排支付。

（四）物有所值评价和财政承受能力论证要点

2014年11月30日财政部下发《关于印发〈政府和社会资本合作模式操作指南（试行）〉的通知》（财金〔2014〕113号），对PPP项目各环节的操作流程进行规范，并明确PPP项目要进行物有所值评价、财政承受能力论证等工作，并于2015年4月7日下发《关于印发〈政府和社会资本合作项目财政承受能力论证指引〉的通知》（财金〔2015〕21号）、2015年12月18日下发《关于印发〈PPP物有所值评价指引（试行）〉的通知》（财金〔2015〕167号）。由于本项目相关工作开展较早，在国家层面出台关于物有所值评价、财政承受能力论证相关具体规范文件之前，率先谋划以PPP模式组织开展项目的相关工作，并于2014年9月25日完成本项目社会资本招标的评标工作，因此，本项目在实施时未专门编制物有所值评价、财政承受能力论证报告。

随着南明河水环境综合整治向下一阶段推动，为对二期项目采用PPP模式能否降低全生命周期成本进行后评价，以及对下一阶段的PPP方案实施准确评估，同时从贵阳市财政承受能力的全局出发，与市里其他PPP项目进行协调，贵阳市政府已于2016年12月29日批复《贵阳市财政局关于补充编制南明河水环境综合整治二期项目物有所值评价报告、财政可承受能力论证报告的请示》，由南明河及阿哈水库流域水环境综合整治项目指挥部牵头，市水务管理局、发展和改革委员会、财政局等部门配合，按程序启动补充编制本项目的物有所值评价报告和财政承受能力论证报告等相关资料的工作，作为项目实施中期评估的依据。

三、项目采购

（一）市场测试及资格审查情况

1. 市场测试

贵阳市城市管理局委托第三方专业咨询机构济邦咨询，测算项目投资和运营成本，参照行业平均利润率、同期银行利率等，合理确定内部收益率、财务成本及运营费用等关键指标，协助编制项目PPP实施方案，将政府政策意图、社会目标和社会资本的运营效率、竞争压力加以有机结合。

在项目采购正式实施前，组织项目需求分析和市场测试，邀请中国水环境集团、北控水务集团、中铁二局第一工程有限公司、中铁八局集团有限公司、海天水务集团股份公司、中天城投集团等潜在社会资本参与，发放市场测试表，获取 PPP 项目初步方案的主要意见，经职能部门和专家论证修改，进一步完善 PPP 项目实施方案，对政府下一步推进采购工作决策和编制采购文件发挥指导作用。

2. 资格审查

由于当时《政府和社会资本合作采购管理办法》（财库〔2014〕215号）尚未出台，并未强制性要求进行资格预审，所以本项目未开展资格预审程序，而是在评标阶段采取资格后审，根据本项目特点，投标人资格审查标准如下：

第一，具有项目投融资能力，且能完全履约的独立法人，信誉良好，无商业欺诈行为，没有处于被责令停业、投资资格被取消、财产被冻结、接管、破产等状态。

第二，项目中标人须承担项目前期已产生的全部费用（如征地拆迁费用、招标代理及咨询服务费等），并在投标时书面出具在规定期限内支付该等费用的承诺函。

第三，本项目不接受联合体投标。

评标委员会对响应文件进行资格审查，按时递交的 4 家社会资本响应文件均通过资格审查，入围的 4 家社会资本分别为贵州筑信水务（中国水环境集团旗下公司）、中铁二局第一工程有限公司、中铁八局集团有限公司、海天水务集团股份公司。

（二）评审情况

贵阳市政府采用 PPP 模式，按照"公开、公平、公正、科学择优"的原则，采取公开招标方式实施。采用综合评分法，评标委员会对投标人综合实力、设计方案、建设方案、运营及移交方案、融资方案、法律方案及报价进行综合评审。评标委员会对通过资格后审的 4 家社会资本响应文件，按照采购文件的评审标准（见表 5-5）进行综合评分。

表 5-5　　　　　　　　　　　采购文件评审标准

评分因素		分值
投标人综合实力（23 分）	注册资本	2
	污水处理项目业绩	6
	河道水环境综合整治项目业绩	10
	管理和运营团队组建方案	5
投标人实施方案（50 分）	污水处理、污泥处理工艺方案	11
	河道综合整治工程方案	13
	工程建设方案	3
	设备选型方案	2
	维护运营方案	3
	移交方案	3
	工程投资估算	5
	财务方案	10
投标人法律方案（5 分）	法律方案	5
投标报价（22 分）	特许经营权转让总价款	12
	河道综合整治服务期间年投资收益率	10

评标委员会从专业程度、技术方案论证、业绩等几个方面综合评价选择在水环境治理领域具有丰富规划设计、核心技术、投融资实力和运营业绩的专业化公司，按综合得分从高到低的顺序对各响应文件进行排序，并择优推荐前三名中标候选人给招标人：贵州筑信水务、中铁二局第一工程有限公司、中铁八局集团有限公司。

评审结果于 2014 年 9 月 26 日至 10 月 29 日在贵州省招标投标网上进行公示，公示期限为 20 个工作日，公示期内无异议；公示期满，最终确定贵州筑信水务为中标人。

（三）合同谈判及签署

1. 合同体系

在项目采购前，政府与咨询机构和预算、概算、决算、跟踪审计单位签订委托协议。在项目确定中标单位后，政府与中标社会资本签订PPP项目合同。《贵阳市南明河水环境综合整治项目二期工程PPP模式合作协议》《贵阳市南明河水环境综合整治项目二期工程之污水及污泥处理设施特许经营协议》及《贵阳市南明河水环境综合整治项目二期工程之河道综合整治工程服务协议》，组成本项目不可分割的协议体系，由贵州筑信水务（中标社会资本方）与贵阳市城管局（贵阳市政府授权单位）签订。

在PPP项目合同签订后中标社会资本方与银行、勘察单位、设计单位、施工单位、监理单位、设备供应商签订相关合同。

本项目的合同体系如图5-3所示。

2. 采购结果谈判

贵阳市南明河水环境综合整治项目指挥部将PPP项目合同初稿征求贵阳市发改委、财政局、住建局、国土局、审计局等9个部门意见，根据各部门书面反馈意见，项目实施机构会同咨询公司与第一顺位中标人进行谈判，主要就项目公司的设立、未来项目的实施方式、付费时间及方式、超额处理污水量的计费等可谈判细节进行磋商，并与第一顺位中标人达成一致意见。

3. 采购结果和合同文本公示

2014年9月26日，贵州省招标投标网、贵阳市公共资源交易监管网公示采购结果。公示期限为20个工作日，于2014年10月29日结束。

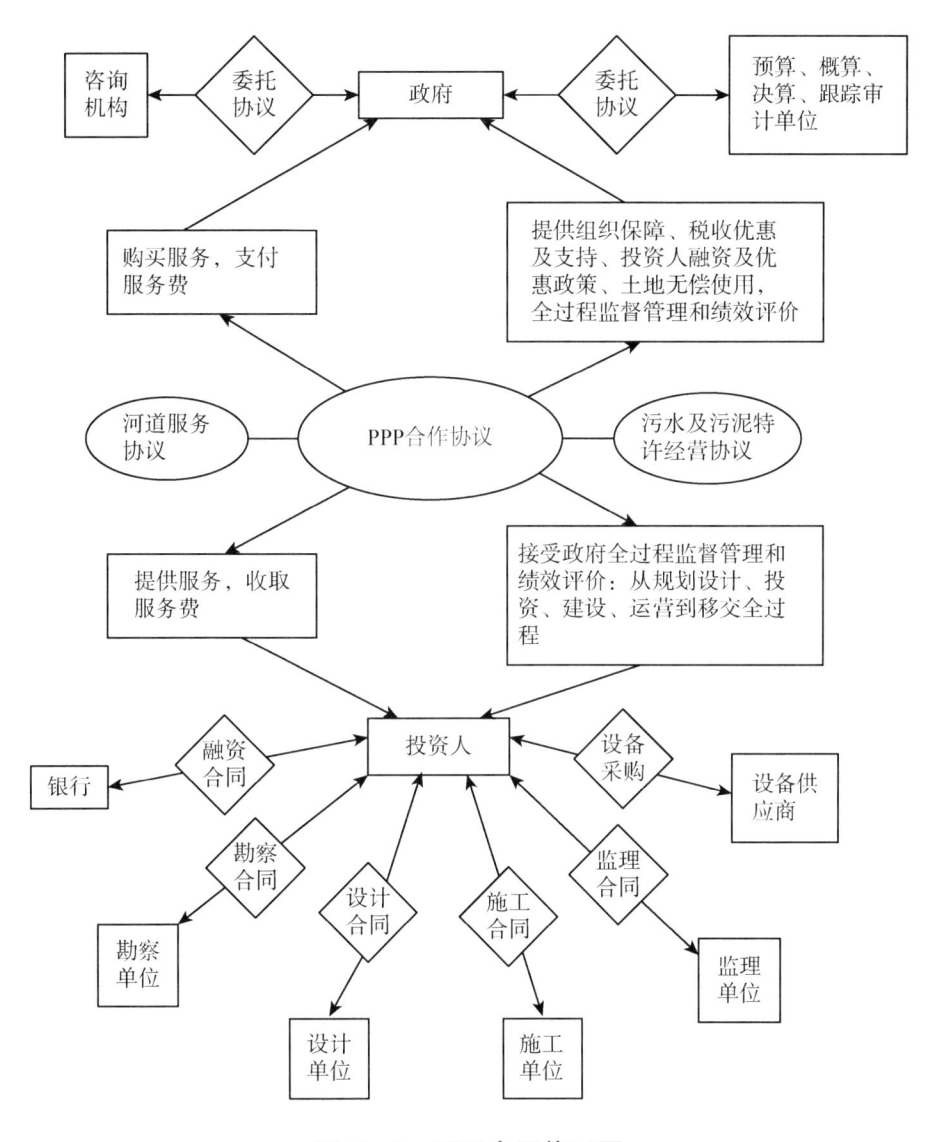

图 5-3 项目合同体系图

项目实施机构将合作协议终稿报市长办公会讨论后批准。2014年11月21日合同正式签订。

四、项目落地情况

(一) 项目公司设立情况

1. 公司概况

本项目未专门设立项目公司,中标社会资本贵州筑信水务直接负责项目具体实施。公司地址为:贵阳高新区金阳科技产业园标准厂房辅助用房 B405 室,公司注册资本:16.5 亿元港币,已全部到位。

2. 股权结构

经与政府方协商,中选社会资本即为项目公司,按 PPP 项目合同及公司章程约定项目公司由中选社会资本完成资本金缴付义务。

3. 管理层架构

项目公司设立董事会决定公司的一切重大问题,董事会由 3 名董事组成,设监事 2 人,任期 3 年,任期届满,连续委派或选举可以连任。项目公司组织架构如图 5-4 所示。

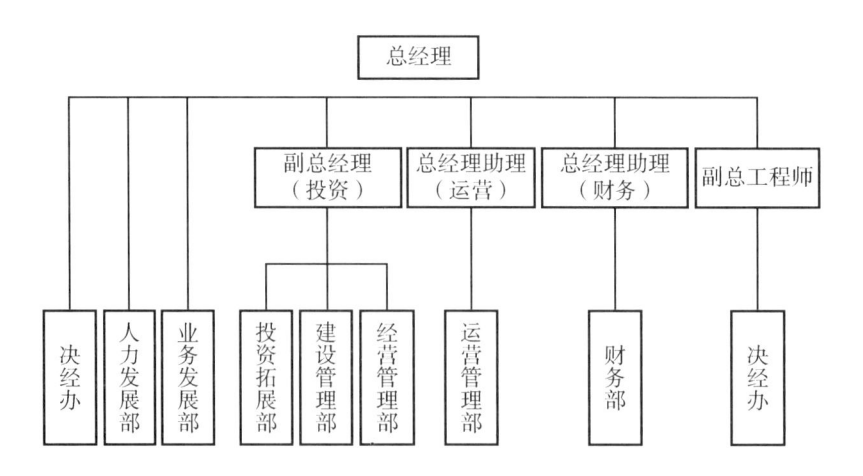

图 5-4 贵州筑信水务组织架构图

（二）项目融资落实情况

1. 融资方式及条件

本项目总投资 20.27 亿元，社会资本方出资 5.17 亿元，自有资本金比例为 25%，剩余资金缺口 15.1 亿元由项目公司融资解决。签署 PPP 项目合同后，项目公司与中国银行贵州省分行、交通银行贵州省分行分别签订了 8.2 亿元、6.9 亿元的贷款协议，其中：河道综合整治项目贷款期限为 10 年，污水处理厂及污泥深度处理中心项目贷款期限为 15 年，贷款利率按照中国人民银行同期 5 年以上基准利率执行。该项目贷款以项目公司的污水处理服务费、河道建设服务费及河道运营服务费收益权设定质押，并由项目公司的股东方在贷款存续期内提供连带责任担保。

2. 融资交割情况

本项目签署 PPP 项目合同后，项目公司以注册资本金及股东借款作为项目资本金来源，目前已经足额支付。项目融资部分，公司与中国银行贵州省分行和交通银行贵州省分行已分别签订 8.2 亿元和 6.9 亿元贷款协议，根据建设实施进度逐步放款。

3. 再融资问题

根据南明河项目 PPP 项目合同约定的项目投资收益率，河道综合整治项目贷款期限与项目运营期限匹配均为 10 年，污水及污泥处置项目在合理回报下的投资回收期为 10 年，本项目贷款期限为 15 年，投资回收期内政府方支付的服务费已覆盖全部投资成本，后期项目净现金流均为项目投资收益，不需要对项目进行再融资。

（三）资产权属及会计税收处理

1. 资产权属

本项目合作期内，存量的污泥干化中心、新建的污水处理厂、污泥深度处理中心的资产所有权归政府方所有，特许经营权归社会资本方拥有，合作期届满时，社会资本方将新建和存量项目设施无偿移交给政府或政府指定机构。

河道综合资产所有权归政府方拥有，社会资本方拥有河道运营权，河道合作期届满时，社会资本将该河道运营权移交给政府或政府指定机构。

2. 会计税收处理

项目公司为增值税的一般纳税人，享受即征即退70%税款。水厂享受企业所得税"三免三减半"及"西部大开发"相关政策优惠，两项优惠可叠加享受；河道享受"西部大开发"相关政策优惠。政府支持和协助社会资本方依法依规享受贵阳市招商引资与重点工程项目的优惠政策，以及国家公用事业项目的政策补贴。

税收问题上，本项目在原准备阶段系按营业税考虑的，2016年"营改增"后，双方正根据新的审计结算投资额和新税种税率重新测算。

（四）项目进度

1. PPP项目实施进度

本项目实施进度如图5-5所示。

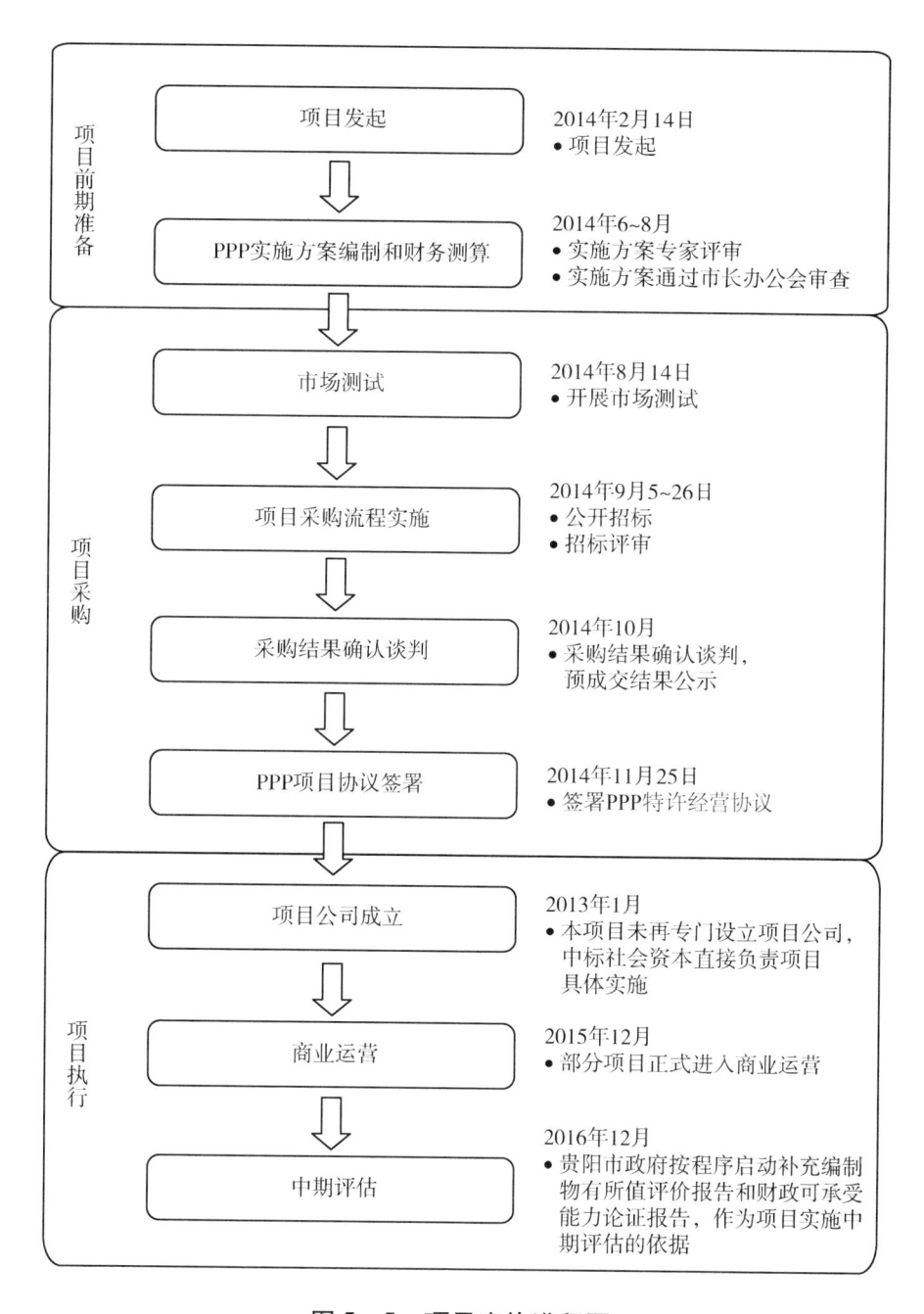

案例5 贵州贵阳市南明河水环境综合整治二期 PPP 项目

项目前期准备

- 项目发起 —— 2014年2月14日
  - 项目发起
- PPP实施方案编制和财务测算 —— 2014年6~8月
  - 实施方案专家评审
  - 实施方案通过市长办公会审查

项目采购

- 市场测试 —— 2014年8月14日
  - 开展市场测试
- 项目采购流程实施 —— 2014年9月5~26日
  - 公开招标
  - 招标评审
- 采购结果确认谈判 —— 2014年10月
  - 采购结果确认谈判，预成交结果公示
- PPP项目协议签署 —— 2014年11月25日
  - 签署PPP特许经营协议

项目执行

- 项目公司成立 —— 2013年1月
  - 本项目未再专门设立项目公司，中标社会资本直接负责项目具体实施
- 商业运营 —— 2015年12月
  - 部分项目正式进入商业运营
- 中期评估 —— 2016年12月
  - 贵阳市政府按程序启动补充编制物有所值评价报告和财政可承受能力论证报告，作为项目实施中期评估的依据

图 5-5 项目实施进程图

2. 项目建设进度

本项目一标段包含新庄污水处理厂二期工程、污泥深度处理中心工

程、新庄至沙鱼沟截污沟工程、市西河河道清淤工程、市西河截污沟改造工程、贯城河河道清淤工程、贯城河截污沟改造工程；二标段包含花溪污水处理厂二期工程；三标段包含麻堤河截污整治工程、小黄河截污整治工程、南明河截污沟小河厂至五眼桥段改造工程。目前一、二、三标段已完工。

四标段三桥污水处理厂约完成25%，边坡支护已完成，正在进行基坑开挖施工，预计2017年10月30日完工。

五标段孟关污水处理厂及配套管网已完工，正在进行通水调试。牛郎关污水处理厂约完成80%，正在进行设备安装，配套管网完成约60%，累计1.5公里，预计2017年5月30日完工。

六标段南明河生态项目已于2016年12月31日完工，正在准备预验收工作。

五、项目监管

根据《关于政府和社会资本合作示范项目实施有关问题的通知》（财金〔2014〕112号），PPP项目监管架构主要包括授权关系和监管方式。授权关系主要是政府对项目实施机构的授权，以及政府直接或通过项目实施机构对社会资本的授权；监管方式主要包括履约管理、行政监管和公众监督等。

其中，本项目在项目发起和建设阶段由项目指挥部统筹各职能部门依据相关法律法规要求，对社会资本行为进行全过程监管，后期运营阶段主要由市城管局及环保部门根据合同约定对长期运营情况进行监管。结合本项目实际情况，全生命周期的不同阶段监管控制如下：

（一）前期严格审批可研、初设和施工图

贵阳市城市管理局委托中国市政工程西北设计研究院有限公司作为项

目设计单位，编制项目可研报告、初步设计和施工图，同步编制了项目可研估算、初设概算和施工图预算，由市发改委审批并深入分析复核，确保依据充分、取费合理，符合项目实际情况。

（二）建设期全过程监管工程质量、造价和进度

1. 监管权力

政府相关工程质量监督机构有权依据适用法律的规定，对本项目实施工程质量监督，社会资本应积极配合相关政府质量监督机构的合法监督行为。

若政府相关工程质量监督机构有足够的证据证明因社会资本原因，在本项目建设工程或其他任何部分与所规定的质量或安全要求不符合，监督机构有权通知社会资本进行相应整改工作。

2. 监管方式

引入第三方跟踪审计单位，对项目全程依法依规进行工程质量及造价跟踪审计。完善建设期全程投诉处理机制，及时反馈，限时整改，依法处理。项目建设具体规模、内容、工程总投资等主要指标以贵阳市发改委、审计局、规划局等有关部门的批复为准。工程建设执行预、决算制，实际投资额以贵阳市审计局决算审计数为准。

（三）运营期全过程监管服务质量

1. 监管权力

政府及其监管部门有权监督社会资本履行法定的和特许经营服务协议约定的义务，对提供的服务数量、质量、价格，以及安全生产、环境保护、清洁文明等情况进行监督。

(1) 日常监管

政府及其监管机构有权根据适用法律规定，对本项目特许经营服务进行行业监管，包括：根据适用法律的规定，指定、调整、变更行业服务质量和产品质量标准；监控社会资本的生产和服务；检查和监控特许经营产品或特许经营服务的质量；根据适用法律的规定对社会资本进行日常监管。

(2) 临时接管

社会资本在本项目合作期内有下列行为之一的，政府及其监管机构有权责令其限期改正，逾期不改的，政府及其监管机构有权对本项目实施临时接管：转让、出租本项目特许经营权；出售、转让、出租或抵押污水处理厂和污泥处理厂设施；擅自停业、歇业，严重影响社会公共利益和公共安全；擅自处分项目设施及资产，导致本项目不能正常运营；因管理不善发生重大质量、生产安全事故的，导致本项目不能正常运营；因经营管理不善等原因，造成财务状况严重恶化，导致本项目不能正常运营。

2. 监管方式

运营期间政府根据合约和国家法律法规，将服务费支付与服务质量挂钩，组织政府相关部门对服务质量及效果进行全过程监管，并根据物价上涨指数，对服务运营成本进行动态监审调整。

监察支队以及区县环保部门每月定期对下辖污水处理厂进行检查，通过对现场设施、设备的运行情况以及中控历史数据判断污水处理厂是否运行良好；市监测中心站每季度对污水处理厂进行抽查，对在线仪器进行水质控样比对，从而监督水质达标排放和仪器检测有效性，每月通过加强型检测监督水样达标情况；省市环保系统不定期进行夜查或突击检查，对检查出现的问题通报处罚甚至区域限批。

为长期持续监督项目运转，政府开通"12319"环保投诉平台，通过社会群众和新闻媒体进行24小时实时监督，确保政府付费有效利用。

六、项目点评

(一) 特点及亮点

1. 先行先试，国内较早按照按效付费原则实施的 PPP 项目

本项目相关工作开展较早，在国家层面尚未出台 PPP 操作指南等一系列相关文件之前，率先谋划组织开展项目的相关流程，并于 2014 年 9 月 25 日完成社会资本招标的评标工作。实施机构聘请上海济邦咨询作为咨询顾问，因为在项目运作伊始，政府和咨询机构都依循 PPP 的本质和原理，从绩效导向、合作双赢、风险分配等角度合理设计项目结构和设置交易条件，最终实现了 PPP 模式的初衷。在项目付费环节设计为采用"河道建设服务费+河道运营服务费"的付费模式，在随后的安徽省安庆市外环北路 PPP 项目上被进一步借鉴运用，并从此在国内操作上被明确为"可用性付费+绩效服务费"。

2. 整体规划，分期实施，根据治理成效制定下阶段技术方案

流域治理系统复杂，周期长，投资大，政府和社会资本双方以治理效果为导向，整体规划，分期实施，以区域和流域的环境承载力为基础，项目实施根据上一阶段的治理成效，经国家、省、市水环境专家，以及政府有关部门和百姓的充分论证，确定下一阶段的治理目标和治理方案后再行实施。此模式每一阶段政府可控，确保治理的科学性和有效性。

3. 动态调整付费依据，激励和控制双管旗下

目前 PPP 项目普遍在项目前期就已确定运营服务费的付费金额，而本项目以上一年政府成本监审后确定的河道服务费成本作为下一年付费的依据。在动态调整付费依据的模式下，一方面有利于鼓励社会资本在当年通过提高效率节约成本，保证项目实施符合绩效考核要求的前提下来获得

合理利润;另一方面,这种利润也不是无条件持续的,政府会根据当年的成本监审调整下一年的付费依据,社会资本需持续地通过创新、优化管理、提高效率等方式才能获得合理的利润。

4. 推动政府职能转变,重视项目组织保障

贵阳市政府简政放权,激发市场主体活力,切实推动公用事业领域政府管理方式变革,解决市场参与公开与透明的问题。市政府彻底改变过去大包大揽、承担主体角色的做法,打破"条块分割、多头治水"的传统治理模式,政府转变观念从重投资、重建设到重运营和过程监管。市政府对本项目高度重视,成立以分管副市长为指挥长,相关部门行政"一把手"任副指挥长的"南明河水环境综合整治指挥部",集中办公,简化办事程序,大大提升了工作效率和服务,为项目的顺利推进提供了坚实的组织保障,在早期PPP项目的落地实施过程中起到很重要的作用。

5. 践行政府和企业合作的核心原则,严格管控流程

政府方在项目公司中不参股,政府方负责土地、征拆、规划等配套政策支持,社会资本方发挥其专业化优势,作为终极责任人为最后的治理成效负责。项目前期方案、可研、初设、施工图等全部经过政府各职能部门严格审批,建设期政府聘请第三方跟踪审计机构对工程质量、造价、进度等实施全过程监管,在运营期政府根据相关合约进行全过程监管和绩效考核,将服务费支付与社会资本服务质量挂钩,并根据物价上涨指数,对服务的运营成本进行动态监审调整。政府全过程监管可控,确保风险分配和责任分担,践行了政府和企业合作的核心原则。

6. 清晰的投资交易结构是实施关键

通过对项目实施规模、合作期限及服务费支付数额等进行测算分析,经过多方比选,最终根据不同类型的子项目设置了不同的回报机制,并配套中长期的财政规划安排,平衡项目投资及收益。通过清晰、合理的交易

结构设计，为中长期支出安排提供财政保障，按市场原则合理平衡投资风险，最终顺利吸引社会资本方参与本项目投资。本项目实施多年来，虽经过政府换届，但政府方均按 PPP 项目合同如期付费，充分体现了 PPP 模式的契约精神。

7. 公共服务有公共监督，PPP 成为"PPPP"

为长期持续监督项目运转，政府开通"12319"环保投诉平台，通过社会群众和新闻媒体进行 24 小时实时监督，督促项目公司提供优质公共服务，确保政府付费有效利用。即将开通公众微信号"守护南明河"，公众可通过其了解南明河治理的最新进展、进行环保投诉、加入志愿者联盟等，呼吁更多的人参与南明河的保护。老百姓不仅是公共服务的受益者，也是环境治理的监督者，更应是爱护环境、保护环境的践行者，PPP（Public-Private-Partnership）应该加一个 P（People），成为 PPPP（Public-Private-People-Partnership），使社会公众真正参与 PPP 项目监督，最终让老百姓享受到生态文明的成果。

（二）项目实施成效

1. 经济效益

（1）科学系统调研，技术创新，真正实现以流域为单元系统治理城市内河

由贵阳市政府发起，历时半年多次组织市规划、环保、发改、国土、城管、财政、审计等部门及国内河道治理专家和专业技术团队，从项目科学性、规划合理性、经济可行性、实施可操作性等多方面反复论证，对南明河流域干支流共计 118.4 公里的污染源及臭气来源进行全面勘察，对沿河 33 个断面上万组水质、水量数据进行检测，对沿线生态状况进行深入调查分析，摸清南明河外源、内源污染，梳理出 13 个方面的污染成因，明确了治理思路和举措，提出以南明河整个流域为治理单元的技术方案，按照"流域统筹、系统治理、上下游共治"的原则,因地制宜地提出系统、科学的解决方案。

(2) 调整市政规划,分布式建厂,大大节省投资

贵阳属喀斯特地貌,城市用水调度难,土地资源稀缺。贵阳市原先规划采用"大截排"规划方案,南明河下游建大型污水处理厂,上中游不建厂,其设计污水收集管径大、距离长,涉及大量拆迁及土地征收,工程投资较大。中国水环境集团采用"适度集中、就地处理、就近回用"创新规划理念对原市政规划重新进行优化,在上中游增加12座小型污水处理厂,在保证治理效果基础上,节省管网收集系统等建设、征地投资约11亿元,每年节省生态调水费用1.58亿元、调水补水的运行电费约3 000万元,专业性体现出巨大的经济效应。

(3) 技术创新、节约占地

引入中国水环境集团自主知识产权的"HELEME生化处理系统""土地集约型、资源利用型、环境友好型"全下沉式污水处理系统等先进技术,青山、麻堤河等四座污水处理厂节省建设用地及卫生防护带用地共计1 053亩,并置换景观活水公园2座。青山厂水环境保护科普教育基地作为"生态文明贵阳国家论坛"永久会址,周边土地大幅增值。

(4) 专业人干专业事,提高投资、运营效率

通过引入社会资本,系统谋划、统筹推进河道整治、污水处理及资源化利用等系统工程,以大厂为中心,合理配置邻近小厂资源,大大提高投资、运营效率,降低了项目的全生命周期成本。在确保工程质量和安全的前提下,仅用1年时间完成二期的投资任务,用6个月时间建成新庄污水处理厂二期及9公里配套管网,8个月时间完成了青山、麻堤河2座污水处理厂的建设任务(常规工期需要18个月),为贵阳市如期创模成功和顺利通过节能减排考核发挥了重要作用。

2. 环境效益:提升水环境质量,推动改变城市核心区生态环境

通过本项目实施,南明河流域污水处理率将提升至95%以上,实现

支、干流水质及感官效果进一步提升，劣Ⅴ类水质水体由原来的51%下降到7%，Ⅴ类水体提高至26.8%，Ⅳ类水体提高至31.6%，Ⅲ类水体提高至35.6%，河道补水约33万吨/天，中水回用约20万吨/天，增加服务面积约90平方公里，干流及五条支流65%的检测断面主要指标满足河道观赏性景观环境用水，有效增加供给。南明河干流治理段水生动植物种群类型丰富，生物多样性指数、水生植物盖度、系统完整性显著提高，特别是沉水植物覆盖率由15%提高至73%，生态系统明显改善。

3. 社会效益

（1）"污水河"变"景观河"，南明河成贵阳"城市名片"

通过南明河治理效果的优化和提升，给广大市民拓宽了城市休闲生活空间，南明河从避之远离的"污水河"变成提供城市生活便利的"景观河"。贵阳市以南明河生态带为主线，打造"一河、百山、千园"，带动投资、文化旅游与经济发展，让老百姓真正享受生态文明建设的成果。

通过实施污水处理厂和污水收集管网的建设，贵阳市达到国家环境保护模范城市的考核标准，顺利通过国家专家组考核验收。本项目在"生态文明贵阳国际论坛"2015年年会上得到国内外专家学者的充分肯定，成为国内乃至国际城市采取PPP模式进行流域治理的成功典范。项目真正实现了"少花钱、多办事、办好事"，已有多地政府调研考察团前来贵阳参观学习先进经验，具有广泛的国内影响。

（2）流域治理"正反馈"地方立法，推动法规条例的修改和优化

2013年2月，贵阳市人大常委会制定全国首部生态文明建设地方性法规《贵阳市建设生态文明城市条例》，把各项工作逐步纳入法制轨道。2016年贵州省成为首批国家生态文明试验区，贵阳市奋力创建全国生态文明示范城市。在此背景下，虽然南明河水质及沿岸环境通过水环境综合整治已实现较大改善，但老百姓和政府对南明河治理后长治久清的管理目标提出更高要求。市人大已提出对现有生态法规条例如《贵阳市南明河保护管理办法》等进行修改完善，以法治手段形成长效管理机制。"南明河模式"对于推进政府建设"法治"社会，形成正反馈改进机制，提升政府管理效率及公共服务供给质量，是一次有益尝试。

（三）问题与建议

1. 加强 PPP 政策实操培训，确保地方政府正确执行

PPP 项目是政府与社会资本平等合作，但不少地方政府往往对社会资本还心存疑虑，如：不同意按照政策规定将立项批复主体变更为项目公司；不按用地性质，而仅按使用者性质确定土地的提供方式，即使是公共基础设施，仍不愿按《划拨土地目录》将土地划拨给项目公司；地方财政将政府方付费纳入预算编制，但如果未通过地方人大决议，政府履约仍缺乏保障。

建议在对各地政府进行 PPP 培训的过程中，针对如立项、征拆、土地、预算等关键政策的落实执行，进行针对性实操培训，切实提升政府的执政水平。

2. 区域统筹流域治理，建立生态补偿机制

南明河是长江上游乌江流域的一条支流，贡献乌江的多半水量，乌江流域已纳入长江污染治理范畴。流域治理为复杂性系统工程，上游的水环境污染对下游流域治理有重要影响，仅靠一个子流域单元的治理难以取得较好的成效。

建议上下游综合统筹，整体规划，建立流域层面的水环境承载力模型，制定系统性的水污染防治思路，最终构建整个流域的水生态健康系统。建立跨流域、跨区域的长效生态补偿机制，切实促进长江上游流域生态环境质量持续改善，实现国家生态战略。

3. 完善早期 PPP 项目相关流程，作为中期评估的依据

本项目相关工作开展较早，在国家层面出台关于物有所值评价、财政承受能力论证相关具体规范文件之前，率先谋划项目实施的相关流程，故

在当时未专门编制物有所值评价、财政承受能力论证报告，与现行的 PPP 规范文件要求的实施流程有所不同。

对于此类 PPP 项目，建议补充编制物有所值和财政承受能力论证报告作为项目实施中期评估的依据，对采用 PPP 模式能否降低项目全生命周期成本进行后评价，为政府综合统筹当地 PPP 项目的财政支出提供数据支撑。

案例 6

广西南宁市竹排江上游植物园段（那考河）流域治理 PPP 项目

一、项目摘要

项目基本信息见表 6-1。

表 6-1　　　　　　　　　　项目基本信息表

项目名称	广西南宁市竹排江上游植物园段（那考河）流域治理 PPP 项目（以下简称"本项目"）
项目类型	新建
所属行业	生态建设和环境保护——综合治理
合作内容	总投资：约 10.01 亿元。 社会资本负责以下工程的设计、建设、融资和运营维护： 河道整治工程，主要包括堤防和护岸工程、清淤工程、溢流坝工程和水闸工程等。 河道截污工程，沿河流两侧铺设截污管网收集污水，需保证治理流域范围内污水及初期雨水不直排河道。 河道生态工程，主要包括曝气增氧工程、生态浮岛工程、水生植物工程等一系列河道生态工程措施。 沿岸景观工程，根据河道功能分区的不同，植物景观规划分为滨水香花植物观赏区、科普植物观赏区、湿地植物观赏区三大区域，同时打造沿河两岸亲水步道。 污水厂建设工程，分别在工程区上游和下游河岸选址建设两座污水处理厂。 海绵城市示范工程，结合海绵城市理念，于河流沿线设置初期雨水调蓄净化设施以及湿地花园、草沟等低影响开发设施。 信息监控工程，于河流监测断面建设水环境监控系统，加强那考河的水质水量监管。

续表

合作期限	10年（建设期2年、运营期8年）
运作方式	设计-建设-融资-运营（Design-Build-Finance-Operate，DBFO）
资产权属	政府，政府方无偿向项目公司提供本项目建设用地
回报机制	政府付费
实施机构	南宁市内河管理处
采购方式	竞争性磋商
政府出资方	南宁建宁水务投资集团有限责任公司，国有企业（以下简称"建宁水务"）
中选社会资本	北京城市排水集团有限责任公司（以下简称"北排"）
签约日期	2015年2月26日
项目公司设立概况	项目公司名称：南宁北排水环境发展有限公司 设立时间：2015年3月 股权结构：项目公司注册资本金为2亿元，其中南宁建宁水务投资集团有限责任公司占股比例为10%；北京城市排水集团有限责任公司比例为90%。
主要贷款机构	中国建设银行

二、项目识别论证

（一）项目背景

1. 项目概况

竹排江上游植物园段水质为劣Ⅴ类，污染严重，主要的污染源为上游的养殖企业和沿线的村庄、企业和村民的生产生活产生的污水，严重影响了完成的南湖-竹排江水系一期工程的整体效果。为达到《南宁"中国水城"建设规划》和《南湖-竹排冲水系环境综合整治总体规划》的建设目标，恢复此河道两岸的生态景观，满足人们休闲生活的需要，提升城市环境品质，有必要对竹排江上游进行综合治理，从而彻底改善整个流域的生态环境。

本项目原名为"竹排江上游植物园段环境综合整治工程"，源于2010年3月出台的《广西南宁市"中国水城"规划建设指导意见》所确立的南宁市18条内河环境综合整治任务。截至南宁市政府决定采用PPP模式实施本项目前，原项目已取得立项（南发改农经〔2009〕64号）、可研（南发改环资〔2013〕96号）、用地（南国土资函〔2011〕1081号）、环保（南环建字〔2013〕169号）、规划（南规管〔2011〕499号）批复，并已完成方案设计（河道工程和截污工程）和初步设计。在财政部推行公共服务领域"政府和社会资本合作模式"（PPP）的大背景下，2014年12月底，项目正式更名为"南宁市竹排江上游植物园段（那考河）流域治理PPP项目"。

2. 实施PPP的必要性

（1）《国务院关于加强地方政府性债务管理的意见》重点推行PPP模式

为加强地方政府性债务管理，《国务院关于加强地方政府性债务管理的意见》（国发〔2014〕43号）提出"修明渠、堵暗道"，所修的两类"明渠"中，除了发行地方政府债券，便是推广使用PPP模式。

（2）本项目采用PPP模式的优势

本项目采用PPP模式有利于缓解财政支出压力，提升项目的工程质量，有利于优化风险分配，转移政府风险，有利于转变政府职能，大幅增加项目融资可得性。

（二）发起方式

本项目由政府方发起。

（三）实施方案

1. 合作范围界定

本项目范围南起规划的茅桥湖北岸，穿湘桂铁路、长罡路、厢竹大道、药用植物园、昆仑大道，北至环城高速路，治理主河道长5.4公里，支流河道1.235公里，全长6.635公里。

工程在规划范围内的建设内容主要包括：

河道整治工程，主要包括堤防和护岸工程、清淤工程、溢流坝工程和水闸工程等。

河道截污工程，沿河流两侧铺设截污管网收集污水，需保证治理流域范围内污水及初期雨水不直排河道。

河道生态工程，主要包括曝气增氧工程、生态浮岛工程、水生植物工程等一系列河道生态工程措施。

沿岸景观工程，根据河道功能分区的不同，植物景观规划分为滨水香花植物观赏区、科普植物观赏区、湿地植物观赏区三大区域，同时打造沿河两岸亲水步道。

污水厂建设工程，分别在工程区上游和下游河岸选址建设两座污水处理厂。

海绵城市示范工程，结合海绵城市理念，于河流沿线设置初期雨水调蓄净化设施以及雨水湿地、植草沟等低影响开发设施。

信息监控工程，于河流监测断面建设水环境监控系统，加强那考河的水质水量监管。

本项目估算总投资约 10.01 亿元。

2. 项目边界条件

(1) 回报机制

PPP 项目回报机制包括使用者付费、政府付费和可行性缺口补助三种方式。

本项目可能的资金回报途径有：第一，政府付费即政府支付的流域治理服务费。政府在项目运营期内按效付费。第二，河道项目物业租赁、广告等产出收益（如有）。通过对河道两岸进行旅游、无污染的简单商业开发，可以一定程度上增加项目收益，降低政府支付压力。

由于流域治理后产生的商业开发收益具有非常大的不确定性，因此确定本项目的回报机制为政府付费，未来河道治理后产生的商业开发收益作为激励项目公司履约的一项措施，待产生收益后作为超额收益与政府方进行超额收益分享。

(2) 风险分配基本框架

综合考虑双方风险承受和管理能力、本着将风险分配给最有能力进行风险处理的一方的原则,本项目的风险分配情况见表6-2。

表6-2　　　　　　　　　　风险分配表

风险类别		双方共担	政府	项目公司
政治风险	政府方终止合作期		√	
	征用/公有化		√	
	政局稳定		√	
	审批延误		√	
	宏观经济政策变化	√		
	行业规定变化	√		
建设风险	融资工具可及性			√
	设计不当			√
	分包商违约			√
	工地安全			√
	劳资/设备的获取			√
	地质条件	√		
	场地可及性/准备	√		
	工程/运营变更	√		
	劳工争端/罢工			√
	土地使用		√	
	建造成本超支			√
	完工延误			√

续表

风险类别		双方共担	政府	项目公司
建设风险	公共设备服务提供		√	
	技术、质量不合格			√
	考古文物保护	√		
运营风险	上游水质不达标		√	
	运营成本超支			√
	服务质量不达标			√
	维修过于频繁			√
	运营效率低			√
	移交后设备状况			√
法律风险	合同文件冲突		√	
	设施所有权		√	
	项目公司破产			√
收益风险	材料价格上涨	√		
	收费变更	√		
宏观经济风险	通货膨胀	√		
	利率变化	√		
	外汇风险			√
	不可抗力	√		

3. 交易结构

本项目采用DBFO的运作方式，项目公司负责本项目的设计、建设、融资与运营管理，政府在运营期开始后依据绩效考核结果进行付费。合作期满，本项目设施等项目资产使用权和经营权无偿移交至政府指定机构，或在同等条件下优先委托项目公司继续运营。

本项目由政府方出资代表与社会资本合资组建项目公司，由项目公司承担本项目的设计、建设、融资、运营及维护等职责。其中，政府方出资代表持股10%，社会资本方持股90%。项目公司注册资本金不应少于项目总投资的20%，为2亿元。项目公司注册资本金与项目投资总额之间的差额由社会资本方以银行贷款等方式予以解决。

本项目交易结构如图6-1所示。

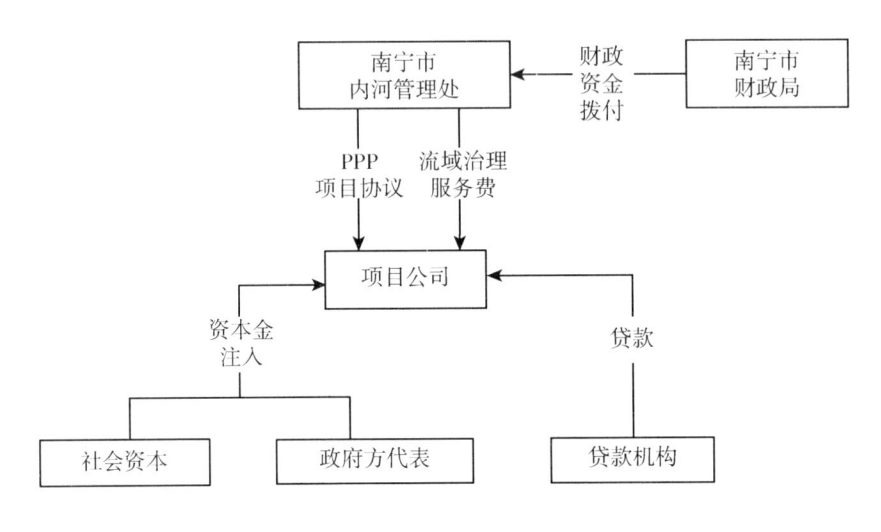

图6-1 交易结构图

4. 绩效考核指标及体系

本项目首次采用"全线多断面考核、按效付费"，形成了城市内河综合治理绩效考核上的水质、水量、防洪三大考核指标体系，若干考核细则条款。具体表现为在那考河干流及支流共设4个监控断面、4个监控点，分别用于考核河道治理效果；并对污水厂处理效果、配套设施设备运营维护状况、植物抚育养护和日常保洁管理等方面设置不同考核标准和权重，形成了包括103项子指标的考核指标体系。

对污水处理及配套设施、监控断面等形成的主要考核指标体系见表6-3。

表 6-3 绩效考核指标体系表

类别	项目	子项	备注
设施运营维护状况	上、下游污水处理厂	COD_{Cr}	入境断面（监测点 1、2）COD_{Cr}、BOD_5、TN、TP、NH_3-N 超过《污水排入城镇下水道水质标准（CJ-343-2010）》B 等级标准，且超标水量超过上游污水处理厂事故水池容量时适用免责条款，超标时段相关水质指标不扣减考核评分。
		BOD_5	
		TN	
		TP	
		NH_3-N	
		SS	
		pH 值	
		粪大肠菌群数	
	配套设施设备	截污管道	完好率评判标准根据实际设施设备清单另行制定。每季度抽检一次，记录设备设施堵塞、故障、破损情况，并限期整改。运行情况包括设备、设施的运行状况和实际运行时间。
		雨水滞蓄设施	
		提升泵站	
		监测系统	
		曝气设施	
		照明设施	
		堤岸护坡	
		河道闸坝	
		游憩设施	
	植物抚育养护	水生植被	根据苗木清单，每季度按照《城市绿化养护规范及验收要求》（广西壮族自治区地方标准 DB45-T449-2007）进行检查，记录存在的问题并限期整改。
		陆生植被	
		修剪收割	
	日常保洁管理	河道卫生	评分标准另行制定，每周抽检 3 处，取季度平均值。
		沿岸卫生	
监控断面日常监测	监控断面 1、2、3、4	COD_{Cr}	入境断面（监测点 1、2）COD_{Cr}、BOD_5、TN、TP、NH_3-N 超过《污水排入城镇下水道水质标准（CJ-343-2010）》B 等级标准，且超标水量超过上游污水处理厂事故水池容量时适用免责条款，超标时段相关水质指标不扣减考核评分。
		BOD_5	
		TN	
		TP	
		NH_3-N	
		DO	
		SS	
		SD	
		流量	

5. 项目实施程序

(1) 项目立项等前期手续

在本项目采取 PPP 模式选择社会资本前,项目已取得立项(南发改农经〔2009〕64 号)、可研(南发改环资〔2013〕96 号)、用地(南国土资函〔2011〕1081 号)、环保(南环建字〔2013〕169 号)、规划(南规管〔2011〕499 号)批复,并已完成方案设计(河道工程和截污工程)和初步设计。

(2) 配套支持

① 土地使用权

本项目的土地使用权在政府方名下,政府方负责协调土地规划、储备和管理部门,无偿向项目公司提供本项目建设用地。征地拆迁工作由政府方负责,产生的相关费用由项目公司承担并向政府方支付(纳入 PPP 项目总投资)。

② 供水、电和道路等配套

本项目正常建设、运营所需水、电和道路设施等项目相关的外部配套设施应由政府相关部门负责协调,保障本项目用水、电(包括电量、电压)等配套设施,由此产生的费用计入 PPP 项目总投资。

③ 上下游配套措施

本项目的治理效果受到上游水质污染等因素的影响。因此,政府加强对上游污染源的监管,如果由于上游进水水质恶化导致本项目治理流域水质不达标,则免除项目公司相应的责任,上游水源污染风险由政府方承担。

④ 排水许可证

本项目的治理效果同样受到未来流域范围内各企业的排污情况影响。因此,政府方在未来需加强流域范围内排水许可证的颁发审批,并对企业的排污情况进行严格控制和监督,同时也可赋予项目公司一定的建议及监管权,以控制河道的准排入条件。

(3) 预算安排

本项目政府付费义务已纳入南宁市中长期财政规划。

(四) 物有所值评价和财政承受能力论证要点

1. 物有所值定性评价要点

根据《关于印发〈政府和社会资本合作模式操作指南（试行）〉的通知》（财金〔2014〕113号）第八条：财政部门（政府和社会资本合作中心）会同行业主管部门，从定性和定量两方面开展物有所值评价工作。2005年12月，《关于印发〈PPP物有所值评价指引（试行）〉的通知》（财金〔2015〕167号，以下简称《指引》）颁布，指导各地开展物有所值定性评价和定量评价。

因本项目在实施时《指引》尚未出台，且本项目建设内容复杂，不具备定量评价的条件，故本项目仅从定性方面对项目进行了物有所值评价。

物有所值定性评价工作严格按照操作指南的相关规定开展，将项目采用PPP模式与政府传统供给模式相比能否增加供给、优化风险分配、提高运营效率、促进创新和公平竞争等纳为重点评价指标，另结合了本项目实际，并考虑其他有助实现"物有所值"的相关因素。综合分析后认为，本项目采用PPP模式与采用传统政府供给模式相比，具有增加供给、优化风险分配、提高运营效率、提升产出收益、促进创新和公平竞争等优势，具体体现如下：

(1) 有利于增加供给

借助社会资本的资本优势，有助于缓解短期内政府的财政压力，从而突破资金"瓶颈"，加快河道治理设施及相关沿河公用设施的建设，增加近期公共服务（雨水收集、污水处理及回用、河道整治、水体修复等水生态环境服务以及沿岸景观塑造服务等）供给。例如，随着本项目的实施，以2014年平均水量3万立方米/天计算，南宁市每年COD削减量约1.2万吨，氨氮削减量约0.1万吨，同时项目也将每年为南宁市提供河道补水、景观用水、绿化用水、市政中水共计约 1 080 万吨（3×360）。

(2) 有助于风险分配优化

在本项目拟采取的操作模式中，社会资本方为追求一定的合理收益，将自愿承担与其收益相对等的项目设计、投融资、建设、运营和维护风险。从政府方的角度来看，在明确投资回报机制的同时，可以将绝大部分核心风险转移给更有管控能力的社会资本方，切实降低风险发生的概率，减轻风险带来的损失。如此，风险分配框架符合最优风险分配原则、风险收益对等原则与风险有上限原则。

(3) 有助于提高运营效率

因本项目涉及河道整治、河道截污、河道生态改善、污水处理厂建设等多个系统工程，对于综合治理者的专业技术和管理水平要求较高。通过引入专业社会资本，一方面可有效解决政府方专业综合技术能力不足的问题，保障项目运营的可持续性；另一方面"让专业的人做专业的事"，政府部门和社会资本方通过合理分工和加强协调，在激励机制的作用下，可带来"1+1>2"的项目运营效果，有效提升公共服务提供效率。

(4) 有助于节约全生命周期成本

从全生命周期来考虑，本项目采取 PPP 模式比采用传统模式更能起到节约成本的作用。一方面，社会资本方将设计和施工进行无缝对接（传统方式下分开实施），在建设管理上更有优势，更重要的是项目建成后仍由社会资本方继续负责运营，使其有很大的激励在保证质量的前提下尽可能降低建设成本和建设质量，因此避免了传统方式下的"三超"和豆腐渣工程。另一方面，项目后续运营管理是社会资本方的优势或专长所在，通过竞争程序，社会资本方的报价将尽可能放大其在运营成本控制方面的优势。

(5) 有助于发挥规模经济效益

本项目涉及河道整治、雨水收储、污水处理及回用、沿岸景观、信息化监控、水体修复工程等系统工程。无论是在项目建设还是运营维护，"打包"操作有助于形成规模经济，发挥规模经济的优势，如成本下降、管理人员和工程技术人员的专业化和精简、新技术的开发等。

(6) 有助于提升产业经济效益

本项目作为南宁市和广西壮族自治区的首个 PPP 项目，具有可复制性与示范效应，项目经验可供南宁市乃至广西壮族自治区的其他项目学习、借鉴。未来，项目公司可在本项目成功运作的基础上对外进行水环境综合治理技术、工程及运营服务的输出，推动相关上下游产业发展，提升南宁市乃至广西壮族自治区的产业经济效益。

(7) 有助于促进创新和公平竞争

本项目通过引入北控水务、北京排水集团、北京城建道桥建设集团等多家社会资本参与竞争，有效促成良好的公平竞争局面，通过充分竞争获得最优社会资本报价方案。此外，本项目要求社会资本自行提出具体的技术方案，为在竞争中占据有利地位，社会资本将更加重视技术创新与成本节约。如此一来，有利于实现政府、企业、百姓的多方共赢。

2. 财政承受能力论证

为确保财政中长期的可持续性，在本方案编制前期对项目全生命周期内的财政支出、政府债务等因素作出预测，开展本项目的财政承受能力论证，以确保每年政府支出额控制在当年财政收入的一定比例。

根据《关于印发〈政府和社会资本合作项目财政承受能力论证指引〉的通知》（财金〔2015〕21号）的规定，PPP 项目政府财政支出责任主要包括股权投资、运营补贴、风险承担、配套投入等。

(1) 股权投资支出责任

股权投资支出责任是指在政府与社会资本共同组建项目公司的情况下，政府承担的股权投资责任。根据本项目的交易结构，项目公司注册资本金 2 亿元，由社会资本和政府方出资代表合资成立，其中政府方参股 10%，因此本项目股权投资支出责任为 2 000 万元，在建设期（2015 年和 2016 年）平均投入。

(2) 运营补贴支出

运营补贴支出责任是指在项目运营期间，政府承担的直接付费责任。不同付费模式下，政府承担的运营补贴支出责任不同，政府付费模式下，政府承担全部运营补贴支出责任。

本项目回报为政府支付流域治理服务费和河道项目物业租赁、广告等产出收益（如有），其中经营收益具有较大不确定性，可忽略不计，待产生收益时由政府和项目公司对该部分超额收益进行分享，政府分享部分抵减支付的流域治理服务费。因此本项目在财政承受能力论证时可视为政府付费项目来计算政府运营补贴支出。

根据《关于印发〈政府和社会资本合作项目财政承受能力论证指引〉的通知》（财金〔2015〕21号）的规定，政府每年直接付费数额包括社会资本方承担的年均建设成本（折算成各年度现值）、年度运营成本和合理利润。计算公式为：

$$当年运营补贴支出数额 = \frac{项目全部建设成本 \times (1+合理利润率) \times (1+年度折现率)^n}{财政运营补贴周期(年)} + 年度运营成本 \times (1+合理利润率)$$

本项目合作期为10年，其中财政运营补贴周期为8年。项目全部建设成本上限为10.01亿元，年度运营成本约2 400万元，合理利润率以当时（2014年）商业银行中长期贷款利率水平（6.15%）为基准上浮10%即6.77%计，折现率取8%，根据公式，项目运营期政府的运营支出责任见表6-4。

表6-4　　　　　　　　　政府运营补贴支出　　　　　　　　　单位：万元

年　份	2017	2018	2019	2020	2021	2022	2023	2024
运营补贴支出	16 990	18 144	19 391	20 737	22 191	23 761	25 457	27 289

（3）风险承担支出

风险承担支出应充分考虑各类风险出现的概率和带来的支出责任，可采用比例法、情景分析法及概率法进行测算。本项目采用概率法对政府承担的风险承担支出进行估算。

根据本项目的风险分配情况，政府方需要承担的风险包括政策变动、建设地质条件、场地可及性及文物保护风险，在项目运营期和项目公司共同承担由通货膨胀等引起项目公司收益风险。其中政策变动风险、建设地质条件风险和不可抗力发生的概率低，可忽略不计。由于流域治理服务费的运营维护部分将根据运营维护期间的通货膨胀情况进行调整,调价周期为3年,本项目进入商业运营日所在的当年不予计算,该部分为政府风险承担支出,通货膨胀率按2%计算,流域治理服务费按运营成本2400万元加上合理利润率6.77%计算,因此,本项目的风险承担支出见表6-5。

表6-5　　　　　　　　　政府风险承担支出　　　　　　　　单位:万元

年　份	2021	2022	2023	2024
风险承担支出	51	51	51	104

(4)配套支出责任

配套支出责任是指政府提供的项目配套工程等其他投入责任,通常包括土地征收和整理、建设部分项目配套措施、完成项目与现有相关基础设施和公用事业的对接、投资补助、贷款贴息等。本项目相关的配套支出已在总投资中给予了考虑,政府不存在额外的配套支出责任。因此,可以认为本项目不存在额外的配套支出责任。

综上所述,本项目在合作期内政府支出责任见表6-6。

表6-6　　　　　　　　　政府支出责任合计　　　　　　　　单位:万元

年　份	2015	2016	2017	2018	2019	2020	2021	2022	2023	2024
政府付费合计	1 000	1 000	16 990	18 144	19 391	20 737	22 242	23 813	25 509	27 392

(5)南宁市财政支出预测

南宁市2011~2014年一般公共预算支出情况见表6-7。

表6-7　　　　　　　2011~2014年南宁市一般公共预算支出　　　　　　单位:亿元

年　份	全市		市本级	
	一般公共预算支出	增长率(%)	一般公共预算支出	增长率(%)
2011	301.85		124.31	
2012	373.07	24	152.52	23
2013	417.29	12	157.82	3
2014	466.33	12	174.54	11

2011~2014年南宁市全市及市本级的一般公共预算增长率较高,尤其是全市,本项目列入南宁市一般公共预算,本着略有保守原则,按6%的增长率计算南宁市在未来合作期的一般公共预算支出情况,本项目的政府付费占一般公共预算支出的情况见表6-8。

表6-8　　　　合作期政府付费占一般公共预算支出比例　　　　单位:亿元

年份	2015	2016	2017	2018	2019	2020	2021	2022	2023	2024
政府付费合计	0.1	0.1	1.70	1.81	1.94	2.07	2.22	2.38	2.55	2.74
南宁市一般公共预算支出		185	196	208	220	234	248	262	278	295	313
政府付费占南宁市一般公共预算支出的比例(%)	0.05	0.05	0.8	0.8	0.8	0.8	0.8	0.9	0.9	0.9

由表6-8可见,合作期内政府付费占南宁市一般公共预算支出的比例均不超过1%,本项目为南宁市第一个PPP项目,不存在其他存量PPP项目列入政府一般公共预算支出。因此,本项目通过财政承受能力论证,且可以为其他项目留出空间,也不存在某一行业和领域PPP项目过于集中的情况。

三、项目采购

1. 资格审查

2014年11月10日发布资格预审公告,预审文件发售时间为2014年11月10日至2014年11月18日正常工作时间,预审文件提交截止时间为2014年11月19日15时。共有4家社会资本通过资格预审,分别为北京城建道桥建设集团有限公司、北京城市排水集团有限责任公司、北控水务(中国)投资有限公司和贵州筑信水务环境产业有限公司。

2. 市场测试

2014年12月23日，组织召开潜在社会资本意向征询会即开展市场测试。会上潜在社会资本和项目业主及其他相关政府部门就本项目的技术及收益情况进行了充分的交流。

3. 竞争性磋商公告及答疑

2015年1月13日，发布竞争性磋商公告和资格预审变更通知，开始向通过资格预审的潜在社会资本发售采购文件。本项目的采购方式由原先拟采取的竞争性对话方式变更为更加规范切合项目实际情况的竞争性磋商方式，并对部分边界条件进行了调整。

2015年1月13～18日，发售采购文件。本项目在南宁市政府采购中心交易，发售文件均在南宁市政府采购中心进行，通过资格预审的四家潜在社会资本均购买了采购文件。

2015年1月16日，组织召开采购文件的澄清与答疑会。为了给社会资本预留充足的时间准备响应文件，尽早开展了澄清答疑会，除北京城建道桥建设集团有限公司对采购文件没有疑问外，其余三家均参加了澄清答疑会。会后，项目业主统一将答疑会的相关问题及澄清答复以书面形式发送给所有购买采购文件的潜在社会资本。

4. 第一阶段磋商

2015年1月23日上午9点，首次响应文件提交截止。经审查，北京城建道桥建设集团有限公司和北京城市排水集团有限责任公司提交了有效的响应文件，磋商小组与两家社会资本就采购文件的重要边界条件、协议条款等法律文本和响应文件的经济指标进行了详细的交流，进一步明确采购需求，最终两家社会资本均对采购文件中所有的边界条件作出了无偏离承诺。

5. 第二阶段磋商

2015年2月1日上午9点，最终响应文件提交截止。北京城建道桥建设集团有限公司和北京城市排水集团有限责任公司均递交了最终响应文件，评审小组对响应文件进行评审。经过评审，北京城市排水集团有限责任公司为本项目预中标人。

6. 采购结果确认谈判

2015年2月4日，项目业主与本项目的预中标人北京城市排水集团有限责任公司就本项目的采购结果进行了确认谈判，应内河管理处的建议就PPP项目合同、合资协议和公司章程中部分可变条款经过双方一致同意进行了微调。

7. 中标公示

2015年2月5~11日，本PPP项目竞争性磋商采购结果进行了公示，公示期满无异议。

8. 签署协议

2015年2月26日，南宁市城市内河管理处、北京城市排水集团有限责任公司、南宁建宁水务投资集团有限公司签署本项目PPP项目合同，南宁市人民政府、上海济邦投资咨询有限公司和北京清控人居研究院有限公司见证了签约过程。

四、项目落地情况

（一）项目公司设立情况

1. 公司概况

政府方出资代表与中标社会资本于2015年3月合资设立项目公司，

项目公司名称为南宁北排水环境发展有限公司,公司注册资本2亿元。

2. 股权结构

政府方出资代表建宁水务出资2 000万元,在项目公司中占股10%;北京城市排水集团有限责任公司作为社会资本方股东,出资1.8亿元,占股90%。双方均以现金形式出资。

3. 管理层架构

项目公司实行董事会领导下的总经理负责制,由总经理负责项目公司的日常经营管理。

董事会由5名董事组成,设董事长1名。4名董事由北排提名,1名由建宁水务提名,董事长由北排提名,并报经董事会选举产生。政府方出资代表派出的董事,在关系公共利益与公共安全的重大事项上具有一票否决权。另外针对项目公司的重大经营决议事项(如经营范围变更、经营期限变更等)需经100%表决权通过方为有效。

项目公司设总经理1名,副总经理2名。总经理由北排提名,董事会聘任,其他高级管理人员按照相关的权限和程序报批后,由董事会聘任或解聘。

项目公司设财务总监1名,由北排提名,报经董事会通过后聘请。建宁水务有权提名1位财务副经理,经董事会通过后聘请。建宁水务提名的财务副经理参与对项目公司的预算、会计核算及财务管理等基本管理制度的拟定,并表达意见(根据实际情况可上报董事会审议),及享有对项目公司财务支出及会计账簿、运营相关财务数据的知晓权与查阅权。

(二)项目融资落实情况

1. 实施方案中的融资方式及条件

本项目总投资约10.01亿元,项目公司注册资本金为2亿元。项目公司注册资本金与项目投资总额之间的差额由社会资本方以银行贷款等方式予以解决。

2. 融资实际执行情况及交割情况

本项目实际采用的债权融资工具仅为银行贷款,银行贷款额度为9.6亿元,贷款期限为9年,贷款利率为基准利率下浮10%,担保方式采用信用担保。截至2017年3月23日,贷款实际发放到位5.61亿元。

3. 再融资问题

本项目社会资本方即北排在竣工验收完成后两年内不得转让其持有的项目公司的全部或部分股权,除非转让为法律所要求,或由司法机关裁定和执行。

自竣工验收完成后两年之后,经市政府书面同意,北排可以转让其在项目公司中的全部或部分股权,但受让方应满足PPP项目合同约定的技术能力、财务信用、运营经验等基本条件,并以书面形式明示,在其成为项目公司股东后,督促并确保项目公司继续承担PPP项目合同项下的义务。

(三) 资产权属及会计税收处理

项目合作期内政府方享有相应的项目资产所有权。

(四) 项目进度

1. PPP 项目实施进度

本项目PPP项目实施进度见图6-2。

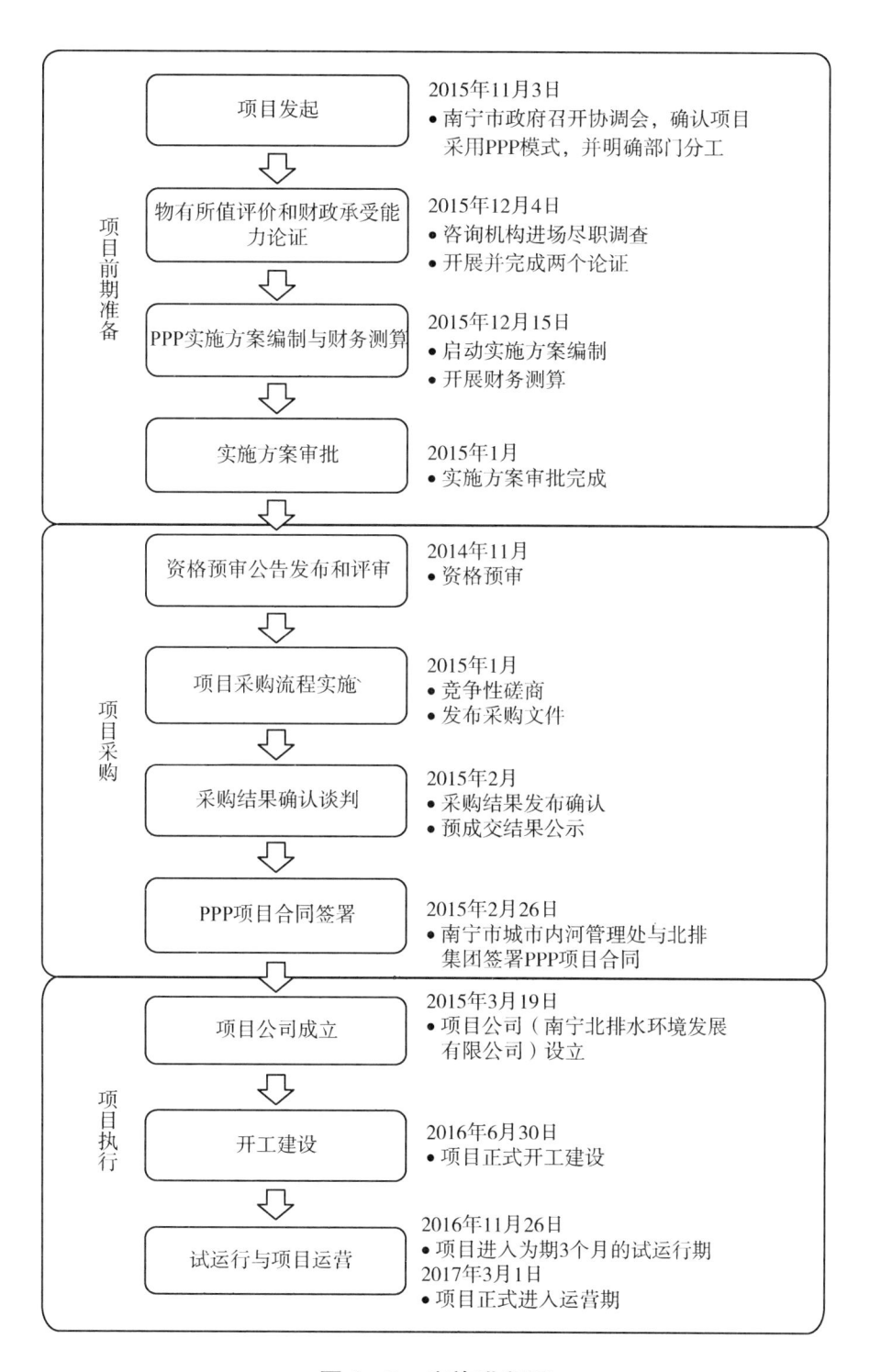

案例6 广西南宁市竹排江上游植物园段(那考河)流域治理PPP项目

```
项目前期准备
┌─────────────────────────────────────────────────────┐
│  项目发起                2015年11月3日                │
│    ↓                    • 南宁市政府召开协调会,确认项目 │
│                           采用PPP模式,并明确部门分工   │
│  物有所值评价和财政承受能   2015年12月4日              │
│  力论证                  • 咨询机构进场尽职调查        │
│    ↓                    • 开展并完成两个论证          │
│  PPP实施方案编制与财务测算  2015年12月15日             │
│    ↓                    • 启动实施方案编制             │
│                         • 开展财务测算                │
│  实施方案审批             2015年1月                   │
│                         • 实施方案审批完成             │
└─────────────────────────────────────────────────────┘

项目采购
┌─────────────────────────────────────────────────────┐
│  资格预审公告发布和评审    2014年11月                  │
│    ↓                    • 资格预审                    │
│  项目采购流程实施         2015年1月                   │
│    ↓                    • 竞争性磋商                  │
│                         • 发布采购文件                │
│  采购结果确认谈判         2015年2月                   │
│    ↓                    • 采购结果发布确认             │
│                         • 预成交结果公示               │
│  PPP项目合同签署          2015年2月26日               │
│                         • 南宁市城市内河管理处与北排   │
│                           集团签署PPP项目合同          │
└─────────────────────────────────────────────────────┘

项目执行
┌─────────────────────────────────────────────────────┐
│  项目公司成立             2015年3月19日                │
│    ↓                    • 项目公司(南宁北排水环境发展 │
│                           有限公司)设立               │
│  开工建设                2016年6月30日                │
│    ↓                    • 项目正式开工建设             │
│  试运行与项目运营         2016年11月26日               │
│                         • 项目进入为期3个月的试运行期  │
│                         2017年3月1日                  │
│                         • 项目正式进入运营期           │
└─────────────────────────────────────────────────────┘
```

图6-2 实施进程图

2. 项目执行进度

2015年6月30日，本项目正式开工建设；

2016年11月26日，项目进入为期3个月的试运行期；

2017年3月1日，经政府正式批准，项目正式进入商业运营期。

五、项目监管

根据《关于政府和社会资本合作示范项目实施有关问题的通知》（财金〔2014〕112号），PPP项目监管架构主要包括授权关系和监管方式。授权关系主要是政府对项目实施机构的授权，以及政府直接或通过项目实施机构对社会资本的授权；监管方式主要包括履约管理、行政监管和公众监督等。其中，本项目的监管包含以下内容：

（一）采购阶段

采购阶段的项目监管主体由南宁市政府、南宁市政府采购中心和发改委、财政局、城乡建委等相关行业部门，监管内容主要体现在项目重要文件的审批和采购流程的合规性监管。本项目的实施方案和采购文件均得到市政府审批通过，采购过程由南宁市政府采购中心负责采购公告的发布、采购文件的发售、磋商和评审活动的组织等，确保采购阶段各个环节合法合规。

（二）项目执行和移交过程中监管

本项目的主要监管主体为相关政府机构、各合同签订方和社会公众。从南宁市政府机构的设置和项目所涉及的审批监管部门来看，本项目中涉及行政监管的部门主要有以下三类：

第一，行业主管部门。根据南宁市政府授权，与项目公司签订 PPP 项目合同，并对项目的投资、建设及运营进行监督管理的政府部门，即南宁市城市内河管理处。

第二，职能监管部门。包括各级发改、财政、国土、住建、规划、水利、环保、审计等部门，主要是在项目前期承担各类审批职责，并在各自职权范围内履行监管职责。

第三，一般监管部门。根据各自的职责范围对本项目的建设和运营等相关方面进行监管，履行其相应职能，其关系紧密程度可能弱于职能监管部门，如电力、城管、公安、工商等。

除此之外，与项目公司有业务联系的其他机构，如金融机构、保险机构、设备供应商及监理机构等均通过相应合同的约定进行履约管理。

六、项目点评

（一）特点及亮点

本项目是在财政部、住房城乡建设部的政策支持及南宁市委、市政府的有力领导和大力支持下，经过大胆尝试、积极探索、开拓创新的项目，是落实投融资体制新举措，在海绵城市建设示范区率先建设示范工程。在项目操作过程中有如下特点：

1. 谋定而后动，厘清项目范围必要且重要

本项目前期工作准备充分，2013 年已经完成了项目可研、环评及初步设计。2014 年底，实施机构拟采用 PPP 模式实施本项目，并聘请了北京清控人居研究院有限公司作为本项目的技术顾问，后聘请上海济邦投资咨询有限公司作为本项目的交易顾问。

由于本项目为流域治理项目，如果单独治理流域的一段将会使治理效果大打折扣，因此本着全流域治理的理念，结合南宁市非常适合建设海绵城市的地质条件，在本项目的咨询顾问和实施机构的多次探讨后，将原可研和初设中的项目建设范围进行扩大调整，增加了污水厂建设工程、海绵城市示范工程、信息监控工程三项工程，项目范围比原计划的更加丰富、合理，并在市场测试环节得到潜在社会资本的认可。

2. 按效付费不"走过场"，政府付费与绩效考核全面挂钩

PPP项目的一个重要特点是"按效付费"，本项目在设计交易结构和回报机制时充分考虑该特点，将政府支付的流域治理服务费与项目治理的绩效密切挂钩，而非象征性地仅与运营服务费挂钩。

本项目在技术顾问的协助下，首次采用"全线多断面考核、按效付费"，形成了城市内河综合治理绩效考核上的水质、水量、防洪三大考核指标体系，并细化为103项指标，不同指标设置相应的权重，从而根据不同的考核频率和标准得到综合考核分数，政府按照综合考核分数支付相应的流域治理服务费。

这对社会资本是一个重大的考验，将倒逼社会资本在建设期采用适合的技术工艺，合理投资，在运营期内加强运营管理，提高运营效率，进而有利于全生命周期管理的优化。

3. 加强部委沟通和适当借助外脑，事半功倍、"柳暗花明"皆可得

本项目作为南宁市第一例PPP项目，是广西壮族自治区首个流域治理领域的PPP项目，也是国内首批采用竞争性磋商采购程序的海绵城市PPP项目之一。

尽管在《关于印发〈政府和社会资本合作模式操作指南（试行）〉的通知》（财金〔2014〕113号）中已经提出PPP项目适用"竞争性磋商"这一采购方式，但在本项目采购文件发售时，关于竞争性磋商的具体实施细则尚未出台。2015年1月23日，本项目首次响应文件提交截止。经审查，仅北京城建道桥建设集团有限公司和北京城市排水集团有限责任公司提交了有效的响应文件，与本项目采购过程中最新出台的《政府采购竞

争性磋商采购方式管理暂行办法》里要求的不少于 3 家提交最后报价的规定出现了冲突，南宁市政府采购中心工作人员当即决定暂停磋商程序，与咨询机构一起积极寻求解决办法。经论证，由于本项目采购文件依据是《政府采购非招标采购方式管理办法》，应当适用法不溯及既往的原则，并在征询财政部国库司意见后，确定本项目可以按照采购文件的规定继续进行采购活动。后财政部也于 2015 年 6 月 30 日出台了《财政部关于政府采购竞争性磋商采购方式管理暂行办法有关问题的补充通知》，明确了在竞争性磋商采购过程中符合要求的供应商（社会资本）只有 2 家的情形下，采购活动可以继续进行。

本项目勇于做第一个"吃螃蟹"的探索，大胆创新，先试先行，采购过程虽有波折，在遇到问题时冷静应对，项目业主、政府相关部门及咨询机构及时与中央部委进行沟通，妥善解决了棘手的问题，推动项目得以圆满完成社会资本招选。

（二）项目实施成效

本项目最终目的是为了解决内河黑臭水体，改善河道周边环境，提升城市生态文明水平，服务市民群众。在原河道综合整治设计的基础上，针对以往传统河道整治理念存在的问题，提出了"全流域治理"和"海绵城市"的理念。

作为南宁市海绵城市建设示范性项目，本项目在实施过程中建设了一系列"海绵体"。通过"渗、滞、蓄、净、用、排"，实现自然积存、自然渗透、自然净化，修复那考河流域水生态环境，发挥对水资源的调蓄作用。

本项目按照"控源截污、内源治理、活水循环、清水补给、水质治理、生态修复"的技术路径，将 6.6 公里长流域内的河道污水直排口全部截流，将污水引入污水处理厂，通过运用膜生物反应器等 8 道工艺进行生态深度处理，使水质达到一级 A 的排放标准，再经过湿地净化后作为那考河补水水源，从而实现"清源洁流"。同时，实现竹排江上游与下游水生态、水循环、水景观、水安全的有机统一和那考河水环境与周边城市建设的协调发展。

（三）问题与建议

1. 由于前期准备仓促，竞争稍显不足

通常，PPP 项目在准备阶段即初步实施方案编制完成后将组织面向潜在社会资本和金融机构的市场测试，一方面有利于完善项目的交易结构和回报机制等核心边界条件，另一方面可以借机推广项目，然后在实施方案完善后开始项目的采购流程，这样可以充分保证项目如期推进，降低甚至规避无法落地的风险。

本项目于 2014 年 10 月组织了资格预审程序，由于咨询机构尚未介入，导致采购程序和市场测试等项目准备工作倒置。鉴于资格预审时项目合作边界、技术方案、绩效考核等尚不明确，咨询机构介入后建议政府补充市场测试，通过潜在社会资本方的反馈，进一步优化项目 PPP 设计。通过资格预审评审，四家潜在社会资本通过了资格预审，竞争性略显不足，在最终磋商和评审阶段仅两家社会资本有效响应，项目一度面临重走程序的困境。

解决项目竞争性不足的问题，建议通过在项目前期准备阶段加强项目推介，适时进行市场测试，征询潜在社会资本意向，设置合理的社会资本准入门槛和其他边界条件，实现社会资本和政府的双赢，而非一味地转移风险，压缩社会资本合理利润。

2. 项目时间进度安排过紧

由于市政府事先按照理想情形设定了完成项目采购的时间点，本项目自 2014 年 12 月中旬实质启动 PPP 设计工作至 2015 年 2 月初选定拟合作的社会资本，期间历时不足 2 个月。这与 PPP 项目正常的进度安排相比而言，其进度可谓"飞速"，政府及有关部门、项目实施机构以及第三方

咨询机构均投入了高密度的大量精力。

PPP项目与传统的政府工程项目不同，往往存在建设内容复杂、合作周期较长、风险变数较大等特点，客观上要求需要花费一段较长的时间来完成整个项目的采购工作。"磨刀不误砍柴工"，建议今后应尽量避免"限时速成"的项目安排，夯实前期基础工作，确保PPP项目高质量实施。

3. 区域环境综合效应待挖掘

2017年3月，本项目正式投入运营。前期检测显示，水质指标已基本满足地表Ⅳ类水水质指标，河道行洪满足50年一遇的洪水标准要求。

但从环境的系统性角度，单个小区域或小流域的黑臭水体、海绵城市PPP项目只是解决局部地区的环境问题。要从大区域的角度、从根本上改善环境质量，建议项目合作区域、合作范围适当扩大，以便实现协同效应。

案例 7

山东临沂市中心城区水环境综合整治工程河道治理 PPP 项目

一、项目摘要

项目基本信息见表 7-1。

表 7-1　　　　　　　　　　项目基本信息表

项目名称	山东临沂市中心城区水环境综合整治工程河道治理 PPP 项目（以下简称"本项目"）
项目类型	新建
所属行业	生态建设和环境保护——综合治理
合作内容	项目总投资合计为 5.50 亿元。 建设内容包括涑河、青龙河、陷泥河、柳青河、祊河、李公河 6 条河流综合治理。 运营维护工作包括污水管道日常养护、污水泵送、截污涵闸、水面保洁、水体绿化养护（水生植物）、水体绿化养护（浮岛绿化）、河道清淤、绿化养护（仅限于青龙河、陷泥河上盖公园）、潜流湿地（仅限于大学城湿地）、表流湿地（仅限于大学城湿地）等。
合作期限	16 年（建设期 1 年、运营期 15 年）
运作方式	建设－运营－移交（Build-Operate-Transfer，BOT）
回报机制	政府付费
实施机构	临沂市环境保护局（以下简称"环保局"）
采购方式	竞争性磋商

续表

政府出资方	无
中选社会资本	博天环境集团股份有限公司（以下简称"博天环境"）
签约日期	2016年7月
项目公司设立概况	项目公司名称：临沂市博华水务有限公司 设立时间：2016年7月29日 股权结构：项目公司注册资本金为1.38亿元，博天环境集团股份有限公司100%持股
主要贷款机构	竞争性磋商时三家银行提供了贷款意向函。项目公司设立后，经过多方谈判，目前已经有五家银行上会通过，截至2017年4月项目公司对借款和担保合同等进行审核，欲择优选择一家作为融资贷款银行。

二、项目识别论证

（一）项目背景

1. 项目概况

临沂市位于山东省东南部，地近黄海，东连日照，西接枣庄、济宁、泰安，北靠淄博、潍坊，南邻江苏，是鲁东南地区的中心城市，也是历史悠久的文化名城。

临沂市河网密布，主要分为沂河、沭河、滨海和中运河四大水系，均属淮河流域。河道长度在10公里以上的河流有306条。其中沂河、沭河流域面积约占全市总面积的70%以上。

临沂中心城区主要河流有沂河、祊河、北涑河、柳青河、李公河、南涑河等河流。其中祊河、柳青河、北涑河、李公河是沂河的一级支流，南涑河、陷泥河入邳苍分洪道。

2015年4月，国务院颁布了《水污染防治行动计划》，明确以改善水环境质量为核心，系统推进水污染防治、水生态保护和水资源管理。要求到2020年，长江、黄河、珠江、松花江、淮河、海河、辽河七大重点流域水质优良比例达到70%以上，地级及以上城市建成区黑臭水体比例控制在10%以内。

淮河流域的国家考核断面，临沂市占11个，临沂市水环境质量直接影响着淮河流域水质的优良。《临沂市城市总体规划（2011-2020）》指出将临沂市打造成为生态水城、宜居城市，加强市域生态环境建设和沂河、涑河综合治理。到2020年，沂河干流、祊河干流达到地表水环境质量Ⅲ类标准，涑河及城区河道达到地表水环境质量Ⅳ类标准。

然而，临沂市中心城区河道水体黑臭现象严重，其中陷泥河、青龙河、涑河均为重度黑臭，祊河、柳青河等河道也存在着不同程度的水质污染问题，水体水质达标率低，严重影响了城市水环境生态质量，不仅给人民群众带来了极差的感官体验，也影响了群众的正常生活生产。

临沂市市委、市政府高度重视水环境生态保护工作，2015年下半年在多次听取市环保局、住建局等有关部门关于城区水环境整治实施方案的汇报后，结合临沂市区域发展情况、资金资源等多方面因素，确定了分期实施、近远期结合的水环境治理思路，近期以中心城区水环境治理、消除城区黑臭水体、确保河道断面水质达标为目标开展"临沂市中心城区水环境综合整治工程"，远期则是逐步实现全流域水质达标。

2. 实施PPP模式的必要性

（1）有效解决项目建设资金来源

本项目属于环保公益性项目，总投资约5.505亿元，投资金额大，无收益性补偿，如果直接由政府投资建设，会给临沂市政府带来较大的短期债务压力；受国务院印发的《关于加强地方政府性债务管理的意见》（国发〔2014〕43号）的影响，地方政府及政府融资平台运作的项目融资受到了极大限制，难以一次性获得足够数额的建设资金。通过采用PPP模式，能够引进有资金实力的社会资本合作方，由其负责项目的投融资、建设和运营，从而有效解决建设资金来源问题。

（2）有效防范项目建设和运营风险

本项目包含7个子项目，是目前临沂市子项目最多、涉及工程范围最广的PPP项目，工程涉及截污纳管、黑臭水体治理、湿地公园、河道周边景观改造等诸多市政领域。项目风险的识别与转移，是政府主导项目的短板，而 PPP 模式的核心机制之一，就是对项目风险进行充分识别和合理分配，由政府承担政策性风险、社会资本方承担商业性风险、双方共同承担不可抗力风险，由此有效规避政府单方面承担项目全部风险，使得风险在政府与社会资本方之间进行最佳分配。

(3) 有利于吸引优质社会资本、提高运营效率和服务质量

考虑项目的复杂性、特殊性（河道治理和维护情况直接受公众监督）及运营效果稳定性，本项目的建设和运营都有较高的质量和安全性要求。通过 PPP 模式，借助社会资本的技术优势和运营经验，配合绩效考核机制，有效促进社会资本既保证建设质量，又做好后期运营维护工作，从而切实提高公共服务质量。

(4) 响应国家号召、转变政府职能的需要

本项目为环保类公益性项目，属于国务院、财政部、国家发改委、住房城乡建设部鼓励采取 PPP 模式进行建设的重点领域，符合国家城镇化发展战略的要求，同时也是转变政府职能、减少政府对微观事务的过度参与、完善财政投入及管理方式、充分发挥市场配置资源作用的体现。

（二）发起方式

本项目由政府方发起。

（三）实施方案

1. 项目总体技术路线

临沂市中心城区水环境综合整治工程，总体规划方案结合区域水文条件、污染特征，基于可行性工程方案，制定了水环境治理技术体系（见图 7-1）。规划方案按照"一河一策，对症下药"，采取"彻底解决问题、最大限度减少拆迁、尽量节约投资"原则,"截污、导流、清淤、处理、活水、景观"的整治方针,制定了中心城区水环境综合整治工程相关实施方案。

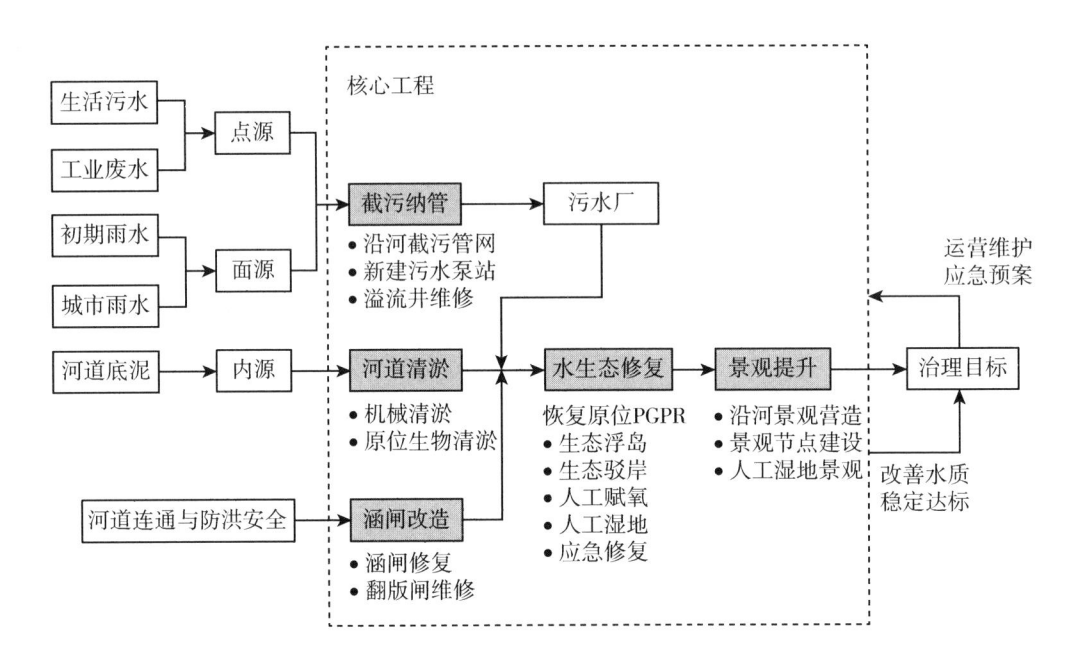

图 7-1 临沂市中心城区水环境综合整治工程技术体系

按照"一河一策"方针,对于青龙河、陷泥河两条重点治理的河道,采取了从源头新建全地埋式污水处理厂降低下游管道压力、截污入管、处理后的污水作为河道生态径流补给水、管道修复、排污口整治减少冒溢量等措施改善城市河流水质。再针对两条河道的不同特点,分别采取不同的设计思路。

青龙河整治项目的主要设计思路:第一,污水处理。在青龙河源头,新建一座3万吨/天的全地埋式污水处理厂,对涑河片区经通达路泵站转输过来的污水及时处理,降低青龙河管网压力;为青龙河提供源源不断的生态径流,让青龙河及沿岸居民享受清水环境。第二,截污纳管。在青龙河河底重新敷设8.8公里截污管道,在中游利用解放路干管分流部分污水。第三,河道清淤。总计清淤约5万立方米,解决河道内源污染问题。第四,生态驳岸建设。沿河建设生态驳岸1.4万米,新建两处喷泉,对河道进行赋氧，提高河道自净能力。

陷泥河整治项目的主要设计思路：第一，污水处理。在陷泥河源头，建设一座4万吨/天的全地埋式污水处理厂。用地选址为宏大路西侧、北涑河南侧。第二，完善设施。对陷泥河沿岸截污涵闸进行水位自动控制系统改造，有效避免因人工管理不善造成的污染问题。第三，生态驳岸建设。沿河建设生态驳岸1.12万米，提高河道自净能力和景观水平。

2. 合作范围界定

根据总体技术路线，临沂市中心城区水环境综合整治项目共确定了9项工程，总投资9.752亿元，基于项目建设周期的要求，经临沂市政府各部门多次讨论研究，最终将9项工程按项目功能差异性及管理边界的划分打包为2个PPP项目，分别为：

（1）临沂市中心城区水环境综合整治项目净水厂PPP项目

项目内容包括青龙河地下净水厂及陷泥河地下净水厂工程，共2项工程。以BOT的运作模式，由市政府授权市环保局与优选PPP合作商签署特许经营协议，总投资预算金额合计4.247亿元。

（2）临沂市中心城区水环境综合整治工程河道治理PPP项目

项目内容包括涑河、青龙河、陷泥河、柳青河、祊河河道整治工程，以及李公河南京东路主污水管线工程、祊河大学城污水处理厂尾水人工湿地深度净化及资源综合利用工程，共7项工程（见图7-2）。以竞争性磋商的方式选择社会资本，项目总投资合计为5.505亿元。本项目具体建设内容包括：

第一，涑河河道整治工程。概算投资2.1亿元，河道清淤1万立方米，新建DN1 200-DN1 500配套截污管网11公里，修复河道生态，对截污涵闸进行自动启闭装置改造。

第二，青龙河河道整治工程。概算投资2.1亿元，新建DN1 200~DN1 500配套截污管网8.8公里，整治沿河排污口，清淤5万立方米，修复河道生态，对青龙河净水厂地上部分进行绿化景观营造等。

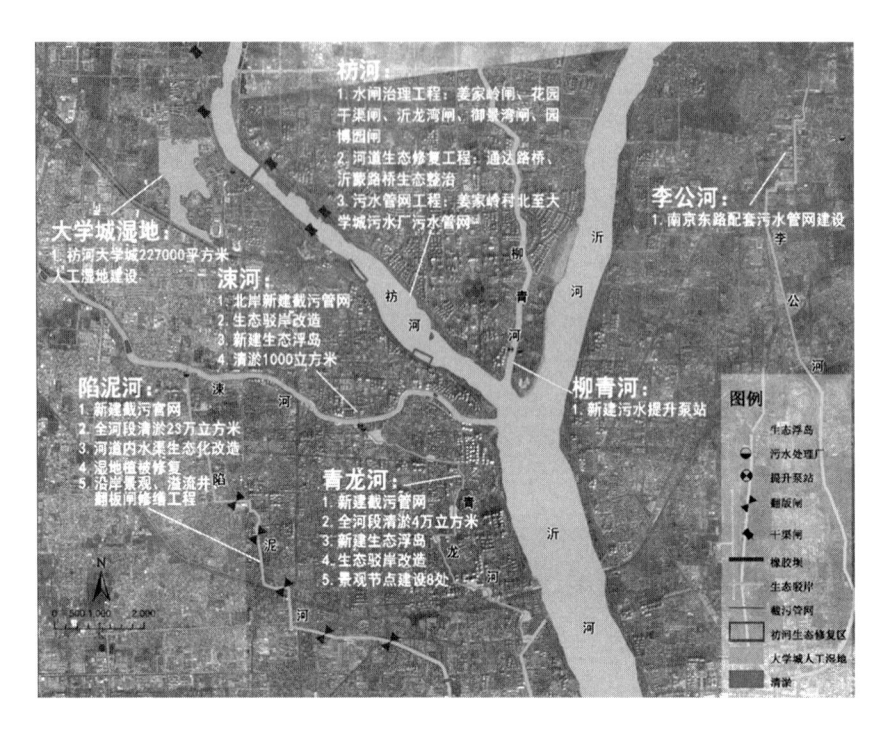

图 7-2 临沂市中心城区水环境综合整治工程
河道治理 PPP 项目工程分布图

第三，陷泥河河道整治工程。概算投资 0.754 亿元，整治陷泥河主管网及沿河排污口，改造截污涵闸自动启闭装置，修复河道生态，并对陷泥河净水厂地上部分进行绿化景观营造等。

第四，柳青河河道整治工程。概算投资 0.05 亿元，项目主要整治沿河排污口，修复河道生态部分绿化景观营造。

第五，李公河南京东路主污水管线工程。概算投资 0.13 亿元，项目主要是新建配套截污管网 4.2 公里。

第六，祊河大学城污水处理厂尾水人工湿地深度净化及资源综合利用工程。概算投资 0.221 亿元，建设 2.3 万吨/天潜流人工湿地水质净化工程一处，配套建设引配水系统，将湿地出水配置到大学城内部水系进行资源综合利用。

第七，祊河河道整治工程项目。概算投资 0.15 亿元，对沿河排污口进行整治，对河道进行生态修复，铺设截污管网 3 公里。

运营维护工作包括污水管道日常养护、污水泵送、截污涵闸、水面保洁、水体绿化养护（水生植物）、水体绿化养护（浮岛绿化）、河道清淤、绿化养护（仅限于青龙河、陷泥河上盖公园）、潜流湿地（仅限于大学城湿地）、表流湿地（仅限于大学城湿地）、污水管道维护、截污闸及污水溢流口管理等。

本项目合作范围界定过程中的难点主要在于：在完成PPP社会资本方采购前，项目7个子工程中的3项子工程包括青龙河、李公河的综合治理和祊河大学城人工湿地工程已完成工程总承包方的采购。因此本项目在社会资本磋商条件中要求，社会资本中标后概括承受此三项工程原项目发包方的全部权利义务。

3. 项目边界条件

（1）投融资结构

① 项目资本金来源、性质和用途

项目总投资为5.5亿元，项目资本金比例不低于项目总投资的25%，即不低于1.38亿元。

② 项目所需其他资金来源

项目资本金以外的资金需求为4.13亿元，以项目公司为主体，向金融机构申请项目贷款。在项目PPP实施方案中，初步设定融资条件为：项目贷款期限为15年，贷款利率为5年基准利率的1.1倍，计5.39%。社会资本方设立项目公司后，以项目公司为融资主体，截至2017年4月，项目公司已与多家银行进行贷款意向谈判，鉴于社会资本主体单位的资信与财务状况及临沂市政府的财政支付能力，已经有五家银行上会通过，报批的利率为5年基准利率4.9%下浮10%，期限为15年。由于前期手续较多，贷款合同尚未签订。还款来源为政府支付的可用性服务费和运营绩效服务费。

③ 项目资产的形成与转移

项目资产产权归政府所有，项目公司享有使用权及收益权。运营期届满，项目公司将项目设施无偿移交给临沂市政府或其指定的机构。

(2) 项目回报机制

本项目回报机制采用政府付费,即由政府根据绩效考核结果向项目公司支付可用性服务费和运维绩效服务费。

可用性服务费指项目公司为保证项目资产可输出合乎标准的公共服务而进行的资本投入应获得的服务收入,主要包括项目建设总投资、税费及合理回报。运维绩效服务费指项目公司为维持本项目可用性目的提供的符合协议规定的绩效标准的运营维护服务而需要获得的服务收入。主要包括:截污井、检查井、污水管道的每年一次的清淤和日常运营维护成本;青龙河及陷泥河河道的生态修复、水质净化、水面保洁、河道清淤等水环境治理的成本;青龙河净水厂、陷泥河净水厂上盖绿化的养护费用;大学城湿地的维护费用;污水泵送和截污涵闸运行维护及更新费用;税费及必要的合理回报。

(3) 调价机制

根据临沂市 CPI 区间上涨幅度,每两年按比例上调一次运维绩效服务费。

(4) 风险分配基本框架

本项目具体风险识别与分配见表 7-2。

表 7-2　　　　　　　　政府与社会资本方风险分配表

	风险类别	政府承担	社会资本承担	共同承担	备注
政治风险	征用和公有化	√			
	宏观经济变化	√			
	审核获得/延误	√			
	土地使用权	√			
财务风险	融资可获得风险		√		
	融资成本超过预算		√		
	再融资不确定性		√		
	付费延迟	√			

案例7　山东临沂市中心城区水环境综合整治工程河道治理PPP项目

续表

	风险类别	政府承担	社会资本承担	共同承担	备注
设计建设风险	设计错误	√			
	质量风险		√		
	工期风险		√		
	工地安全		√		
	成本超支		√		
	缺陷与隐蔽缺陷		√		
	发现文物			√	
	技术不过关		√		
	延迟提供图纸	√			
	变更	√	√		变更责任方承担
	分包商违约		√		
	事故		√		
运维风险	运营成本超支		√		
	运营商违约		√		
	服务质量不好		√		
	维护成本过高		√		
	维修过于频繁		√		
	运维效率低		√		
	设备维护状况		√		
	技术标准改变	√			
	设计缺陷导致运维不达标	√			
	违规导致运维不达标		√		
	原价上涨导致运维成本超支			√	
移交风险	移交费用超预算		√		
	残值风险	√			
	移交未达标		√		
法律风险	政府可控的法律变更	√			
	政府不可控的法律变更			√	
不可抗力	不可抗力			√	
其他风险	项目公司破产		√		

· 199 ·

4. 交易结构

本项目交易结构如图 7-3 所示。

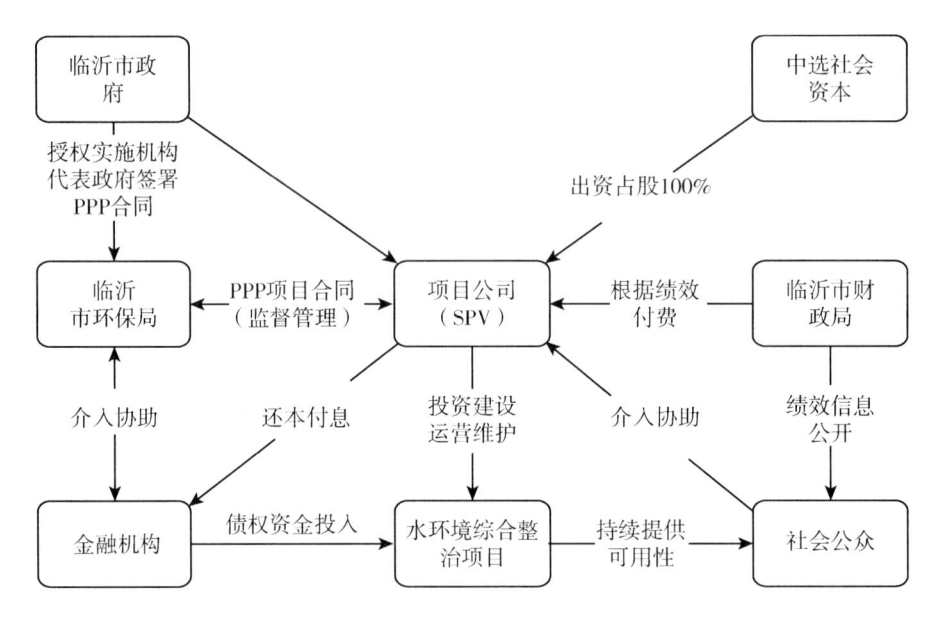

图 7-3 交易结构图

5. 绩效考核指标及体系

（1）考核机构及监督机制

项目进入运营后，由环保局牵头，协调各局分别对所辖范围内的项目进行管理和考核：河道表面清洁度、周边绿化、景观等由园林局下设的河道管理所直接负责管理和考核；管网、泵站、闸门等市政设施由城管局下属的排水处直接进行管理和考核。

项目实施机构环保局，以及参与项目前期工作的财政局、住建局等，待项目进入运营后，主要负责项目运营的监督工作。公众对河道治理和维护情况实施直接监督，发现问题，可直接通过临沂市 12345 热线，将情况反映到相应监督管理部门；情况经核查属实的，监管部门可直接将其计入考核评分。

（2）考核方式

考核采取例行考核、随机抽查和公众调查相结合方式进行。例行考核每月1次，考核水质监测指标、水体感官指标、污水主管道充满度、积泥量和河道垃圾量；随机抽查由河道管理部门和排水管理部门结合日常管理工作负责，主要检查垃圾、水草、漂浮物、截污涵闸、井盖及污水溢流口管理等，实行倒扣分制度；公众调查由业主或河道管理部门负责，每年进行一次，邀请环保志愿者和本地媒体共同参加，每条河流发放20份问卷调查表，实行倒扣分制度。

（3）考核标准

考核满分为100分，具体由8个部分组成。其中，水质监测指标30分，水体感官指标15分，污水主管网充满度指标15分，管理制度10分，河道管理10分，绿化养护等级10分，水生植物退化率10分，随机抽查扣分限最高扣分值。月度考核得分为例行考核得分减随机抽查扣分，年度考核得分为12个月度考核得分平均值减去问卷调查扣分值。月度考核评分标准具体见表7-3。

表7-3　　　　　　　　　　　考核评分表

指标	评分标准
水质监测指标 （30分）	监测COD_{Mn}、NH_3-N、TP、SS等4项因子，采取单因子评价法，取得分最低的因子为最终得分，高于30分的计30分，计算公式为：$A = 30 \times (B/C)$。其中，A为得分。B为标准限值，$COD_{Mn} \leqslant 50$毫克/升、$NH_3-N \leqslant 5$毫克/升、$TP \leqslant 50.5$毫克/升、$SS \leqslant 10$毫克/升。C为实测浓度。
水体感官指标 （15分）	透明度≥60厘米得7分，每降低10厘米扣1分。 无色或浅绿、浅褐色5分，浅灰色3分，深绿、深褐色2分，深灰色1分，黑色或乳白色不得分。 无臭味3分，偶有较轻异味2分，经常较轻异味1分，持续异味0分。
污水主管网充满度 （15分）	充满度≤80%得10分，每增加2%扣1分，最低0分。 积泥量≤20厘米得5分，每增加5厘米扣1分，最低得0分。
管理制度 （10分）	顺畅的网络通讯体系，信息畅通（0.5分）；发现信息传达不畅通扣0.5分。 实行河道每日巡查制（0.5分）；发现未按照规定进行巡查的扣0.5分。 确保水质维护设备正常运行，设备损坏停运应及时上报并维修（1分）。

续表

指标	评分标准
管理制度 （10分）	按巡查和水质维护、监测内容记录台账，并按时上报各类报表、台账（1分）；没有及时记录、上报或台账记录不全的扣1分。 做好水质应急管理工作（3分）；遇水质突发性恶化情况，需要及时响应，1天未响应扣1分，2天未响应扣2分，3天未响应应急响应制度项不得分。 做好防汛应急工作（1分）；应服从统一指挥，发生未服从统一指挥现象的扣1分。 主动做好各类创建活动期间水质保障（1分）；重大活动创建和检查期间未响应措施保障、水质未达标的扣1分。 水质自行监测制度（2分）；至少每15天自行组织监测水质一次，并根据水质情况及时进行处理，如遇特殊情况适当增加，及时记录台账并每月上报，未按要求进行监测的发现一次扣0.5分，没有及时进行处理的本项不得分。没有及时记录、上报的扣1分，发现一次报表或台账记录不全其中一项的一次扣1分。
河道管理 （10分）	两岸壁、观水平台及河底部坡度顺畅、平整，无缺损、塌陷，流水沟无沉陷，闸坝处平齐、光滑（4分）。 两岸壁缝隙上无杂草，河底无高杆植物和垃圾，淤积物不成堆（3分）。 护栏、警示标志等警示设施保持完好（3分）。
绿化养护 （10分）	达到园林绿化养护等级标准二级标准得10分，达到三级标准得6分，达不到三级标准的不得分。
水生植物退化率 （10分）	保持水生植物数量、质量，每退化10个百分点扣1分。 保持生态浮岛完好且美观，冬季及时收割、保温，载体破损未及时修复的，发现一次扣1分；植物缺失后未及时补植的，发现一次扣1分；冬季植物未及时修剪的，发现一次扣1分。 潜流湿地出现堵塞、短流等现象，发现一次扣1分。
随机抽查	发现设备无故停运的一次扣1分，发现截污涵闸关闭不及时造成污水直排的，每发现一次扣1分，发现污水溢流口未及时处理造成污水溢流的（1小时内降雨量超过10毫米的除外），每发现一次扣0.5分，每发现一处井盖缺失或破损扣0.5分，最高扣10分。 每50米内零星垃圾不超过3处，每超一处扣0.2分；每50米内发现成片垃圾超过0.2平方米，每处扣0.5分；河道内发现有动物尸体、家具等较大物品，一处扣2分；垃圾、杂物打捞上岸不及时或未送到指定垃圾中转站，扣1分，最高扣10分。 投诉至业务主管部门及12345市民热线的，经查实确属运营维护方责任的，每次扣1分，最高扣10分。 严禁采用可能对河道造成二次污染和生态破坏的技术手段和制剂（包括无机类和有机类絮凝剂、氧化剂、化学除磷剂、重金属盐类及存在生态安全隐患的各类微生物和动植物等），一经发现扣50分。

公众调查问卷见表7-4。

表7-4 中心城区河道、管道及绿化维护年度考核公众调查问卷表

河道名称：	所在小区：	得分（满分10分）：
1. 您对河道水质是否满意？		
A. 满意	B. 基本满意	C. 不满意
2. 您感觉河道是否有异味？		
A. 无异味	B. 偶尔	C. 经常
3. 您对河道（不含两岸绿化）整洁度是否满意？		
A. 满意	B. 基本满意	C. 不满意
4. 您认为河道维护还存在哪些问题？您有什么意见与建议？		

6. 项目实施程序

（1）项目审批

中心城区水环境综合整治工程的总体规划方案按照"一河一策"的整治方针，制定了中心城区水环境综合整治工程相关治理方案。河道治理7个项目的实施及审批情况采用了分别报批的形式（见表7-5）。

表7-5 项目审批情况表

项目名称	环评及批复	节能评估批复	可研批复	用地许可	地质勘查	规划许可
青龙河河道整治项目	√	√	√	√	√	√
涑河道整治项目	√	√	√	√	√	√
祊河道整治项目	√	√	√	√	√	√
陷泥河道整治项目	√	√	√	√	√	√
大学城人工湿地项目	√	√	√	√	√	√
柳青河河道整治项目	√	√	已报审未批复	√	—	√
李公河河道整治项目	√	√	√	√	√	√

（2）配套支持

依据项目相关规划及施工图设计需要永久用地的，由政府方负责项目用地的征用，土地使用权归政府方所有。本项目仅大学城人工湿地项目涉及永久用地，其他项目均为河道清淤、治理及管网敷设等工程，均为临时用地。

除项目边界内的各项建设、运营、维护工作外，项目建设期间所需临时土地使用、进场道路、水电等基础设施，以及项目运营维护期间涉及的交通、排水、电力、园林绿化、供水、通信等相关机构或部门，由政府配合社会资本方协调处理。

（3）预算安排

本项目所辖7个子项目按约定预计2017年10月1日进入运营期。运营期15年，政府自2017年度开始付费，已列入2017年市本级年度预算安排。

（四）物有所值评价和财政承受能力论证要点

（1）物有所值评价

定性评价：本项目确定6项定性分析的基本指标，合计占到定性分析指标权重的80%，分别是全生命周期整合程度（15%）、风险识别与分配（15%）、绩效导向与鼓励创新（10%）、潜在竞争程度（15%）、政府机构能力（10%）、可融资性（15%）；同时选定以下指标作为定性分析指标的附加指标，分别是全生命周期测算准确性（7%）、运营收入增长潜力（7%）、行业示范性（6%）。

8名专家组成专家小组，进行评分。针对每个指标求出专家评分的总分，计算每个指标对应的平均分，再对平均分按照指标权重计算加权分，得到评分结果80.6分，通过物有所值定性评价。

定量评价：根据物有所值评价要求，当物有所值评价量值和指数为正的，说明项目适宜采用PPP模式，否则不宜采用PPP模式。计算PSC主要考虑以下因素：一是项目全生命周内的建设、运营等成本；二是现金流的时间价值；三是竞争性中立调整、风险承担成本等。PSC 值包括初始 PSC 值、可转移风险承担成本、自留风险承担成本和竞争性中立调整值。PPP 值可等同于 PPP 项目全生命周期内股权投资、运营补贴、风险承担和配套投入等各项财政支出责任的现值。经测算，物有所值量值 = PSC 现值 – PPP 现值 = 504.51 万元，物有所值指数 =（PSC 值 – PPP 值）÷ PSC 值 × 100% = 0.74%，均为正，适宜采用 PPP 模式。

（2）财政承受能力论证

根据财政支出责任识别，本项目政府需承担的支出责任为购买建设可用性的可用性服务费和购买运营维护服务的运营绩效服务费，以及政府需承担的或有支出责任即风险承担成本。财政承受能力论证主要考虑市本级财力状况、收支结构、债务水平、已实施的 PPP 项目财政支出责任等因素，截止本项目运营期末，预测临沂市市属范围内 PPP 项目财政支出责任如表 7-6 所示。

表 7-6　　　　临沂市市属范围内 PPP 项目财政支出责任　　　　单位：亿元

项目	2017 年	2018 年	2019 年	2020 年	2021 年
一般公共预算支出	991 464.64	1 050 952.52	1 114 009.67	1 180 850.25	1 251 701.26
增长率（%）	6.00	6.00	6.00	6.00	6.00
预算支出责任	11 500	49 477.00	50 571.24	51 782.79	51 607.80
预算支出责任占一般公共预算支出比例（%）	1.16	4.71	4.54	4.39	4.12
项目	2022 年	2023 年	2024 年	2025 年	2026 年
一般公共预算支出	1 326 803.34	1 406 411.54	1 490 796.23	1 580 244.01	1 675 058.65
增长率（%）	6.00	6.00	6.00	6.00	6.00
预算支出责任	53 062.30	54 534.29	56 225.78	57 830.81	38 609.37
预算支出责任占一般公共预算支出比例（%）	4.00	3.88	3.77	3.66	2.30

续表

项目	2027年	2028年	2029年	2030年	2031年
一般公共预算支出	1 775 562.17	1 882 095.90	1 995 021.65	2 114 722.95	2 241 606.33
增长率（%）	6.00	6.00	6.00	6.00	6.00
预算支出责任	40 128.50	8 948.19	8 968.48	9 989.37	11 018.32
预算支出责任占一般公共预算支出比例（%）	2.26	0.48	0.45	0.47	0.49

根据上述测算，目前临沂市市属范围内全部PPP项目财政支出责任占未来临沂市公共预算支出预测值的比例较低，最高为4.71%，最低为0.27%。远低于财政部规定的10%的高限。

因此，本项目财政支出责任对市属全部PPP项目对于全市财政承受能力基本不构成影响，通过财政承受能力论证。

三、项目采购

（一）市场测试及资格审查

1. 市场测试

社会资本采购开始之前，本项目开展了市场测试，在全国范围内筛选出近20家企业并向其发出了邀请函，最终有11家企业报名参加临沂市政府组织的专家见面会。通过会上与有意向社会资本的充分交流与沟通，明确了潜在社会资本的意图及诉求，并对资格预审文件和磋商文件进行了多次修改完善，有4家企业满足相应的资格条件，包括后来参加资格预审并入围的博天环境集团股份有限公司、北控水务（中国）投资有限公司和北京首创股份有限公司3家公司，以及山东水务发展集团有限公司（联合体牵头单位）。

2. 资格审查情况

(1) 资格预审条件

第一，参与资格预审的申请人应符合《政府采购法》第二十二条第一款规定的条件。

第二，申请人（或联合体牵头人）应为在中国境内注册成立的具有独立法人资格且合法存续的企业；有依法缴纳税收和社会保险费用的良好记录；有公司所在地行业主管部门开具的无拖欠农民工工资证明和临沂市住建局出具的农民工工资保障金证明；参加政府采购活动前三年内在经营活动中没有重大违法记录的书面声明；无重大不良资产或不良投资项目。

第三，申请人（或联合体牵头人）应具有良好的财务状况，最新一期经审计的财务报告中企业净资产不低于人民币 10 亿元（最新一期会计师事务所出具的财务审计报告不早于 2014 年 12 月 31 日）；能够提供合法有效的金融机构授信证明、银行资金证明，且额度不得低于人民币 6 亿元。

第四，申请人（或联合体牵头人）应具备市政工程施工总承包壹级，污水日处理能力要求超过 20 万吨，且维护污水管道 100 公里或城区内河维护 10 公里以上。

第五，与采购人存在利害关系可能影响招标公正性的法人、其他组织或者个人，不得参加投标。单位负责人为同一人或者存在控股、管理关系的不同单位，或同一母公司的子公司，不能同时参加本项目投标，但可以作为联合体成员。

第六，本项目不限定参与竞争的合格社会资本的数量。

(2) 入围情况

博天环境集团股份有限公司、北控水务（中国）投资有限公司、北京首创股份有限公司共 3 家公司通过资格预审。

（二）评审情况

1. 评审标准

评审标准主要分技术和商务两个部分，分别占比60%和40%。参与磋商的社会资本方需在两个方面取得综合竞争优势，才能获得优先磋商机会。具体来说，技术部分中的建设方案、运营维护方案及移交方案，是各家社会资本方竞争点；商务部分的报价主要体现在工程量清单报价、年化合理利润率报价及初始年运营维护费用，商务部分的报价主要竞争点落在初始年运营维护费用上（见表7-7）。

表7-7　　　　　　　项目评审标准表（摘录核心内容）

项目	评审因素	编列内容
技术部分（60分）	建设方案（20分）	建设管理结构及组织结构方案（1分）； 施工方案及技术措施（10分）； 质量管理体系及措施（3分）； 安全管理体系与措施（3分）； 环境保护管理体系与措施（2分）； 资源配备计划（1分）。
	运营维护方案（15分）	项目公司运营管理机构方案符合项目运营要求（1分）； 在整个运营期内的连续运营方案及保障方案运营体系完善，管理流程合理，责任权属明确，日常监测体系科学（6分）； 建立日常运营管理中精细化的考核体系（2分）； 项目应急预案应有针对性分析，全面、准确、可操作性强（3分）； 根据水文条件，污染特征等要素制订科学适用的治理方案，实现水体和底泥的综合治理，彻底改善水质（3分）。
	移交方案（4分）	保障恢复性大修的资金来源及方案，方案可操作性强（2分）； 移交方案合理，性能保证值满足要求，移交测试程序可操作性强（2分）。

续表

序号	评审因素	编列内容
技术部分（60分）	项目业绩（5分）	运营业绩（2分）：具有市政污水管道运营维护100公里（含）或设区市的城区内河运营维护20公里（含）以上（2分）。 施工业绩（3分）：口径1 200毫米（含）以上污水管网施工，长度500米（含）以上的单份合同（1分）；口径1 200毫米（含）以上顶管配套骑马井，长度500米（含）以上的单份合同（2分）；口径2 000毫米（含）以上顶管配套骑马井，长度500米（含）以上的单份合同（3分）。三者只得其一。
	财务方案（10分）	融资方案（5分）：社会资本方提供合法有效的银行存款证明或银行信贷额度为50 000万元（含）以上（3分）；项目的融资计划，包括详述资金的来源和使用、资金成本、资本结构、年度借还款计划表、项目融资风险分析及其控制方案和项目融资担保方案、给项目公司资金支持（2分）。 项目公司日常运营维护的成本方案，包括工程管理费、工程维护费、工程燃料动力费及工程进度、资金计划与措施等其他费用的测算（2分）。 项目设施的日常维修、大修、改进、更新和重置计划及相应的资金筹措方案（1分）。 项目总体商业风险分析和风险控制措施，计划投保的险种及保险金额，预计保险费率和保费支出（2分）。
	法律方案（2分）	针对项目合同没有提出实质性变更，但提出较多修改和变更意见，对项目实施存在一定的不确定性，得0.5分； 基本响应项目合同条款，提出少量修改或变更意见，且可能会影响项目实施或政府方利益，但影响不大，得1分； 完全响应项目协议条款，提出的修改意见更有利于项目实施或政府方利益得2分。
	项目实施方案（4分）	根据供应商提供的对本项目基本情况、与政府合作内容的理解准确、到位程度进行评价（1分）； 对比各供应商项目实施方案的可行性和操作性、项目公司组织机构的可行性和操作性、项目公司采购方案的周密情况进行评分（1分）； 对项目核心内容任务分解合理程度、项目实施过程中各个重要工作节点的把握准确程度、具有各项核心工作时间计划表、各环节时间安排合理性、项目保障措施，如项目质量、工作进度保障措施情况等进行评分（2分）。
商务部分（40分）	商务报价（40分）	工程量清单报价（15分）； 年化合理利润率（15分）； 运营维护费用（初始年份）（10分）。 采用低价优先法，即满足磋商文件要求且最后报价最低的社会资本方提交的最后有效报价作为磋商基准价，其他社会资本方本项得分统一按照线性差值公式计算。

2. 过程及结果

依据《政府和社会资本合作项目政府采购管理办法》,临沂市环保局自行选定评审专家,组建了由9名评审专家组成的磋商小组。整个采购过程,经历了严格的资格预审程序,进入磋商环节后,北京首创股份有限公司、博天环境集团股份有限公司和北控水务(中国)投资有限公司3家公司对磋商文件进行了响应。磋商过程中,通过技术方案和商务报价两个部分的综合评分,博天环境集团股份有限公司取得了综合竞争优势。按照评审得分由高到低顺序推荐3名成交候选社会资本方为:博天环境集团股份有限公司(90.57分)、北京首创股份有限公司(86.80分)、北控水务(中国)投资有限公司(81.33分)。

采用竞争性磋商方式采购本项目社会资本方,通过综合评分法,将响应人的技术方案(包括建设方案、运营维护方案、移交方案、财务方案、法律方案等)和商务方案分别赋予了60%、40%的权重,由此更全面地反映出了响应人的综合素质,不仅避免了最低价成交原则可能导致的恶性竞争,同时满足了实施机构鼓励社会资本尽可能发挥自身的技术和管理优势的要求,为实施机构获取更优质的服务提供了保障,从而真正实现"物有所值"。

(三)合同谈判及签署

合同谈判要点包括:项目公司注册与资本金到位进度、项目公司管理人员配备、已招标工程进度款拨付比例、前期费用的认定和支付、成交通知书的发出、PPP项目合同修改、本项目工程的勘察监理、项目设计优化、项目工程内容变更。

本项目为临沂市重点工程,本项目取得2016年国家和省级水污染防治专项资金(重点流域区域水污染防治)专项补贴资金共计1.65亿元,且项目工程内容复杂,包含多个子工程,进展不一,合同谈判的重点主要围绕补贴资金监管及项目工程内容变更的处理方案。

1. 资金保障及补贴资金监管

因项目整体工期为1年,且部分工程已开工建设,中标社会资本方要严格保障资金的到位,兼顾资金的使用效率,最终双方达成一致:项目公司注册资本金在合同签订之日起三个月内到位50%,2016年底前到位100%。

在资金管理方面项目公司独立进行建设期和运营期的资金使用和财务核算。但在建设期,甲方有权监督项目公司资金使用计划和资金专户资金支出情况,项目公司对此提供必要协助。

2. 工程变更及验收的处理

本项目所包含的多个子项目,因项目建设进度、前期地勘、物探的准确性、施工方法的可行性等多方面的原因,难免会发生工程变更或部分工程中止、终止施工的情况,影响可用性服务费的支付进度,增加社会资本方的投资风险,在合同谈判期间,双方本着公平、公正的原则,达成如下协议:

项目实施过程中因双方认可的原因,导致某单项工程或某单项工程的部分工程中止、终止施工,并无法确定复工时间,按甩项处理。已完成工程及相关费用计入项目建设总投资,支付可用性服务费。

如未来政府方、社会资本方、设计方对本项目提出工程变更要求,导致工程量增加或减少的,工程数量由项目公司提出,经监理工程师初审,报经甲方书面审核通过后,相应增减可用性服务费总额,由项目公司负责实施。工程变更仅限于政府方以会议纪要或文件明确的,才能予以认可实施。如本项目发生使用暂列金情况,须经甲方书面认可方能实施。

3. 可用性服务费及绩效运营服务费的支付时间

项目自开工日起建设周期为1年,可用性服务费及绩效运营服务费支付的时间为使用日。

自项目运营期第一年开始,由财政局向项目公司支付可用性服务费,运营期每年的 12 月 20 日前支付一次,于 2018 年 6 月 30 日前支付第一笔已完工并通过竣工验收或环保专项验收的单项工程的可用性服务费。每个单项工程可用性服务费的支付周期为 15 年,支付次数为 15 次。因政府方原因导致的单项工程竣工验收或环保专项验收时间晚于 2017 年 12 月 20 日的,政府方于 2018 年 6 月 30 日开始支付项目公司已投入建设投资的可用性服务费。

运维绩效服务费支付时间:因涉及运维绩效考核的周期,最终确定运维绩效服务费自使用日(指 2017 年 10 月 1 日,但 2017 年 10 月 1 日之后完工的单项工程自完工具备竣工验收条件并通过竣工验收或环保专项验收之日的次日为使用日)起,2018 年 4 月 30 日前合并支付第一笔运维绩效服务费,剩余每季度支付一次。因财政支付方式原因导致运维绩效服务费第一季度逾期支付,双方协商解决。

四、项目落地情况

(一)项目公司设立情况

1. 公司概况

社会资本博天环境设立项目公司"临沂市博华水务有限公司",公司地址为临沂市兰山区柳青街道上海路与孝河路交口 IEC 国际企业中心 1 号楼 2 632,注册资本为 1.38 亿元人民币。

2. 股权结构

项目公司为博天环境全资子公司,博天环境持有项目公司 100%股权。

3. 管理层架构

项目公司总负责人为项目公司总经理，项目总工辅助总经理开展工作，项目公司具体包括财务部、商务部、经营部、工程管理部、技术部、运营部和综合管理部7个部门，设副总、总监、经理等为各部门负责人，并根据具体项目下设子项目部门管各个子项目。政府没有派员进入管理层。公司的具体组织架构如图7-4所示。

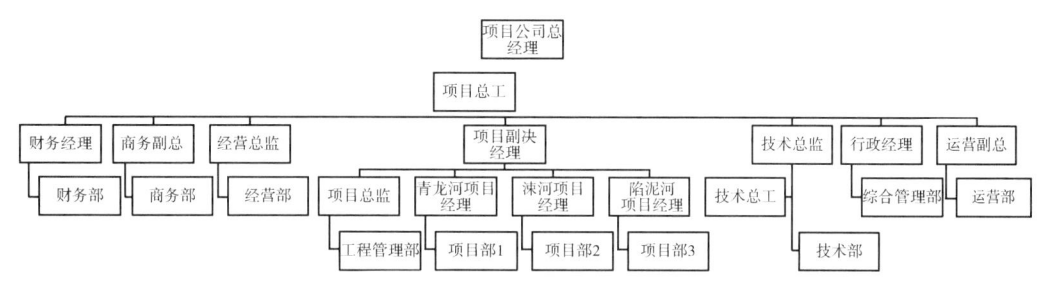

图7-4 项目公司组织架构图

（二）项目融资落实情况

1. 实施方案中的融资方式及条件

实施方案中项目总投资为5.5亿元，资本金比例为总投资的25%，金额为1.38亿元。融资方式为银行贷款，项目融资额度为4.13亿元，融资期限为16年，年化融资利率不超过5年以上中国人民银行贷款基准利率4.9%的1.1倍（5.39%），未设增信条件。

2. 融资实际执行情况和交割情况

项目实际执行中，社会资本方按PPP项目合同约定，在2016年10月30日前以货币资金的方式，注入项目公司资金6 900万元，即达到注册资本金的50%；2016年底，社会资本方再次注入资金6 900万元，两次注资总计1.38亿元，达到注册资本金的100%。

本项目取得 2016 年国家和省级水污染防治专项资金（重点流域区域水污染防治）专项补贴资金共计 1.65 亿元，已于 2016 年 10 月全部到位。按 PPP 项目合同约定，专项补贴资金由项目实施机构存入政府、社会资本、银行三方共管账户。

实际采用的债权融资方式为银行贷款，截至 2017 年 4 月，项目公司已与临沂市招商银行、交通银行、农业银行、光大银行等多家银行进行洽谈。基于临沂市财政局的积极协调作用、临沂市财政支付能力及中标社会资本方的资信水平，截至 2017 年 4 月，已经有五家银行上会通过，审批过会的融资条件为期限 15 年，利率为长期贷款基准利率（4.9%）下浮10%，担保条件为母公司博天环境为贷款提供担保。项目公司对借款和担保合同等进行审核，欲择优选择一家作为融资贷款银行。

3. 再融资问题

在本项目运营期内，未经政府书面批准，社会资本方不能将其持有的项目公司的股权进行任何形式的转让或抵押。

（三）资产权属及会计税收处理

1. 资产权属及会计处理

本项目运作方式为 BOT，资产权属归政府所有，政府授予社会资本特许经营权。

在会计处理上，根据《财政部关于印发企业会计准则解释第 2 号的通知》（财会〔2008〕11 号），将基础设施建造发包给其他方但未提供实际建造服务的，项目公司不确认建造服务收入，按照建造过程中支付的工程价款等考虑合同规定，确认金融资产或无形资产。

按 PPP 项目合同约定，项目公司独立进行建设期和运营期的资金使用和财务核算，因此在建设期内，项目公司对资产按照"在建工程"科目核算，工程完工进入使用状态后，资产转入"无形资产"，按照运营期摊销，无残值。待运营期结束后，资产价值为零，但仍可以使用，无偿转让给政府或其指定机构。

2. 对于资产转让、移交等环节的税收处理

在税收上，目前各级政府还没有单独制定 PPP 资产转让、移交的相关优惠政策，而需要在移交时按资产价值缴纳增值税和所得税。通常若运营期结束移交，特许经营权作为无形资产在运营期内摊销完毕，日常维护也已经确保该项目及其附属设施处于良好的技术状态中，PPP 项目合同中对于移交的价值通常为无偿或低价，因此较少缴纳增值税和所得税。但是若运营期较短，政府方提前回购，未在运营期结束移交会产生较多的税费，需要制定相关优惠政策。

3. 对于政府付费或补贴等企业相关所得的税收处理，及当地税务机关的认定

本项目为临沂市重点工程，取得 2016 年国家和省级水污染防治专项资金（重点流域区域水污染防治）专项补贴资金共计 1.65 亿元。对于在项目建设期取得的项目补贴，根据《财政部、国家税务总局关于专项用途财政性资金企业所得税处理问题的通知》（财税〔2011〕70 号）的规定，企业作为递延收益，在未来运营期内摊销计算，免征企业所得税。

本项目 PPP 项目合同中约定，付费方式是政府付费。对于政府支付的可用性服务费和运营服务费，项目公司层面需要缴纳增值税和所得税。

增值税的税收筹划：项目公司在建设期间取得的工程建筑进项税（11% 或 3%）、设备采购进项税（3%），均可以在运营期抵扣使用。并且，当地税务机关对于河道治理项目认定为治污治理的其他服务类，税率按照 6% 的服务业征收，属于低税率，销项税额较少，因此未来项目公司缴纳增值税较少。

所得税的税收筹划：由于本项目属于政府公益性质，利润率较低，并且项目公司日常费用支出、融资费用支出等较高，因此虽然当地未有所得

税的优惠政策，但是项目公司企业所得税预计缴纳的较少。

（四）项目进度

1. PPP项目实施进度

本项目运作流程见图7-5。

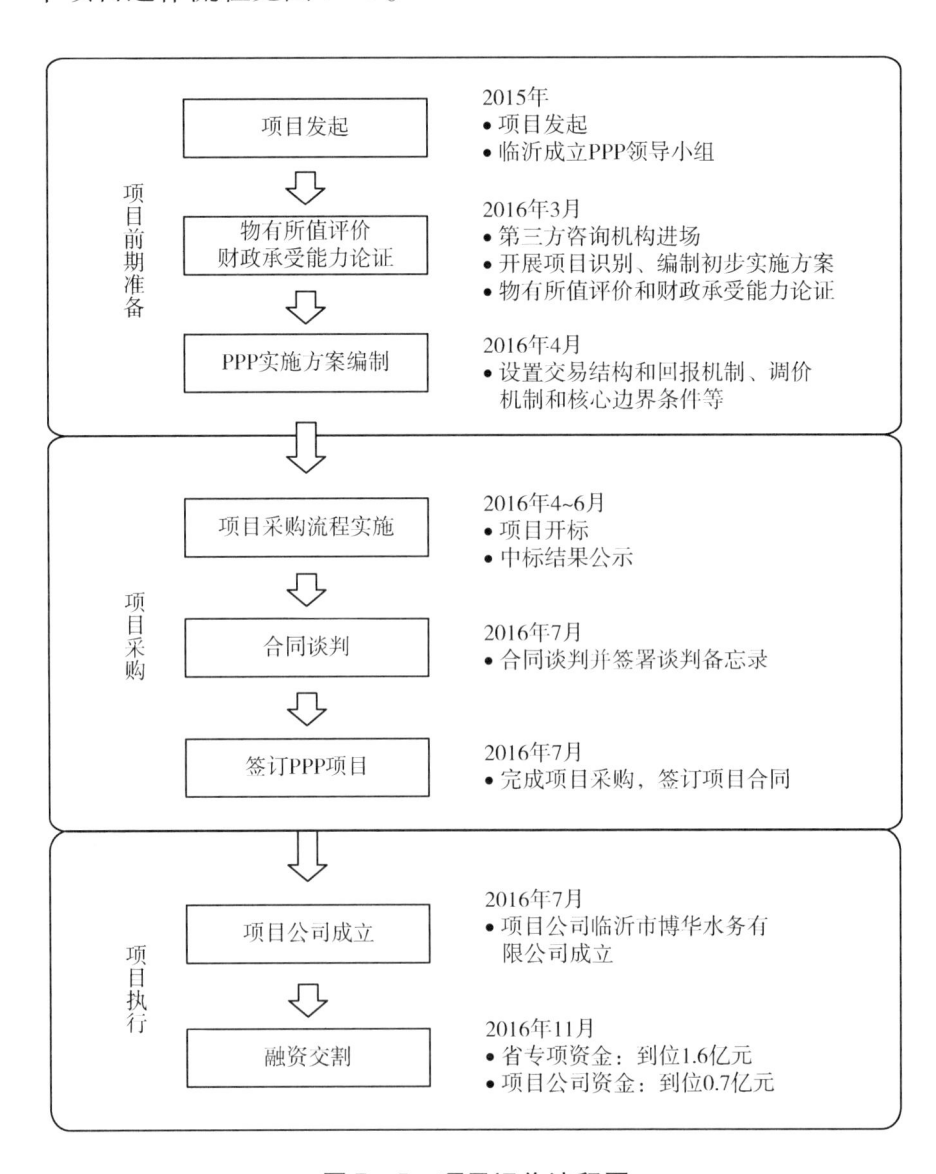

项目前期准备

- 项目发起 — 2015年
  - 项目发起
  - 临沂成立PPP领导小组
- 物有所值评价 财政承受能力论证 — 2016年3月
  - 第三方咨询机构进场
  - 开展项目识别、编制初步实施方案
  - 物有所值评价和财政承受能力论证
- PPP实施方案编制 — 2016年4月
  - 设置交易结构和回报机制、调价机制和核心边界条件等

项目采购

- 项目采购流程实施 — 2016年4~6月
  - 项目开标
  - 中标结果公示
- 合同谈判 — 2016年7月
  - 合同谈判并签署谈判备忘录
- 签订PPP项目 — 2016年7月
  - 完成项目采购，签订项目合同

项目执行

- 项目公司成立 — 2016年7月
  - 项目公司临沂市博华水务有限公司成立
- 融资交割 — 2016年11月
  - 省专项资金：到位1.6亿元
  - 项目公司资金：到位0.7亿元

图7-5 项目运作流程图

2. 项目建设进度

涑河河道治理工程和青龙河河道治理工程从 2016 年 8 月开始施工,其余工程均从 2016 年 9 月开始施工。截至 2017 年 2 月,涑河工程工业大道以西截污管道施工完成 30%,通达路以东截污管道施工完成 70%,青龙河源头至沂蒙路截段施工完成 60%,陷泥河工程管网疏通完成 60%,内水渠修葺完成 30%,祊河主要设备、管材进场,祊河大学城湿地工程滤料合同已签订,柳青河工程施工招标图纸完成,李公河工程处于施工过程中。

五、项目监管

根据《关于政府和社会资本合作示范项目实施有关问题的通知》(财金〔2014〕112 号),PPP 项目监管架构主要包括授权关系和监管方式。授权关系主要是政府对项目实施机构的授权,以及政府直接或通过项目实施机构对社会资本方的授权;监管方式主要包括履约管理、行政监管和公众监督等。其中,本项目的监管包含以下内容:

(一)履约管理

本项目监管职责主要由财政、审计、发改、国资监管部门及项目实施机构承担。财政局负责采购方案的审查和采购过程监督、负责财政资金拨付管理、监督项目资金的到位与支付、负责本项目实施过程及效果进行评价;发改委负责工程重大设计变更引起的概算审查、负责工程调概审批、负责工程稽查及上级发展改革部门的稽查配合、负责项目软贷款、专项补助资金的申请等优惠政策落实;审计局负责项目资金的合规性审计及项目建设投资的审计;临沂市环境保护局对项目公司在合作期内的 PPP 项目合同履行情况进行监督管理,派驻常设代表参与工程建设管理。合同履约管理主要包括合同签订管理、合同履行管理、合同变更管理以及合同档案管理。

（二）行政监管

本项目监管职责主要由规划、国土、园林、环保、卫生、城管、物价部门承担。行业管理部门依法加强对工程建设、运营及相关活动的监督管理，维护公平竞争秩序，强化质量、安全监督，依法开展检查、验收和责任追究，确保工程质量、安全和公益性效益的发挥，对本项目运营期内运营维护绩效进行评价。行政监管主要分两个阶段：一是项目的立项与合规性手续的办理，以及特许经营者选择时期的准入监管；二是项目建设运营时期的绩效监管（包括质量、服务水平和财务等方面的监管）。

（三）公众监督

承担公众监督职责主要包括媒体、协会、最终用户及 NGO。项目公司接受公众监督，行业主管部门接收公众对项目公司的意见或建议。

公众监督的主要形式：第一，社会宣传。通过媒体将本项目的相关信息向社会宣传，形成良好的社会互动氛围。第二，舆论监督。本项目实施过程通过新闻媒体、政府网站等形式接受舆论监督。第三，公众参与。通过电话、网络等渠道提供公众参与监督的途径。公民、法人或其他组织也可以向上级行政机关、监察机关或者政府信息公开工作主管部门中的任意一个部门或多个部门投诉举报或通过法律途径加以解决。

六、项目点评

（一）特点及亮点

1. 整体规划，分步实施，合理划分，快速推进

临沂市政府主导编制了中心城区水环境综合整治工程的总体规划方

案，并结合区域水文条件，污染特征，制定了"一河一策，对症下药"的指导方针。根据目前水系连通自然基础、污染现状、资金到位金额、上下游责任划分等因素，结合各部门对项目现状的思考，临沂市政府确定了"分期实施，近远期结合"的水环境治理思路，率先解决老百姓迫切关注的中心城区黑臭河道治理问题。

中心城区水环境综合整治工程采用了 PPP 模式，共分为 9 项治理工程。其中将河道治理 7 项工程打包为本项目，在社会资本的选择方面更注重其市政工程建设能力和河道治理运营能力。

本项目 7 项工程采用了分别立项、分别审批的模式，将 7 项工程治理需求最为急切的青龙河、李公河的综合治理和祊河大学城人工湿地工程先以临沂城投集团作为工程投融资主体和项目法人，采用 EPC 的模式于 2015 年分别完成工程总承包方采购，当年进入施工阶段。

鉴于项目建设资金及流域项目水系连通考核边界难以界定等方面的考虑，将除青龙河及陷泥河两个地下净水厂之外的 7 项工程（包括已完成工程总承包招标的青龙河、李公河的综合治理和祊河大学城人工湿地工程）统一打包为本项目，以竞争性磋商的方式选择社会资本，项目合计总投资为 5.5 亿元，其中已完成工程总包方招标的工程由社会资本方概括承受原工程合同城投集团项下的权利义务。

单项工程分别立项、分别审批使本项目既兼顾了总体规划的要求，又做到了"一河一策"的具体实施方案。在单项工程达到施工图预算深度时，才逐个完成工程总承包的采购，如此，政府方既能保障单项工程的实施进度，又可以严格控制项目的工程总投资。

2. 政府前期工作越细致，后期项目实施越"物有所值"

临沂市中心城区河道水体中陷泥河、青龙河、涑河为重度黑臭，是本项目实施的重点治理对象。临沂市环保局作为本项目的统筹部门，投入了大量人力、物力和精力，组织各单位对青龙河、涑河进行了详细的污水直排口排查、管线排查、地形测绘、地质勘探等前期摸底调查工作，掌握了涑河南北岸共 205 个排污口的情况，总结了青龙河、涑河黑臭原因，诸如管网铺设不合理、转输压力大、底泥淤积严重、缺乏生态径流、生态景观差等原因，并制定了城市内河防洪排涝规划、治污规划、生态规划等方案。政府前期工作为项目后期实施采取"对症下药"的解决方案提供了重要依据，减少了社会资本方项目施工过程中的变更，大大节约了项目建设成本及缩短了建设周期。

3. 按效付费保证长效的高品质服务供给

本项目绩效考核方案设计之初，在环保局的组织协调下，财政局、城管局、园林局等多个部门派出人员，连同咨询服务机构人员，一起到宁波市考察其河道治理和养护方案；借鉴其"日巡查、月通报、年考核以及不定期抽查相结合"的考核方式，结合临沂市实际情况，制定出"例行考核、随机抽查和公众调查"相结合的考核方式，符合临沂当地的水系现状和实际考核需要，具有很强的应用性和推广性。

临沂项目绩效考核主要特点如下：一是指标数量简洁。绩效指标只包括绩效考核所必需的指标，突出重点，同时可避免过多的绩效指标增加绩效考核成本和不确定性。二是指标结果获取便利。绩效指标皆根据实际情况利用现有设备测量或其他数据生成，无须额外使用复杂、昂贵的监测设备。三是定量考核为主确保考核公正性。绩效考核以定量考核为主，定性考核为辅，采用水务、城管等部门核实的数据作为考核依据，可以有效避免主观因素影响，提高其科学性和公平性。

临沂项目采用绩效考核模式使项目管理达到如下效果：

第一，治理效果有保障。绩效考核可以真正实现按效付费机制。通过绩效考核模式，使社会资本充分利用其技术及管理优势提高项目的实际运营水平，避免为了提高经济利润而节省项目支出、降低项目运行效果，从而严重影响项目治理效果。

第二，提高项目的建设质量和效率。绩效考核制使得需在较长期限内经营和管理项目的社会资本方为了保证项目利润的实现，获取投资回报，节约后期运营、维护成本，最大程度提高项目的质量和效率，从而使项目整体质量能够有保障。

第三，保证项目的长期运营效果。按效付费机制根据考核结果支付运营费用，为了保证收益，社会资本会积极、持续关注并提高运营项目的运营效果，积极地优化项目，不断提高水体治理效果，从而保障项目长期治理效果。

第四，实现政府的常态化监管。实施按效付费，建立科学合理的绩效考核指标体系、完善的绩效监测系统和报告系统，能够完善政府PPP项目监管系统，强化政府对PPP项目的监管，实现监管的制度化、规范化和常态化。

第五，提高公众参与度。公众是水系流域治理的受益者，也是水环境恶化的直接受害者。流域治理需要社会全体公众的大力支持和积极参与。公众满意度作为衡量绩效结果的重要指标，通过公众满意度调查，可以确保真实全面地传达群众声音，切实有效地提高群众对环保工作的满意度，提高公众的参与度和环保意识。

4. 设立政府的项目统筹管理机构，统筹负责项目全生命周期管理

为加快推进本项目实施，临沂市人民政府为切实加强组织保障，方便多部门对项目的全程监督管理机制，将市环保局作为总统筹部门，并分别从市财政局、发改委、国土资源局、住建局、规划局、城管局、水利局、审计局、园林局抽调科级干部，成立临沂市中心城区水环境综合整治工程建设管理局（以下简称"建管局"），并授权其负责本项目的采购招标、竞争性磋商等工作，参与全周期的项目管理，避免了政府部门之间可能存在的合作不协调的问题。在项目准备阶段，建管局负责组织编制项目实施方案，并协调市财政部门对其进行物有所值评价和财政承受能力论证。在项目采购阶段，建管局负责依据项目特点设置采购条件与方式，组织竞争性磋商等工作，选定社会资本方。在项目执行阶段，建管局主要起到协调、监督和管理的作用。在未来的项目移交阶段，建管局或政府指定的其他机构代表政府收回项目合同约定的项目资产。

5. 政府补贴的"节税"策略

本项目共取得2016年国家和省级水污染防治专项资金（重点流域区域水污染防治）专项补贴资金1.65亿元。一般情况下，补贴资金可用于：政府入资项目公司资本金；补贴建设期项目总投资；补贴运营期运营服务费用。经政府部门讨论研究，本项目决定将补贴资金用于补贴项目建设期建安费用，项目总投资相应抵减。这样补贴资金作为项目公司营业外收入，无须缴纳企业所得税。避免了项目进入运营期时，政府一方面向项目公司支付服务费，另一方面向项目公司收取所得税的"左兜掏右兜"的问题，在项目全生命周期内，降低了政府支出的总体成本。

6. 奖励机制的设计激发社会资本方的设计优化动力

通常情况下，PPP项目在立项准备阶段，因未完成政府采购程序，社会资本方无法介入项目的前期方案设计；在投标或磋商阶段，因激烈的竞争环境，社会资本方往往侧重于响应采购文件的要求。只有在项目进入实施阶段，社会资本方才能彰显出自身的技术实力，为项目的方案设计提供指导意见。鉴于此，为发挥社会资本方在实施阶段的技术优化实力，本项目合同谈判过程中，政府方与社会资本方就设计优化事宜达成共识：项目公司出于合理或经济性考虑而提出的优化方案，在报经政府方审核通过后实施，工程量增加导致的成本费用增加由项目公司自行承担，工程量减少所带来的直接成本减少的，按照核减投资额度的30%计入项目建设总投资。此条款的设计使社会资本方和政府方在优化设计降低投入方面达到了合作共赢的目的。

7. 项目采购阶段，如何拉齐竞标起跑线

本项目包含7项子工程，并且各工程进展不同，其中青龙河、李公河的综合治理和汸河大学城人工湿地工程已完成工程总承包方的招标工作，进入施工阶段；汸河河道整治工程，涞河河道整治工程已完成施工图，工

程量清单审计；陷泥河、柳青河正在设计阶段，尚无准确的工程量清单报价。如何在竞争性磋商过程中设置合理的报价标的，拉齐社会资本方的竞标起跑线，成为临沂市政府与咨询机构的商讨重点。最终磋商报价范围只涉及已完成施工图的涑河河道整治工程与祊河河道整治工程，已完成工程总承包招标的工程内容，由中标社会资本概括承受原工程招投标文件及施工合同项下的发包方的权利义务，未完成施工图设计的工程不记入磋商范围，各投标方均以概算投资暂估价单列。如此，则避免了在工程范围不确定时，给社会资本方报价带来的差异，提高了竞争的公平性。

8. 工程验收引入甩项机制

本项目所包含的多个子项目，因项目建设进度、前期地勘、物探的准确性、施工方法的可行性等多方面的原因，难免会发生工程变更或部分工程中止、终止施工的情况，单项工程的中止、终止都将影响整体工程的验收，推迟可用性服务费与运营服务费的支付时间，从而增加社会资本方的资金使用成本，增大投资风险。在合同谈判期间，双方充分考虑了中心城区项目建设的复杂性，本着公平、公正的原则，达成如下协议：

项目实施过程中因双方认可的原因，导致某单项工程或某单项工程的部分工程中止、终止施工，并无法确定复工时间，按甩项处理。已完成工程及相关费用计入项目建设总投资，支付可用性服务费。如未来政府方、社会资本方、设计方对本项目提出工程变更要求，导致工程量增加或减少的，工程数量由项目公司提出，经监理工程师初审，报经甲方书面审核通过后，相应增减可用性服务费总额，由项目公司负责实施。工程变更仅限于政府方以会议纪要或文件明确的才能予以认可实施。如本项目发生使用暂列金情况，须经政府方书面认可方能实施。

甩项验收的实施降低了社会资本方因客观因素而不能获得可用性服务费与运营服务费的风险，解决其后顾之忧。

（二）项目实施成效

1. 经济效益

本项目的实施，将与临沂市其他 PPP 项目一起，在很大程度上拉动临沂投资建设，影响上下游从实体经济到专业服务各个相关或配套产业的发展，从而带动临沂市经济的发展。

采用 PPP 模式推进该项目，大大缓解了政府的短期财政压力，通过降低建设成本节约了财政支出，有利于临沂市政府将相对有限的财力运用到更有需要的领域，提高财政支出效率。此外，PPP 模式为社会资本方带来了投资回报和其他潜在的经济效益。

2. 社会效益

本项目的实施，改善了项目区生态环境，提高了城市宜居指数，提高城市品位；带动区域经济发展，改善投资环境，促进招商引资，带动旅游业的发展；较快地影响区域的开发建设，带动本地段区域经济的发展，提高地域经济价值，使其土地资源得以充分开发利用；有效吸纳当地剩余劳动力，促进社会稳定，繁荣当地经济。

采用 PPP 模式推进本项目，政府可以借助有资质、有经验、有运营管理能力的优质社会资本方，降低项目建设和运营维护风险，提高公共服务供给水平和居民满意度。

3. 环境效益

本项目的实施，使困扰临沂市多年的黑臭水体问题得以治理，河道周边生态得以修复，青龙河和陷泥河净水厂周边景观重新营造，极大改善临沂市中心城区主要河道及其周边的生态环境，为临沂市创造更加宜居的生态环境。

采用 PPP 模式推进本项目，政府可以通过绩效考核的方式，引导社会资本方提高项目建设和后期运营维护的质量，保证环境治理、硬件设施、日常监测、维护服务的质量，从而将改善临沂市中心城区河道及其周边环境的工作落到实处。

（三）问题与建议

因为PPP项目具有参与方与参与环节众多、利益诉求不一、交易结构复杂、投资规模巨大、回收周期长等特点，所以，PPP项目在其全生命周期内涉及的税务问题要比一般企业经营活动中遇到的税务问题复杂得多。为了便于社会资本或项目公司申报纳税，建议分别就PPP项目涉及的企业所得税、增值税等主要税种编制税务处理指南，并完善水务及水环境领域税收优惠政策，体现税收优惠政策的倾斜和支持。

案例 8

福建龙岩市四个县（区）乡镇污水处理厂网一体化 PPP 项目

一、项目摘要

项目基本信息见表 8-1。

表 8-1　　　　　　　　　　项目基本信息表

项目名称	福建龙岩市四个县（区）乡镇污水处理厂网一体化 PPP 项目（以下简称"本项目"）
项目类型	新建 + 存量
所属行业	市政工程——污水处理
合作内容	项目总投资约 6.72 亿元。 本项目将龙岩市新罗区、永定区、连城县和武平县四个县（区）的乡镇污水处理厂及配套管网捆绑打包实施，由社会资本负责项目的建设、运营和维护，合作期满移交给政府方。共涉及 31 个乡镇，污水处理总规模约 11 万吨/天，配套管网总长约 190 公里，项目总投资约 6.72 亿元。其中：（1）龙岩市新罗区乡镇污水处理厂及配套管网项目包括新罗区内岩山镇、大池镇、苏坂镇 3 个乡镇新建污水处理厂及配套管网，以及白沙污水处理厂、雁石污水处理厂 2 个已建污水处理厂的委托运营，新建污水厂处理规模约 2.45 万吨/天，配套管网总长约 10 公里，已建污水处理厂处理规模约 4.6 万吨/天，总投资约为 0.84 亿元；（2）龙岩市永定区乡镇污水处理厂及配套管网项目包括永定区内高头乡、湖坑镇、下洋镇、峰市镇、仙师镇、城郊镇、湖雷镇、抚市镇、龙潭镇、堂堡乡 10 个乡镇新建污水处理厂及配套管网建设，污水处理厂的处理规模约 0.95 万吨/天，配套管网总长约 56 公里，总投资约为 2.1 亿元；（3）连城县乡镇污水处理厂及配套管网项目包括连城县内朋口镇、庙前镇、曲溪乡、姑田镇、新泉镇、莒溪镇、文亨镇、宣和乡 8 个乡镇的生活污水处理设施及其配套管网，污水处理厂的处理规模约 1.675 万吨/天，配套管网总长约 71 公里，总投资约为 1.82 亿元；（4）武平县乡镇污水处理厂及配套管网项目包括武平县内桃溪镇、湘店乡、十方镇、岩前镇、中堡镇、中山镇、东留镇 7 个乡镇的生活污水处理设施及其配套管网，污水处理厂的处理规模约 1.13 万吨/天，铺设配套污水管网总长 53 公里，总投资约为 1.96 亿元。

续表

合作期限	31年（建设期1年、运营期30年）
运作方式	建设－运营－移交（Build-Operate-Transfer，BOT）＋委托运营（Operations & Maintenance，O&M）
资产权属	资产权属归政府方所有，项目公司拥有本项目资产的经营权。
回报机制	政府付费
实施机构	龙岩市新罗区住房和城乡规划建设局、龙岩市永定区住房和城乡规划建设局、连城县住房和城乡规划建设局和武平县住房和城乡规划建设局（以下简称"四个县（区）住建局"）
采购方式	公开招标
政府出资方	龙岩城发水环境有限公司，国有企业（以下简称"龙岩水环境公司"）
中选社会资本	福建纳川管材科技股份有限公司、福建纳川基础设施建设有限公司与福建省广泽建设工程有限公司组成的联合体，中选社会资本为民营上市企业（以下简称"纳川管材联合体"）
签约日期	2016年4月28日
项目公司设立概况	项目公司名称分别为：龙岩市河洛水环境发展有限公司、龙岩市永定区纳川水环境发展有限公司、连城县城发水环境发展有限公司和武平县净源水环境有限公司 设立时间：2016年5月 股权结构：项目公司注册资本金分别为1 000万元，其中福建纳川管材科技股份有限公司16%，福建纳川基础设施建设有限公司63.992%，福建省广泽建设工程有限公司0.008%，龙岩城发水环境有限公司20%。
主要贷款机构	由福建省PPP引导基金提供贷款，本项目是福建省PPP引导基金对PPP项目提供的首笔债务融资贷款。

二、项目识别论证

（一）项目背景

1. 项目概况

龙岩市是全国著名的革命老区，是原中央苏区的重要组成部分，是全国赢得"红旗不倒"光荣赞誉的两个地方之一。

习总书记强调建设社会主义新农村要补农村短板，因地制宜搞好农村人居环境综合整治，解决好农村生活污水治理，是建设国家生态文明试验区的重要内容，既有利于生态环境保护，又有利于补齐短板惠民生。相比城镇而言，农村生活污水治理长期滞后，老区人民生活受到了较大影响。因此，通过治理农村生活污水来改善人居环境，加快缩小城乡差距，促进城乡基本公共服务均等化、一体化是必然选择。目前，四个县（区）的乡镇都没有生活污水处理设施，生活污水都直接排入水渠，导致溪流水质逐年恶化。本项目的实施可有效解决生活污水乱排问题，改善老区人民的人居环境，惠及民生，受益群众近百万。

为改善乡镇的生活居住环境，福建省人民政府《关于加快推进乡镇生活污水处理设施建设的实施意见》（闽政〔2013〕57号）和《福建省农村污水垃圾整治行动实施方案（2016—2020年）》明确"纳入全省城镇污水处理及再生利用设施建设'十二五'规划的建制镇、'六江二溪'流域周边1公里范围内的乡镇和土楼保护区内的乡镇，要在2015年底前建成生活污水处理设施；全省其他乡镇要力争在2020年前全面建成生活污水处理设施"，也正是由于福建省政府和龙岩市政府对乡镇生活污水治理的高度重视，龙岩市四个县（区）的乡镇污水治理得以

实施。

2. 实施 PPP 的必要性

(1) 乡镇污水治理运营特点决定需引入社会资本

本项目前期准备阶段，为熟悉乡镇污水行业的特点，龙岩水环境公司和项目的咨询机构福建省招标采购集团对龙岩市长汀县进行了实地调研分析，发现已实施的乡镇污水处理设施存在重建设、轻运营的问题。政府做试点时，倾向于建设，较少考虑项目后期的运营维护，都是将运营维护交给下一级村镇管理，这样带来了一系列的问题。首先是运营管理人员问题，运营维护人员多数是兼职，人员流动性大，必将造成运营维护的间断性空缺；其次是专业技术支持问题，乡镇污水处理工艺类型多，运营管理较为复杂，且乡镇的污水大多混有农药化肥污染物和畜禽养殖污染物，处理难度较大，缺乏专业技术人员作支撑；最后是污水收集问题，乡镇生活污水的收集率非常低，特别是像龙岩这样的山区，建成的污水处理设施运行负荷偏低，经常处于"吃不饱"状态。其中一半以上的污水处理设施长期的运行负荷只有处理规模的50%以下，导致已建的污水处理设施并没有发挥应有的效益。因此，通过采用 PPP 模式引入污水处理领域的专业社会资本进行规范运营管理就成为必然。

(2) 乡镇污水治理规模特点决定需引入社会资本

从现实情况来看，乡镇污水处理设施分布较散，规模普遍较小，日处理量大多十几吨至几百吨，难以形成规模效益，小厂基本不能满足投资者对市场化经营的收益要求；但对政府而言，无论大镇、小镇均需要建设污水处理设施，都需要专业的运营管理，无法厚此薄彼，于是将这些"小而散"的项目进行"捆绑"打包，形成规模效益后引入社会资本就成了必然选择。

(3) 相关的政策法规要求引入社会资本

《关于市政公用领域开展政府和社会资本合作项目推介工作的通知》（财建〔2015〕29号）明确"把污水处理作为开展政府和社会资本合作项目推介的领域，并强调污水处理项目应实行厂网一体，提高服务质量",本项目的厂网一体化的运营模式与此高度契合。《关于在公共服务领域深入推进政府和社会资本合作工作的通知》(财金〔2016〕90号,以下简称"《通知》")也明确"污水处理等领域强制应用PPP模式",虽然项目实施时《通知》尚未出台,但污水处理领域属于价格调整机制灵活、市场化程度较高的领域,非常适宜采用PPP模式。福建省人民政府《关于推进环境污染第三方治理的实施意见》(闽政〔2015〕56号)也明确要求"乡镇污水处理厂的运营管理应采用市场化模式",乡镇污水处理采用PPP模式符合相关政策法规的要求。

(二) 发起方式

本项目由政府方发起。

(三) 实施方案

1. 合作范围界定

本项目的合作范围包括龙岩市新罗区、永定区、连城县、武平县四县(区)乡镇污水处理厂及配套管网项目的投资、建设、运营维护,涉及辖区内31个乡镇,总污水处理规模约11万吨/天,配套管网总长约190公里,具体项目概况如下所示:

(1) 龙岩市新罗区乡镇污水处理厂网一体化项目(见表8-2)

表8-2　　　　　龙岩市新罗区乡镇污水处理设施概况

序号	子项目名称	建设内容	总投资(万元)
1	岩山镇污水处理厂及配套管网工程	近期处理规模250立方米/天,中期规模500立方米/天,远期1 500立方米/天。	950.86
2	大池镇污水处理厂及配套管网工程	近期处理规模300立方米/天,中期规模600立方米/天,远期3 000立方米/天。	1 268.75

续表

序号	子项目名称	建设内容	总投资（万元）
3	苏坂镇污水处理厂及配套管网工程	近期处理规模1万立方米/天，远期2万立方米/天。	6 184.22
4	白沙污水处理厂	污水处理厂属已建项目，待政府回购后委托项目公司运营，日处理量3 000立方米/天，远期日处理量6 000立方米/天。	委托运营（O&M）
5	雁石污水处理厂	污水处理厂属已建项目，待政府回购后委托项目公司运营，日处理量2万立方米/天，远期日处理量4万立方米/天。	委托运营（O&M）
6	万安污水处理厂	污水处理厂属已建项目，委托项目公司运营，日处理量300立方米/天。	委托运营（O&M）
7	环境连片整治	东肖、适中、龙门、小池、江山、苏坂、白沙等污水处理站点。	委托运营（O&M）
合计	总投资		8 403.83

（2）龙岩市永定区乡镇污水处理厂网一体化项目（见表8－3）

表8－3　　　　　龙岩市永定区乡镇污水处理设施概况表

序号	子项目名称	建设内容	总投资（万元）
1.1	高头乡污水处理厂及配套管网工程	近期设计规模日处理0.05万吨的污水处理厂一座，近期建设管网8.856公里。	1 534.13
1.2	湖坑镇污水处理厂及配套管网工程	近期设计规模日处理0.05万吨的污水处理厂一座，近期建设管网4.281公里。	1 525
1.3	下洋镇污水处理厂及配套管网工程	近期设计规模日处理0.3万吨的污水处理厂一座，近期建设管网6.98公里。	2 905.38
1.4	峰市镇污水处理厂及配套管网工程	近期设计规模日处理0.025万吨的污水处理厂一座，近期建设管网5.701公里。	1 349.67
1.5	仙师镇污水处理厂及配套管网工程	近期设计规模日处理0.05万吨的污水处理厂一座，近期建设管网2.535公里。	1 281.09
1.6	城郊镇配套管网工程	集镇范围生活污水纳入永定第一污水处理厂，近期建设管网11.983公里。	1 682.15

续表

序号	子项目名称	建设内容	总投资（万元）
1.7	湖雷镇污水处理厂及配套管网工程	近期设计规模日处理0.2万吨的污水处理厂一座，近期建设管网6.096公里。	1 911
1.8	抚市镇污水处理厂及配套管网工程	近期设计规模日处理0.1万吨的污水处理厂一座，近期建设管网6.715公里。	1 769
1.9	龙潭镇污水处理厂及配套管网工程	近期设计规模日处理0.15万吨的污水处理厂一座，近期建设管网2.419公里。	1 410.49
1.10	堂堡乡污水处理厂及配套管网工程	近期设计规模日处理0.025万吨的污水处理厂一座，近期建设管网1.854公里。	569.01
2	9个乡镇污水处理厂及10个配套管网工程建设其他费		3 509.21
3	9个乡镇污水处理厂及10个配套管网工程基本预备费		1 550.7
合计		总投资	20 996.83

（3）连城县乡镇污水处理厂网一体化项目（见表8-4）

表8-4　　　　　　连城县乡镇污水处理设施概况表

序号	子项目名称	建设内容	总投资（万元）
1	朋口镇污水处理厂及配套管网工程	近期设计规模日处理0.4万吨的污水处理厂一座，远期建设管网20公里。	4 200
2	庙前镇污水处理厂及配套管网工程	近期设计规模日处理0.3万吨的污水处理厂一座，建设管网7.2公里。	3 583.86
3	曲溪乡污水处理厂及配套管网工程	近期设计规模日处理0.025万吨的污水处理厂一座，建设管网6.6公里。	978.97
4	姑田镇污水处理厂及配套管网工程	近期设计规模日处理0.15万吨的污水处理厂一座，建设管网7.3公里。	2 495.7
5	新泉镇污水处理厂及配套管网工程	近期设计规模日处理0.25万吨的污水处理厂一座，建设管网8公里。	2 688.1
6	莒溪镇污水处理厂及配套管网工程	近期设计规模日处理0.15万吨的污水处理厂一座，建设管网8公里。	1 684.69
7	文亨镇污水处理厂及配套管网工程	近期设计规模日处理0.3万吨的污水处理厂一座，建设管网10公里。	1 897

续表

序号	子项目名称	建设内容	总投资（万元）
8	宣和乡污水处理厂及配套管网工程	近期设计规模日处理 0.1 万吨的污水处理厂一座，建设管网 4 公里。	698.51
合计		总投资	18 226.83

（4）武平县乡镇污水处理厂网一体化项目（见表8－5）

表8－5　　　　　武平县乡镇污水处理设施概况表

序号	子项目名称	建设内容	总投资（万元）
1.1	桃溪镇污水处理厂及配套管网工程	设计规模 2 500 立方米/天，建设一座污水处理厂，铺设配套管网 5.09 公里。	1 546
1.2	湘店乡污水处理站及配套管网工程	设计规模 5 000 立方米/天，建设一座污水处理厂，铺设配套管网 4.624 公里。	995
1.3	十方镇污水处理厂及配套管网工程	设计规模 300 立方米/天，建设一座污水处理厂，铺设配套管网 9.145 公里。	3 337
1.4	岩前镇污水处理厂及配套管网工程	设计规模 1 000 立方米/天，建设一座污水处理厂，铺设配套管网 16.39 公里。	3 539
1.5	中堡镇污水处理厂及配套管网工程	设计规模 1 000 立方米/天，建设一座污水处理厂，铺设配套管网 5.0 公里。	1 900
1.6	中山镇污水处理厂及配套管网工程	设计规模 500 立方米/天，建设一座污水处理厂，铺设配套管网 12.5 公里。	2 400
1.7	东留镇污水处理厂及配套管网工程	设计规模 1 000 立方米/天，建设一座污水处理厂，铺设配套管网 5.0 公里。	1 300
2	7个乡镇污水处厂及配套管网工程建设其他费		3 185.15
3	7个乡镇污水处厂及配套管网基本预备费		1 387.36
合计		总投资	19 589.51

2. 项目边界条件

(1) 合作期限

根据《关于印发〈政府与社会资本合作模式操作指南（试行）〉的通知》（财金〔2014〕113号）中对"建设-运营-移交"（BOT）项目合作期的规定，项目的合作期一般为20~30年，考虑到本项目涉及的乡镇污水处理设施较多，进入运营期的时间不一，因此设定本项目的整体运营期为30年，每个乡镇污水处理设施建设期原则上不超过1年，本项目的合作期为31年。

(2) 回报机制设计

从前期对浙江等地乡镇污水处理的收费调研情况来看，主要有以下几个问题：第一，污水处理费收取率低，村民对收取污水处理费的排斥情绪较大；第二，污水处理费收取成本高，与城镇污水处理费摊入水价不同，乡镇污水处理需委派专人收取；第三，村民可承担的污水处理费有限，在龙岩相对贫困的山区尤为明显。因此，本项目乡镇污水治理基本上是采用政府付费方式。

根据《PPP项目合同指南》中明确"在政府付费机制下，政府通常会依据项目的可用性、使用量和绩效中的一个或多个要素组合向项目公司付费"。对于回报机制的设计，咨询机构与龙岩水环境公司对本项目进行了综合测算分析，若按使用量进行付费，即将污水处理设施及配套管网的建设成本和运营成本摊入水价，经测算，在污水处理费单价为1.2元/吨情形下，预计需50~60年才能把成本收回，资金的回笼会非常慢；若运营期为30年，污水处理费将高达3.5元/吨，远远高于污水处理的指导价。因此，本项目按使用量进行付费不切合实际。

本项目按"基于绩效考核的全生命周期可用性付费"的模式，建设成本的回收是基于污水处理设施及配套管网的可用性付费，运营成本基于绩效付费，具体情况如下：

① 可用性服务费

可用性服务费是指政府为项目公司维持污水处理设施及配套管网的可

用性而支付的费用,为合理分担风险,将可用性付费的(1-M)作固定支付,可用性付费的 M 作浮动付费,与运营考核情况挂钩。可用性付费如此设计既可以倒逼社会资本提高后期的运营服务水平,又可满足项目公司的融资结构需求,若是全部可用性付费100%与绩效考核情况挂钩,对金融机构而言,项目的未来现金流情况受社会资本运营维护水平影响,会降低项目的可融资性。因此,可用性付费的(1-M)作固定付费处理,有利于降低本项目的融资风险。

可用性付费周期设置为10年,短于本项目的运营期30年,主要出于考虑缩短项目的投资回收期和提高项目的可融资性,一是缩短项目的投资回收期,本项目的利润水平本身不高,为吸引社会资本需缩短投资回收期;二是匹配目前的融资期限要求,若可用性付费周期设置30年,投资回收期将大大延长,目前基本上没有金融机构可以匹配,需考虑项目二次融资问题。可用性付费在运营期前10年内每半年支付一次。

$$每期可用性付费 = \frac{项目建设成本 \times (1+合理利润率) \times (1+半年度折现率)^n}{2 \times 运营补贴周期} \times (1-M+M \times P)$$

其中:项目建设成本是指经政府评审中心审定核算的污水处理厂及配套管网的全部建设成本;合理利润率是指社会资本获得合理回报的利润率,合理利润率通过招标投标确定;年度折现率取五年期以上贷款基准利率;运营补贴周期为10年;M 为可用性付费中与绩效考核系统挂钩的比例;P 为项目的绩效考核系数。

② 绩效服务费

项目的运营成本分为固定成本部分和可变成本部分,固定成本包括人员工资、日常巡查和管理费用、设备维修维护费、修缮恢复费用等,此部分费用与处理水量无关,经咨询机构对运营成本测算,每年的运营固定成本约464万元/年,具体计算过程如下:

ⅰ 人员工资:根据运营管理的设施(31座),每座设施2 000元/月,合计6.2万元/月,即74.4万元/年。

ⅱ 日常巡查和管理费用平均每座设施400元/月,合计1.24万元/月,即 14.8 万元/年。

ⅲ 设备维修维护费（包括大、中、小修费用，按照总投资额 1% 计算）：35 000 万元 × 0.01 = 350（万元）。

ⅳ 日常监测费用：监测因子包括 NH_3-N、COD、BOD_5、SS，每季度委托第三方检测机构开展出水水质监测 1 次，31 座 × 4 × 0.2 = 24.8（万元）。

合计固定运营成本 = 74.4 + 14.8 + 350 + 24.8 = 464（万元/年）。

可变运营成本包括污水处理厂的电费、药剂处理费等，可变成本与处理水量有关，具体以项目公司实际发生情况并经政府审核的金额为准。

配套管网的运营维护费用以《福建省城镇排水设施养护维护年度经费定额（2014 年）》中的确定的综合单价为基础，在此基础上进行下浮（见表 8-6）。

表 8-6　　　　　　　　污水管网养护综合单价

类型	定额名称	名称	保养率（%）	单位	综合单价（元）
污水系统	JPS8	小型管（D < 600mm）	110	100m	2 313.03
	JPS9	中型管（600mm ≤ D < 1 000mm）	50	100m	1 352.50
	JPS10	大型管（1 000mm ≤ D < 1 500mm）	20	100m	1 225.06
	JPS11	特大型管（1 500 mm ≤ D）		100m	183.76
	JPS12	污水检查井	100	100 座	12 814.49
巡视检测	JPS14	路面上巡视检查	5 000	100km	76 673.02

其中，本项目的配套管网的合作期限为 11 年（含 1 年建设期），配套管网在合作期结束后无偿移交给四个县（区）政府运营维护，期满后涉及的更新改造、运营维护和相关费用均由政府方承担。

(3) 定价调价机制

① 可用性服务费的调价机制

项目竣工验收后,四个县(区)投资评审中心根据审核的工程费用和其他费用结算额结合中标的建筑安装工程费下浮率、合理利润率和年度折现率计算出每期支付的可用性服务费金额。

② 绩效付费调价机制

在项目运营期间,年度运营费用根据通货膨胀情况(龙岩市统计局公布的当期 CPI 数值)调整。以三年为周期,进行定期调价。调价公式如下:

$$P_{3n} = P_{3n-3} \times CPI_{3n-3} \times CPI_{3n-2} \times CPI_{3n-1} \times 10^{-6} \quad (n=1,2,3\cdots)$$

其中:P_{3n} 为固定运营成本和配套管网运维费用之和;P_{3n-3} 为第 3n 个财务年度起适用的固定运营成本和配套管网运维费用之和(每三年调价一次);CPI_{3n-3} 为第 3n 个财务年度由龙岩市统计局公布的第 3n-3 个财务年度龙岩市居民消费物价指数;CPI_{3n-2} 为第 3n 个财务年度由龙岩市统计局公布的第 3n-2 个财务年度龙岩市居民消费物价指数;CPI_{3n-1} 为第 3n 个财务年度由龙岩市统计局公布的第 3n-1 个财务年度龙岩市居民消费物价指数。

(4) 风险分配基本框架

项目的融资风险、建设风险、运营风险及污水收集风险全部由社会资本方承担,将污水收集率作为绩效考核的指标之一,有利于改变原来乡镇污水处理设施"空运转"和"晒太阳"现象的发生。

政策、法律和土地获取等风险全部由政府方承担,解决社会资本对于政策风险的不确定性,将政府的全部支付义务均纳入中长期财政规划安排,打消社会资本的疑虑。

通货膨胀风险由双方共担,运营维护成本每 3 年启动调价机制,社会资本的合理收益得到保证。

本项目根据上述要求,对项目的风险进行了识别并进行了合理分配,具体情况见表 8-7。

表 8-7　　　　　　　　　　项目风险识别和分配表

风险类别		风险承担主体			风险承担方式及对策
		政府方	项目公司	社会资本	
财务投融资	未筹足资本金			√	按照合资协议约定的比例及金额完成各自的资本金筹措工作。
	未完成债务融资		√	√	债务融资部分由项目公司负责,若出现融资差额部分由社会资本负责,包括但不限于担保、补充抵押及股东借款等。
	融资成本高		√	√	融资成本原则上不高于五年期以上贷款基准利率。
	偿债风险		√	√	项目公司自行按照融资计划完成债务融资的还本付息。若社会资本方提供融资担保的,则在项目公司不能按时足额偿债时,社会资本方股东需要承担相应偿债风险。
	项目公司破产	√		√	社会资本方需根据 PPP 项目合同中的约定（若有）履行担保/连带责任,同时作为项目股东,政府方和社会资本方需各自承担其股权投资的损失。
设计建造风险	工程审批	√			工程的建设审批程序由政府方负责完成,保证审批程序的完整性和合规性。
	工程竣工质量		√		项目公司应确保工程竣工验收合格。
	征地拆迁	√			征地拆迁工作由沿线政府负责。
	地质条件	√	√		一般的地质灾害由项目公司承担,不可抗力的地质灾害由双方共担。
	建造/采购成本超支		√		本项目采用总价合同。
	完工/延误风险		√		一般项目的完工和延期风险由项目公司负责。
	工地安全/环境保护		√		针对在建工程的工地安全/环境保护,由项目公司负责。

案例8 福建龙岩市四个县（区）乡镇污水处理厂网一体化PPP项目

续表

风险类别		风险承担主体			风险承担方式及对策
		政府方	项目公司	社会资本	
设计建造风险	考古文物保护	√	√		在发现工地的考古文物时，应采取类似于不可抗力条件下的处置方式，各自承担因此造成的风险。
运营风险	污水收集		√		项目公司应按绩效考核标准要求逐年提高污水收集率。
	运营维护成本提高	√	√		本项目考虑运营维护的价格调整机制，项目公司承担的风险具有上限。
	服务质量不达标		√		通过与绩效考核制度结合，项目公司需承担服务质量不达标的风险。
	财政预算不足	√			本项目在回报机制设计上对政府的支出责任有上限，因此，只要通过财政承受能力论证后，该风险相对较小。
	通货膨胀	√	√		通货膨胀因素在价格调整机制中反映。
移交	恢复性大修		√		通过对移交标准及恢复性大修的要求，并在移交前进行综合评估，保证设施设备完好率。
	未达到移交标准/残值风险		√		
	移交费用超支		√		
法律政策与政府行为	龙岩市政府可控的法律政策变更	√			由政府行为造成项目公司发生损失且超过协议约定范围时，将由政府给予一定的补偿。
	非龙岩市政府可控的法律政策变更	√	√		
	政府违约/提前终止	√			
	政府征收/征用	√			
	政府审批延误	√			
不可抗力风险	不可抗力（可保险）		√		项目公司应购买商业保险转移风险，同时约定应急处置程序，将损失控制到最小范围。
	不可抗力（不可保险）	√	√		政府与项目公司共同承担无法预见、预防、避免和控制事件带来的风险。

· 239 ·

3. 交易结构

(1) 运作模式

本项目包括新建和存量项目，对于新建项目采用建设－运营－移交（BOT）模式运作，对于存量项目采用委托运营（O&M）模式运作。由社会资本与政府出资人代表组建项目公司，由项目公司对本项目进行投融资、建设和运营维护，以此提供公共产品及配套公共服务，具体的交易结构见图8-1。

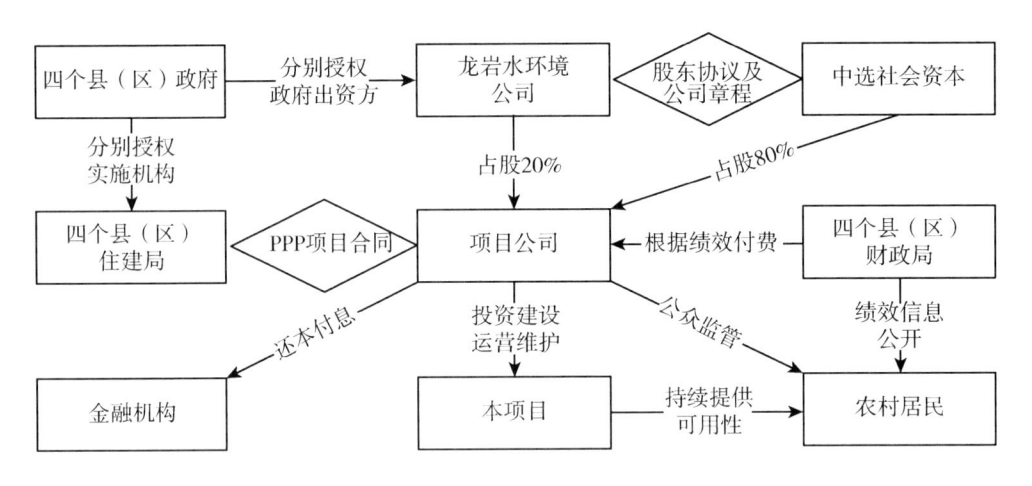

图8-1 交易结构图

(2) 股权结构

在项目公司中，政府方出资人代表龙岩水环境公司出资1元，持股比例20%[①]，中标社会资本出资剩余全部自有资本金，持股比例80%，政府方出资人代表在项目公司中不享受利润分配。为了履行股东监督权，政府方出资人代表对影响公共利益和安全等重大事项享有一票否决权。

---

① 根据最高人民法院民事判决书（2011）民提字第6号的判决"有限责任公司股东可以约定不按实际出资比例持有股权"。

4. 绩效考核指标及体系

本项目的绩效考核分为两部分：一是污水处理厂出水水质；二是乡镇污水处理设施及配套管网的运营维护。

（1）污水处理厂出水水质

出水水质标准：31个乡镇的污水处理厂出水水质均应符合《城镇污水处理厂污染物排放标准》（GB18918-2002）一级B标准和《福建省乡镇生活污水处理技术指南》相关要求。

若发生出水水质不达标或暂停服务等情况，每发现一次罚款3万元，政府有权在应支付的可用性和绩效付费中直接扣减。

（2）乡镇污水处理设施及配套管网的运营维护

乡镇污水处理设施及配套管网的运营维护应符合适用法律及国家行业规范、标准的要求。绩效考核每季度进行1次，按表8-8得到每次考核分数，并将考核分数折算成考核系数P，考核系数P与可用性和绩效付费挂钩。

表8-8　　　　　　　　　　运营绩效考核方案

序号	项目	考核内容	分数
1	污水收集率	运营期的前5年污水收集率达到60%，之后逐年提高5%，直至污水收集率不低于90%	10
2	人员情况	运行管理机构是否健全，岗位职责是否明确	10
3	运行管理	是否依据标准建立污水收集及处理设施工艺流程	5
		运行记录及统计报表	5
		生产运行情况	5
4	管网管理	管渠是否畅通，管渠周边是否有覆盖物，管渠是否有破损	5
		排水管渠应定期检查、定期维护	5
		盖板沟应保持墙体无倾斜、无裂缝、无空洞、无渗漏	5
		对岸边式排放口应定期巡视和维护	5
5	水质管理	是否按要求设置水质监测化验机构	5
		水样取样和保管是否规范	5
		检测周期是否满足要求	5

续表

序号	项目	考核内容	分数
6	设备管理	设备检修和更新改造计划	5
		设备实际运行情况	5
7	安全管理	是否制订应急预案和安全管理档案资料	5
8	形象管理	绿化养护是否到位	5
		建筑物、构筑物以及附属设施	5
9	其他	档案管理是否规范	5

政府方组成的考核小组根据每期的考核分数按表8-9转换成考核系数P，考核系数P作为政府当期付费的依据。

表8-9　　　　　　　考核分数与考核系数对应

考核分数（S）	S≥90	80≤S<90	70≤S<80	60≤S<70	50≤S<60	S<50
考核系数	1	0.9	0.8	0.7	0.6	0.5

5. 项目实施程序的规范性

（1）项目立项等前期手续

本项目的四个县（区）共计31个乡镇污水处理厂及配套管网项目的选址意见书、环境影响评价报告（连环审〔2015〕46号、武环建〔2016〕审033号、龙新环评〔2015〕112号、永环评〔2015〕47号）、可行性研究报告均已批复（连发改审批〔2013〕303号、连发改审批〔2015〕204号、连发改审批〔2015〕205号、连发改审批〔2015〕220号、连发改审批〔2015〕221号、武发改审〔2014〕99号、龙新发改投资〔2015〕27号、龙新发改基〔2015〕169号、永发改〔2015〕8号），部分乡镇污水处理厂的土地使用证已办理，部分乡镇的选址涉及农用地转用，土地使用证正在办理中。

（2）配套支持

本项目的土地征收由项目所在地乡镇政府具体负责，政府需负责本项目的"三通一平"（水通、电通、路通和场地平整）工作。

(3) 预算安排

龙岩市新罗区和永定区住建局已获得国家专项建设基金，已用于本项目的前期工作开展及部分污水处理设施及配套管网的开工建设资金投入。

四个县（区）政府的财政部门均已将本项目的支出责任纳入预算安排，由于各县（区）政府对支出责任是否需通过地方人大决议存在疑惑，并未将相关事项报地方人大常委会审议通过。

6. 实施方案批复

本项目的实施方案由四个县（区）政府会议通过，其中龙岩市新罗区政府于 2015 年 7 月的第 6 次常务会议通过本项目实施方案，龙岩市永定区政府于 2015 年 7 月的第 49 次常务会议通过本项目实施方案，连城县政府于 2015 年 8 月的第 48 次常务会议通过本项目实施方案，武平县政府于 2015 年 6 月的第 10 次常务会议通过本项目实施方案。

（四）物有所值评价和财政承受能力论证要点

1. 物有所值评价要点

(1) 启动物有所值评价程序

为评价本项目采用 PPP 模式代替政府传统投资模式是否物有所值，四个县（区）住建局委托咨询机构编制了项目物有所值评价报告，通过专家评审方式对物有所值评价报告进行评价，四个县（区）财政局根据评价情况出具书面批复意见。

(2) 开展项目物有所值评价

为真实、客观地论证本项目，借鉴国内通行的物有所值评价理念和方法，采用定性和定量的方法对本项目进行了物有所值评价。

① 物有所值定性评价

本项目实施期间，《关于印发〈PPP 物有所值评价指引（试行）〉的通知》（财金〔2015〕167 号）尚未出台，咨询机构根据《政府和社会资本合作项目物有所值评价指引（试行）》（征求意见稿）选取全生命周期整合潜力、风险识别与分配、绩效导向、潜在竞争程度、鼓励创新和政府机构能力6项基本指标，选取项目资产寿命、项目资产种类、全生命周期成本估计准确性与法律和政策环境4项补充指标构成本项目物有所值定性评价指标体系，全面客观地对本项目进行了定性评价，通过与政府传统投资模式对比，发现本项目采用PPP模式具有比较优势，各指标的权重及得分见表8-10。

表8-10　　　　　物有所值定性评价指标及得分表

指　　　标	权重（%）	加权分
全生命周期整合潜力	15	12.57
风险识别与分配	15	11.58
绩效导向	15	11.94
潜在竞争程度	15	12.75
鼓励创新	10	8.42
政府机构能力	10	8.28
基本指标小计	80	
项目资产寿命	5	4.06
项目资产种类	5	4.29
全生命周期成本估计准确性	5	4.01
法律和政策环境	5	4.49
附加指标小计	20	
合　　　计	100	82.39

② 物有所值定量评价

在进行合理假设的前提下，咨询机构通过采用国内通行的PPP物有所值定量计算方法，分别计算得出本项目的公共部门比较值（PSC值）和PPP全生命周期内政府方净成本的现值（PPP值）。

PSC值是指政府采用传统采购模式提供与PPP项目产出说明要求相同的基础设施及公共服务的全生命周期成本的净现值。本项目的PSC值包括参照项目的建设和运营维护净成本、竞争性中立调整值和项目全部风险成本三者之和。建设和运营维护净成本主要依据本项目的财务测算数据，包括建设和运营维护成本，其中建设净成本包括资金本投入、贷款本金偿还，运营净成本包括运营维护成本、运营期财务费用，经测算后建设和运营成本净现值合计为7.14亿元；本项目暂未考虑竞争性中立调整值；项目的全部风险成本以财政承受能力论证中的风险承担支出责任测算数据为基础，考虑可转移给社会资本的风险承担成本，经测算本项目的风险承担成本净现值为1 606万元。PSC值合计7.31亿元。

本项目的PPP值等于PPP项目全生命周期内股权投资、运营补贴、风险承担和配套投入等各项财政支出责任的现值，参照《关于印发〈政府和社会资本合作项目财政承受能力论证指引〉的通知》（财金〔2015〕21号）及有关规定测算，经测算本项目的PPP值为7.04亿元。

通过对比PSC值和PPP值，发现本项目政府采用PPP模式比政府传统投资模式节约了2 647万元。从定量分析角度，本项目采用PPP模式降低了项目的全生命周期成本。

(3) 物有所值结论及审批

综上所述，本项目采用PPP模式较政府传统投资模式具有多方面优势，项目从定性和定量两方面均可通过项目物有所值评价。龙岩市四县（区）财政局以《关于同意龙岩市四个县（区）乡镇污水处理厂网一体化PPP项目物有所值评价及财政承受能力论证报告的函》通过了本项目的物有所值评价。

2. 财政承受力论证要点

(1) 启动财政承受能力论证程序

为综合判断本项目采用PPP模式实施后对四县（区）财政的影响，四县（区）住建局委托咨询机构编制了本项目财政承受能力论证报告，最后根据论证情况出具书面批复意见。

(2) 开展财政承受能力论证

① 财政支出能力评估

经对本项目财政支出责任进行识别，本项目的支出责任包括运营补贴支出、风险承担支出和配套投入支出三个方面。表8-11以连城县对本项目的财政支出责任测算为例。

表8–11　　连城县项目全生命周期内政府财政支出情况　　单位：万元

年份	运营补贴支出	风险承担支出	配套投入支出	财政支出总额
2016	—	—	173	173
2017	2 252	30	29	2 310
2018	2 405	33	36	2 474
2019	2 561	37	43	2 642
2020	2 649	37	43	2 729
2021	2 740	37	43	2 820
2022	2 834	37	43	2 915
2023	2 933	37	43	3 013
2024	3 036	37	43	3 116
2025	3 142	37	43	3 223
2026	3 254	37	43	3 334
2027	363	34	36	433
2028	363	34	36	433
2029	363	34	36	433
2030	363	34	36	433
2031	363	34	36	433
2032	363	34	36	433
2033	363	34	36	433
2034	363	34	36	433
2035	363	34	36	433
2036	363	34	36	433
2037	363	34	36	433
2038	363	34	36	433
2039	363	34	36	433
2040	363	34	36	433
2041	363	34	36	433
2042	363	34	36	433
2043	363	34	36	433
2044	363	34	36	433
2045	363	34	36	433
2046	363	34	36	433
合计	35 068	1 035	1 135	37 612

根据连城县近五年一般公共预算支出情况，预测"十三五"期间一般公共预算年均增长8%，故设定连城县2015~2021年的一般公共预算支出增长率为8%，2022~2046年的一般公共预算支出增长率为5%。本项目为连城县内实施的第一个PPP项目，通过测算，本项目在31年生命周期中，平均占连城县政府一般公共预算支出约0.32%，占一般公共预算支出的最大比例为0.98%。按此方法测算本项目支出责任占龙岩市新罗区政府一般公共预算约0.22%，占一般公共预算支出的最大比例为0.54%；占龙岩市永定区政府一般公共预算约0.27%，占一般公共预算支出的最大比例为0.83%；占武平县政府一般公共预算约0.29%，占一般公共预算支出的最大比例为0.88%。

因此，本项目占四个县（区）一般公共预算支出比例均不超过10%，本项目的实施对四个县区政府当前及今后年度的财政支出影响较小，四个县（区）政府有能力承担对本项目的财政支出责任。

②领域均衡性评估

行业和领域均衡性评估，是根据PPP模式适用的行业和领域范围，以及经济社会发展需要和公众对公共服务的需求，平衡不同行业和领域PPP项目，防止某一行业和领域PPP项目过于集中。在四个县（区）范围内，本项目是采用PPP模式的第一个项目，本项目的实施并未造成在污水处理领域内PPP项目过于集中。

（3）财政承受能力论证及审批

通过对龙岩市四个县区PPP项目总支出的综合判断，龙岩市四个县区财政局以《关于同意龙岩市四个县（区）乡镇污水处理厂网一体化PPP项目物有所值评价及财政承受能力论证报告的函》通过了本项目的财政承受能力论证。

三、项目采购

（一）市场测试及资格预审情况

本项目在采购环节开始时，并未设置市场测试环节，但通过福建省

PPP项目推介会（北京场），先后有6家对本项目感兴趣的潜在社会资本与政府方取得联系，表达投资意向。考虑到本项目的边界条件清晰、运作机制成熟以及市场关注度高，决定采用公开招标的采购方式选择社会资本，根据《政府和社会资本合作项目政府采购管理办法》（财库〔2014〕215号）的要求，本项目采用资格预审，资格预审主要在净资产、投融资能力、资质条件以及运营业绩等方面设置门槛，具体见表8-12，最后本项目有8家潜在社会资本报名，4家潜在社会资本递交资格预审申请文件。

表8-12　　　　　　　　　　资格门槛条件

序号	资格条件
1	投标申请人近三年平均净资产不少于6亿元人民币，近三年平均资产负债率不高于70%。
2	投标申请人具备行政主管部门核发的有效的市政公用工程施工总承包二级及以上建筑业企业资质证书。
3	投标申请人自本项目资格预审公告发出之日起的前五年内作为社会资本累计承接过投资金额不少于6亿元人民币的投资建设项目。
4	投标申请人自本项目资格预审公告发出之日起的前五年内作为社会资本至少承接过一项经竣工验收合格的日处理污水量不少于1万吨的污水处理厂项目。

招标人按要求依法组建资格审查委员会，资格审查委员由从福建省综合评标专家库中随机抽取的5名专家组成，评审专家包括2名工程技术专家、1名法律专家和2名财务专家。资格审查委员对4家投标申请人递交的资格预审申请文件按上述标准采用合格制方法进行评审，最终纳川管材联合体、中城建第六工程局集团有限公司、中国五环工程有限公司与福建省顺荣建设工程有限公司组成的联合体3家投标申请人通过资格预审。

（二）评审情况

根据PPP项目特点并结合本项目的实际情况，评审采用综合评分法，评审要求分为商务技术分和价格分，所占比例为30%∶70%。其中商务评分主要考核企业总资产、净资产和资产负债率等企业综合实力,技术评分主要考核项目的建设管理方案、投融资方案和财务分析、运营移交方案和法律方案（见表 8-13）。在报价分上,设置了建筑安装工程费下浮率、合理利润率、污水处理技术服务费和污水管网运营维护的定额下浮率 4 个指标,各指标的权重分别为 30%、20%、15% 和 5%,具体评分标准如下：

$$PF = \frac{A(建安费下浮率)}{A(建安费下浮率)_{高}} \times 30 + \frac{B(合理利润率)_{低}}{B(合理利润率)} \times 20 + \frac{C(污水处理技术服务费)_{低}}{C(污水处理技术服务费)} \times 15 + \frac{D(管网维护费用取费定额下浮率)}{D(管网维护费用取费定额下浮率)_{高}} \times 5$$

其中：PF 为投标价格得分。A（建安费下浮率）$_{高}$ 为进入报价的最高建安费下浮率,B（合理利润率）$_{低}$ 为进入报价的最低合理利润率,C（污水处理技术服务费）$_{低}$ 为进入报价的最低污水处理技术服务费,D（管网维护费用取费定额下浮率）$_{高}$ 为进入报价的最高管网维护费用取费定额下浮率。A（建安费下浮率）、B（合理利润率）、C（污水处理技术服务费）、D（管网维护费用取费定额下浮率）为各投标人的报价的费率或单价。

表 8-13　　　　　　　　　商务和技术评分原则设计

序号	评审因素	分值	评分标准说明
1	综合实力	15	
1.1	企业总资产	5	投标人近三年平均总资产为 10 亿元人民币的得基本分 2 分,每增加 1 亿元加 1 分,本小项满分为 5 分。
1.2	企业净资产	5	投标人近三年平均净资产为 6 亿元人民币的得基本分 2 分,每增加 1 亿元加 1 分,本小项满分为 5 分。
1.3	企业负债率	5	投标人近三年平均资产负债率 70%（含）以上的不得分,60%（不含）~70%（含）之间得 2 分,50%（不含）~60%（含）之间得 3 分,低于 50% 的得 5 分;
2	项目建设管理方案	4	
2.1	工程建设方案	2	根据投标文件中提供的工程建设方案可行性进行评分。
2.2	工程管理方案	2	根据投标文件中提供的工程管理方案可行性进行评分。

续表

序号	评审因素	分值	评分标准说明
3	投融资方案及财务分析	5	
3.1	投资计划	1	投资计划合理可行性进行评分。
3.2	融资方案	2	融资方案合理可行性进行评分。
3.3	财务分析	2	财务分析合理可行性进行评分。
4	运营移交方案	4	
4.1	运营与维护方案	2	运营与维护方案完整性、可行性进行评分。
4.2	移交方案	2	移交方案完整性、可行性进行评分。
5	法律方案	2	
5.1	对PPP项目合同、PPP项目股东协议条款的响应性	1	承诺对PPP项目合同、PPP项目股东协议实质性条款和要求完全响应为1分，承诺内容有偏离但未影响实质性条款和要求响应为0分。
5.2	审批流程	1	中标后审批流程时限上最短的得1分，其余的不得分。
	合计	30	

投标人的总得分为商务技术分和报价分之和，如果投标人总得分相同，则按报价分高低决定排序。

本项目于2015年11月30日组织开评标，招标人依法从福建省综合专家库中随机抽取了7名专家组成评标委员会，评审专家包括2名工程技术专家、2名投融资专家、2名财务专家和1名法律专家。评标委员会按招标文件中确定评分方法对3家投标人递交的投标文件进行评审，经评审，评标委员会推荐中标候选人为纳川管材联合体。

（三）合同谈判及签署

2015年12月1日，由四个县（区）的住建局、财政局与7位专家组成的谈判小组与纳川管材联合体对合同的偏离条款进行谈判。

本项目的协议包括PPP项目合同和PPP项目股东协议，其中双方对股东协议的分歧较少，双方对PPP项目合同的条款在确定中标人之前确认的谈判结果内容见表8-14。

表 8-14　　　　　　　　　　　合同谈判确认内容

条款号	原条款内容	投标文件偏离内容	谈判结果确认内容
PPP 项目合同第 7.12 条	由乙方负责组织实施竣工验收工作。	由乙方负责组织实施竣工验收工作（如因非乙方原因进水量未达到环保部门要求导致无法竣工验收，此时甲方同意按已累计计量的投资金额进行可用性服务购买）。	由乙方负责组织实施竣工验收工作（如因非乙方原因进水量未达到环保部门要求导致无法竣工验收，此时甲方同意按已累计计量的投资金额进行可用性服务购买）。
PPP 项目合同第 5.2 条 C 款	本合同生效日后 7 日内，乙方应在项目当地银行设立工程建设资金专户。	建议删除。	本合同生效日后 7 日内，乙方应在项目当地银行设立工程建设资金专户。乙方在甲方同意的前提下可根据实际融资需要在不同银行设立工程建设资金专户。
PPP 项目合同第 6.1 条 C 款	此时甲方同意在已完工的工程通过质量核验的前提下按已累计计量的投资金额进行可用性服务购买。	建议改为：此时甲方同意对已完工的分部分项工程按照国家现行质量验收规范要求进行组织验收，通过分部分项工程验收的前提下按已累计计量的投资金额进行可用性服务购买。	此时甲方同意对乙方已完工的工程按照国家现行质量验收规范要求进行组织验收，在验收通过的前提下按已累计计量的投资金额进行可用性服务购买。
PPP 项目合同第 7.9 条（3）款	1）《建设工程工程量清单计价规范》（GB50500-2008）；6）2003 版《福建省建筑安装工程费用定额》。	建议改为：1）《建设工程工程量清单计价规范》（GB50500-2013）；6）2003 版《福建省建筑安装工程费用定额》及相关主管部门最新调整通知。	1）《建设工程工程量清单计价规范》（GB50500-2008）；6）2003 版《福建省建筑安装工程费用定额》及相关主管部门最新调整通知。
PPP 项目合同第 7.9 条（3）款	风险包干系数按 1% 计取	建议改为：风险包干系数按 2% 计取。	原条款不变：风险包干系数按 1% 计取。
增加内容		PPP 项目合同建议增加：甲方提供地方人大出具同意将支付义务纳入项目合作期限内的各年度财政预算的决议等文件。	不增加内容。

经合同谈判确认后,四个县(区)住建局于2015年12月2日对预中标人进行了确认并公示。公示期满,于2015年12月16日向纳川管材联合体发出中标通知书。在PPP项目合同经四个县(区)政府审核同意后,纳川管材联合体于2016年4月16日与四个县(区)住建局签订了PPP项目合同。2016年11月17日,四个县(区)住建局与项目公司正式签订了PPP项目合同。

四、项目落地情况

(一)项目公司设立情况

1. 公司概况

本项目在龙岩市新罗区、永定区、连城县和武平县分别成立了项目公司,项目公司的情况如表8-15所示。

表8-15　　　　　　　　项目公司基本情况

项目区域	公司名称	注册资本(万元)	成立时间
新罗区	龙岩市河洛水环境发展有限公司	1 000	2016年5月
永定区	龙岩市永定区纳川水环境发展有限公司	1 000	2016年5月
连城县	连城县城发水环境发展有限公司	1 000	2016年5月
武平县	武平县净源水环境有限公司	1 000	2016年5月

2. 股权结构

本项目设定的四个项目公司的股东均为纳川管材联合体和龙岩水环境公司,注册资本以货币形式出资,自有资金全部由纳川管材联合体出资,中标社会资本与政府方的出资比例与股权比例不一致,纳川管材联合体持股比例80%,龙岩水环境公司持股比例20%,但龙岩水环境公司不分享项目公司利润。以上考虑主要是为了使龙岩水环境公司对涉及公共安全、决定公司的经营方针和减资，公司合并、分立、解散、清算或者变更公司形式拥有一票否决权，便于对社会资本的监管。

在项目公司进行工商注册时，为了使龙岩水环境公司有合法身份成为项目公司股东，注册资本中的999.9999万元由纳川管材联合体认缴，1元由龙岩水环境公司认缴，通过这种"外部不对抗内部约定"的处理方式合理解决了龙岩水环境公司出资1元占股20%的问题。

3. 管理层架构

项目公司实行董事会领导下的总经理负责制，董事会由3名董事组成，其中纳川管材联合体委派2名，龙岩水环境公司委派1名。设1名监事，由纳川管材联合体委派。由总经理负责项目公司的日常运营管理。项目公司设总经理1名，副总经理11名，财务总监1名。总经理由社会资本提名，副总经理由双方推荐，财务总监由政府方提名。

（二）项目融资落实情况

1. 实施方案中融资方式及条件

本项目资本金占投资总额的30%，约1.99亿元，中标社会资本须负责本项目全部自有资本金的筹集，其中四个县（区）项目公司的注册资本合计4 000万元，自有资本金与注册资本的差额部分合计约1.59亿元，通过资本公积形式注入项目公司。

实施方案中对于债务融资并未约定融资的种类、期限、利率等，仅对增信条件进行了约定。实施方案中约定自有资本金外的资金由项目公司负责融资，若项目公司无法实现融资时，由中标社会资本负责提供担保或增信措施。

2. 融资实际执行情况及交割情况

四个县（区）成立的项目公司注册资本均已到位，由于可行性研究报告中编制投资估算时值偏大，经社会资本核实，实际投资额约5亿元，自有资本金约1.5亿元，债务融资约3.5亿元。项目公司已向福建省PPP

引导基金申请了 3.5 亿元的债务融资，并已获得审批，贷款期限为 10 年，利率为五年期以上贷款基准利率下浮 10%。

福建省 PPP 引导基金由福建省财政厅和兴业银行共同发起设立，基金规模 200 亿元，基金通过对福建省 PPP 项目的投入，可降低 PPP 项目的成本，增强社会资本的投资信心，吸引更多的社会资本和金额机构进入福建省 PPP 领域。

3. 再融资问题

在本项目进入运营期的 2 年后，经四个县（区）政府方书面同意且股权受让方具备相应的污水处理运营经验，包括技术水平、管理团队和运营能力，社会资本可转让其在项目公司中的股权。为保证受让方有能力承接本项目运营，要求设置 1 年的过渡期，在过渡期内，社会资本与受让方对本项目的运营绩效考核结果承担连带责任，若受让方在过渡期内无法满足政府方的运营考核要求，政府方有权要求中止股权转让协议。由于本项目的可用性付费周期在 10 年内，债权融资期限虽然不能覆盖项目的全生命周期，但可以覆盖项目的可用性付费周期，因此，本项目暂未考虑项目公司的再融资问题。

（三）资产权属及会计税收处理

1. 资产权属问题

污水处理行业属于采用 PPP 模式比较成熟的领域，较多的污水处理 PPP 项目的资产均属于项目公司。本项目的前期立项工作全部由龙岩水环境公司完成，土地使用权也是直接以无偿划拨方式提供给龙岩水环境公司，但在引入社会资本后，国土部门以划拨土地的主体非国有企业为由不允许直接划拨给项目公司，由此造成本项目的立项主体与土地使用主体不一致，这给项目的审批工作带来困扰。后来经与发改、住建、国土和财政等部门协商确认，决定本项目的立项主体暂不变更，资产的权属仍归政府方所有，项目公司拥有本项目资产的经营权。

2. 税务处理问题

本项目涉及的主要税种有增值税、所得税和附加税等。根据 PPP 项目合同约定，本项目所涉及的税均由项目公司承担。

关于本项目的增值税，项目公司在运营期间最大收入为可用性服务费收入，实施期间恰好遇到"营改增"。由于"营业税"模式下，按福建省的税务处理办法，可用性服务费可按建筑业差额缴纳营业税，即项目公司的总包合同价款可以直接扣减可用性服务费，其差额再按建筑业缴纳营业税，在此模式下，经前期的税负成本测算，项目公司的税负成本较小。但在"增值税"模式下，项目公司获得的可用性服务费是否应缴纳增值税，缴纳增值税适用的税率是多少均具有较大的不确定性，经与福建省国税局沟通协调确认，建设成本、融资成本、社会资本方投资收益、其他费用等构成不动产实体等政府支付的款项应开具建筑业税率的增值税发票，选择按老项目适用简易办法征收的，可按总分包方式进行差额申报纳税。按福建省国税局的答复，本项目的可用性服务费需按建筑业缴纳增值税，适用的增值税税率为建筑业适用税率 11%。绩效服务费中收费分为两部分，乡镇污水处理厂的运营维护按 17% 的税率征收增值税，配套管网的运营维护按不动产租赁适用的税率 11% 征收增值税。根据《关于印发〈资源综合利用产品和劳务增值税优惠目录〉的通知》（财税〔2015〕78 号）的要求"从事污水处理、垃圾处理劳务可享受增值税即征即退 70%"，本项目污水处理厂的运营维护付费可享有 70% 的增值税即征即退优惠。

项目公司适用的所得税税率 25%，但根据《财政部国家税务总局关于公共基础设施项目和环境保护、节能节水项目企业所得税优惠政策问题的通知》（财税〔2012〕10 号）的要求，本项目的所得税可享受"三免三减半"优惠政策。

关于本项目的附加税主要包括城市维护建设税、教育费附加和地方教育费附加，分别按增值税应交税额的 5%、3% 和 2% 缴纳。

3. 会计核算问题

项目公司形成的资产在会计上核算为"固定资产"或"无形资产"

或"金融资产"在实施方案编制阶段曾引起了不少的争议。但随着项目的推进,已经越来越明晰,本项目的运作方式与《企业会计准则解释第2号》(以下简称"第2号")中约定的BOT模式一致,因此,本项目形成的资产应核算为"无形资产"或"金融资产",根据"第2号"要求"合同规定基础设施建成后的一定期间内,项目公司可以无条件向合同授予方收取可确定金额的货币资金或其他金融资产的,应确认为金融资产,若收费金额不确认,应确认为无形资产"。按此理解,本项目是属于既有金融资产又有无形资产的混合模式,项目公司获得的可用性付费收入的"(1-M)"是固定的,应确认为金融资产,项目公司获得的可用性付费收入的 M 和绩效付费与绩效考核系数挂钩,应确认为无形资产。

(四)项目进度

1. PPP 项目实施进度

本项目实施进度见图 8-2。

2. 项目建设进度

本项目的四个县(区)的乡镇污水处理厂建设均于 2016 年 4 月开工建设,新罗区、永定区、连城县和武平县部分乡镇污水处理厂已基本完工,部分乡镇污水处理厂正在实施临时设施建设、土建施工、设备选型、管材价格商定等工作,截至 2017 年 4 月累计完成投资约 5 000 多万元。

五、项目监管

根据《关于政府和社会资本合作示范项目实施有关问题的通知》(财金〔2014〕112 号),PPP 项目监管架构主要包括授权关系和监管方式。授权关系主要是政府对项目实施机构的授权,以及政府直接或通过项目实

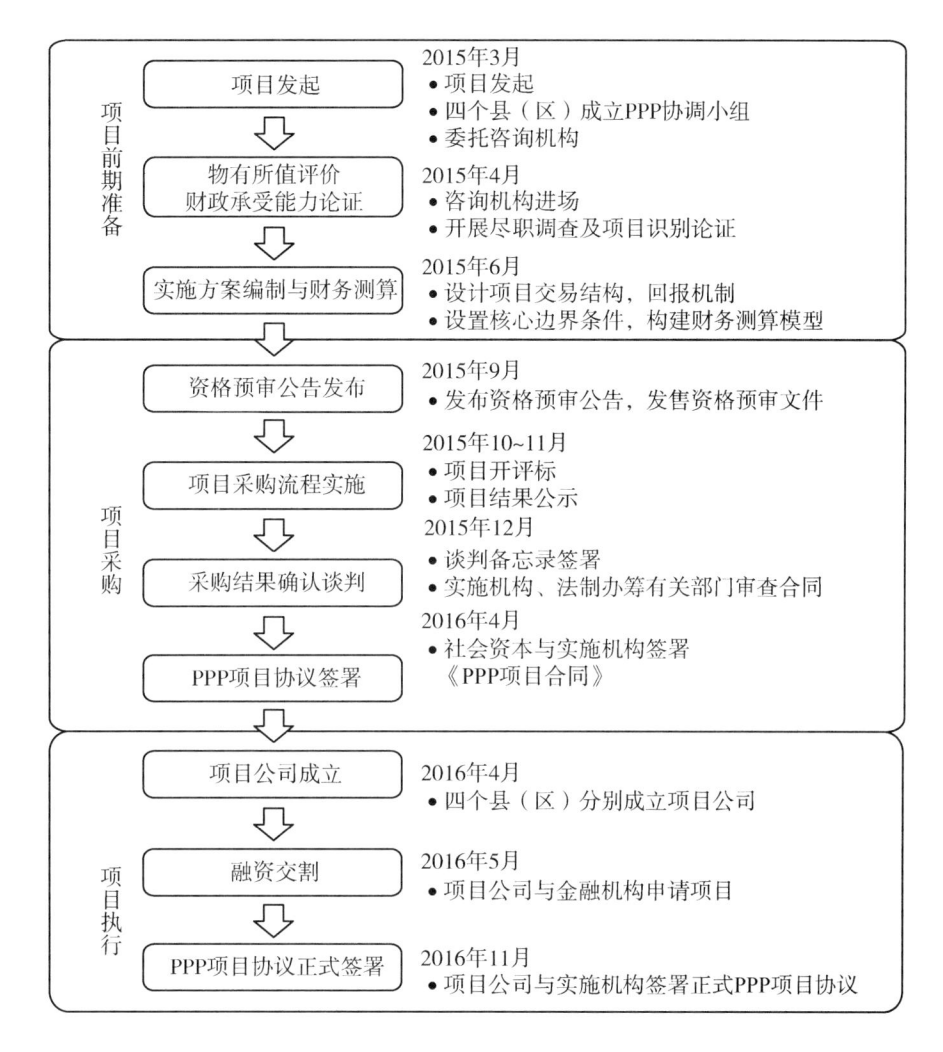

案例8 福建龙岩市四个县（区）乡镇污水处理厂网一体化PPP项目

```
项目前期准备
  项目发起          2015年3月
    ↓             • 项目发起
                  • 四个县（区）成立PPP协调小组
                  • 委托咨询机构
  物有所值评价      2015年4月
  财政承受能力论证   • 咨询机构进场
    ↓             • 开展尽职调查及项目识别论证
  实施方案编制与财务测算  2015年6月
                  • 设计项目交易结构，回报机制
                  • 设置核心边界条件，构建财务测算模型

项目采购
  资格预审公告发布   2015年9月
    ↓             • 发布资格预审公告，发售资格预审文件
  项目采购流程实施   2015年10~11月
    ↓             • 项目开评标
                  • 项目结果公示
  采购结果确认谈判   2015年12月
    ↓             • 谈判备忘录签署
                  • 实施机构、法制办等有关部门审查合同
  PPP项目协议签署    2016年4月
                  • 社会资本与实施机构签署
                    《PPP项目合同》

项目执行
  项目公司成立      2016年4月
    ↓             • 四个县（区）分别成立项目公司
  融资交割          2016年5月
    ↓             • 项目公司与金融机构申请项目
  PPP项目协议正式签署 2016年11月
                  • 项目公司与实施机构签署正式PPP项目协议
```

图8-2 项目实施进度图

施机构对社会资本的授权；监管方式主要包括履约管理、行政监管和公众监督等。其中，本项目的监管包含以下内容：

（一）项目运行各阶段的监管

采购阶段，招标文件中约定采购人如果发现参与澄清与谈判的中标候选人提供虚假资料或伪造资料、或发生涉及当前法律诉讼方面的事件足以影响其令人满意地履行合同，则采购人将停止与其澄清与谈判，并取消其中标候选人资格。

建设阶段，政府方有权自行或委托专业机构对社会资本的出资情况、资金使用、设立项目公司及对项目的建设进行监督管理。

运营阶段，政府方对项目公司的污水收集率、出水水质、管道维护等指标进行监督管理，并要求项目公司提交运营维护保函。

移交阶段，政府方有权聘请第三方对移交的资产进行评估，并要求最后一期的绩效考核分数不低于85分。

（二）实施机构和政府出资方的监管

实施机构和政府出资方的监管方式主要有履约管理、行政监管和公众监督。

履约管理主要是从合同的角度确保社会资本按合同履约，主要的履约管理形式：参股项目公司、资金监管、提交履约担保、项目实施期间的知情权、对承包商选择的监管、对项目工程质量、安全的监管等；政府对项目公司的履约监管并不影响相关行政主管部门对本项目的行政监管，项目的相关行政主管部门依法对本项目行使行政监督；本项目属于公共项目，项目公司应接受公众投诉，政府相关主管部门接受公众对项目公司的投诉。

六、项目点评

（一）特点及亮点

1. 创新的交易结构设计

乡镇污水处理收费无操作基础，社会资本也无法直接向村民收取污水处理费，实现不了"使用者付费"，只能通过"政府付费"使社会资本收回建设投资并获得合理回报。

首先，本项目的乡镇污水设施的处理量均较小，地理位置分散，项目的可变边际成本较大,无法发挥城镇污水处理厂的规模效益;其次,城镇污水收集有专用的管网收集,但乡镇污水收集存在村民漏排、偷排的风险;最后,因城镇片区人口规模固定,城镇污水厂的处理量较易确定,但乡镇污水处理量有较大不确定性,目前本项目可行性研究报告中确定的处理量和投资估算在后续均存在较大变化。

若本项目采用类似城镇污水费定价的做法,简单将建设成本分摊到处理水价,第一,会造成污水处理单价较高,因为本项目每个乡镇的处理量比城镇污水处理厂的处理量小得多。第二,政府承担过多不必要风险,城镇污水处理厂均设置保底水量,由政府承担最低需求风险,若乡镇污水处理厂也设置保底水量,实际进水量未达到设置保底水量,可能造成社会资本的暴利。

因此,本项目设计了"可用性付费+绩效付费"的模式,实质是将建设运营成本的构成要素进行分解,对建设投资和运营成本分别核算,建设投资后续通过财政审核确定,运营成本区分可变成本和不可变成本,可避免上述将建设成本分摊水价的弊端。

2. 厂网一体化的运作模式

相比城镇污水治理,管网对于乡镇污水治理更为重要,本项目通过厂网一体化来整合污水处理设施和配套管网,实现统一运营管理。在绩效考核指标中将污水收集率的风险转移给社会资本,要求社会资本运营期的前5年污水收集率达到60%,之后逐年提高5%,直至污水收集率不低于90%,防止乡镇污水处理设施"空运转"和"晒太阳"情形的发生,建立乡镇污水处理的长效运营机制。

3. 跨区域的行政协调问题

本项目涉及四个县(区),共涉及的部分多达20多个部门。在项目的前期准备过程中,涉及的部门太多,项目成果每一处修改调整需征求20多个部门的同意,沟通协调成本巨大可能导致项目无法正常推进甚至项目失败。为此,在启动前期,本项目就建设了二级的协调机制。第一级协调机制由龙岩市建设行政主管部门牵头，成员包括四个县（区）住建局和政府出资方龙岩水环境公司。第二级协调机制是各个县（区）建立的协调机制，通过分管住建的副县（区）长作组长，成员包括各个县（区）住建局、财政局、发改局、国土局、法制办等部门。一、二级协调机制的联动解决了管理幅度过大、沟通成本过高的问题，为国内其他跨区域的PPP项目提供一种可借鉴的思路。

4. 灵活的绩效考核指标

乡镇污水处理设施边界条件相比城镇污水处理复杂。特别是本项目还属于厂网一体化项目，与城镇污水处理仅考核出水水质不同，本项目根据运营维护内容结合农村污水治理特点，设计了污水收集率、人员情况、运行管理、管网管理、水质管理、设备管理、安全管理、形象管理等共计9个二级考核指标，基本上涵盖了农村污水处理的全部内容，包括污水收集—管网维护—设备管理—人员管理—运行管理—出水水质等农村污水处理的全流程绩效考核，从污水收集、处理到排放均设置了考核指标。绩效指标设计的完整性和灵活性可确保项目实施的效果，可为后续乡镇污水的绩效指标设计提供参考借鉴。

5. 项目招标方式创新性

四个县（区）的项目单独运作，规模较小，较难引起社会资本的投资热情。但通过统一的政府出资人代表协调跨区域整合资源，将四个县（区）的项目统一对外进行招商，使得"小项目"变成了"大项目"，极大地提高了社会资本对本项目的响应热情，改变了乡镇污水处理市场"叫好不叫座"的窘境，同时通过整体捆绑招标也可降低项目的交易成本。捆绑招标最大难点在于四个县（区）相关部门的协调，各方对于招标文件确认、进度安排和合同谈判等环节均需达成一致方可推进，这样就导致本项目文件的每一处修改均需获得四方的确认，但从实践效果来看，本项目的实施在一定程度上打破了行政垄断，为跨区域的统筹协调积累经验，建议后续可由市级政府统筹实施跨县（区）项目，对市级与县（区）

的责任进行划分，以减少项目的协调沟通成本。

6. 按效付费保证运营质量

对于政府付费类项目按照设施可用性、使用量和绩效进行付费在《PPP项目合同指南（试行）》中已经明确。基于项目设施的可用性付费的考核指标通常是工期、安全、环保等建设指标，而没有与运营考核情况挂钩，一旦项目竣工验收，可用性付费应变成固定付费，这样会导致以下问题：一是运营期运营情况的好坏无法形成对社会资本的约束力，特别是运营成本占比小项目；二是可用性的考核不单单是工程的竣工验收，应该也包括运营期的设施可用性。因此，本项目将每期可用性付费的一定比例与绩效考核情况挂钩，严格按效付费，确保运营质量水平。

7. 灵活的股权融资模式

根据《关于调整和完善固定资产投资项目资本金制度的通知》（国发〔2015〕51号）及金融机构债务融资要求，本项目自有资本金比例设定为总投资额的30%，若项目公司的注册资本设定为总投资额的30%，社会资本将会承担更多的责任。本项目灵活地将注册资本设定为1 000万元，其余自有资本金通过资本公积形式注入，增强股权融资的灵活性。

（二）项目实施成效

本项目是财政部第三批示范项目，作为福建省首个乡镇污水处理厂网一体化项目采用捆绑打包实施PPP模式，在福建省内引起好了较好反响，为乡镇污水处理厂的投资、建设和运营维护探索了一条新模式。

从合同签订至今，项目整体建设运行良好，除受到征地因素影响外，一些乡镇污水处理厂及配套管网的建设进度较快，其中部分乡镇污水处理厂已提前竣工验收，本项目的规划设计阶段与乡镇的周边环境进行充分融合，项目的建设与周边环境的整治结合起来。其中连城县曲溪乡污水处理厂实施的效果如图 8-3 所示，项目的实施改善了农村的生活环境，村民的环保意识有了显著提高，村民从最开始的排斥到欢迎，正是印证了本项目产生的社会效益和环境效益。

图 8-3 连城县曲溪乡污水处理厂效果图

1. 经济效益

本项目采用 PPP 模式实施，通过竞争方式引入具有投资、运营维护能力的社会资本来提升效率，依据绩效考核情况付费，提升公共服务的供给效率和质量。在传统政府投资模式下，项目的建设运营全部由政府实施，运营管理成本较难控制且实施效果不好，采用 PPP 模式后，项目的运行管理成本有了上限控制，并且可通过绩效考核（包括污水处理效益、污水收集率和管网维护等）来提高项目的实施效果。

2. 社会效益

本项目的实施对于四个县（区）实现"美丽乡村"的建设提供强有力的保证，通过将污水收集率指标导入绩效考核标准来提高污水收集率，可确保项目实施的效果，本项目实施的 31 个乡镇污水处理厂遍布龙岩市汀江流域，项目的建成有利于改善汀江流域的生态环境，发挥节能减排作用，同时为推动农村环境整治奠定基础。

3. 环境效益

本项目通过将管网延伸至村庄，设立集中的污水处理厂的方式治理农村污水，大大改善了农村的生活居住环境。通过项目公司先进的运营维护管理经验，不但提高项目的污水收集率，而且使得农村生活污水处理后排放，打破农村污水处理设施"有人建，无人管"的窘境，将改变目前农村生活污水未经处理随意排入水域的问题，从而使农村周围水质得到改善，为美丽乡村建设的有序和可持续发展创造有利条件。

4. 政府治理优化

本项目的实施有利于加快转变政府职能，让专业的人做专业的事，改变原来乡镇污水处理的建设运营方和监管方都是政府的职能错位问题。本项目实施的效果得到财政部、福建省和龙岩市政府的高度关注，为政府部门如何治理农村污水打开了思路，为政策制定提供实践经验。福建省住建厅、财政厅发布的《鼓励社会资本投资乡镇及农村生活污水处理PPP工程包的实施方案》（闽建城〔2017〕2号）中农村生活污水处理的采用PPP模式的实施流程均有借鉴于本项目的相关经验。

（三）问题与建议

1. 乡镇污水处理技术路线选择问题

本项目涉及的31个乡镇污水处理设施均选择A2/O+辐流式二沉池工艺，此技术路线是否都适应31个乡镇污水治理的要求值得商榷，主要原因是由于前期可行性研究报告中技术路线选择较为匆忙，后续社会资本在建设阶段发现该工艺技术并不适合某些乡镇的生活污水治理现状，建议尽量发挥社会资本的能动性，让社会资本参与技术路线选择，因地制宜选择技术路线。对于位于城镇周边的村庄，生活污水尽量通过管网纳入城镇污水处理厂统一处理，山区乡镇可依地形分组团规划建设小型化集中处理站,对于人口集中和位于生态敏感地区的村庄,可采用化粪池+无动力或微动力集中式处理,人口较少的村庄和分散的农户污水处理可采用自建标准三格化粪池就地分散处理方式。

2. 项目前期审批流程优化问题

本项目的乡镇污水处理厂共计 31 个,龙岩水环境公司针对每一子项目均分别办理水土保持、用地、环境影响评价和可行性研究报告等审批工作,此种做法一是造成项目的管理成本极大;二是增加了项目前期费用,导致本项目的前期费用(不含征地费用)占总投资的比例高达 20% 左右;三是加大了政府的行政审批成本。建议针对类似小项目的捆绑打包项目,由市级政府统筹协调,在前期策划阶段就规划为一个综合项目,编制一份可行性研究报告、环境影响评价报告和水土保持方案等,相关部门优化前期审批流程,对于捆绑打包的乡镇污水处理项目可采用一次性申报、一次性审查审批的办法,切实降低前期费用,提高审批效率。

3. 乡镇及农村污水的相关标准规范亟待建立

本项目的实施方案编制阶段遇到的最大难点是农村污水处理的相关标准规范空白,项目的建设标准和绩效考核标准都只能参照城镇污水处理的相关标准规范。目前,农村污水处理的相关政策、规范还没有及时配套,用城市污水排放标准套用来判断农村污水处理是否达标,这可能与农村污水处理的实际情况不符,建议行业主管部门尽快启动建立农村污水处理运营标准的建立工作,充分调动相关行业、民间团体的力量制定乡镇及农村污水处理的建设运营标准。

4. 项目公司的设立问题

本项目在实施方案中针对四个县(区)均设立了项目公司,从目前项目公司运行情况来看,设立四个项目公司的意义并不是很大,仅仅因为县(区)政府要将项目公司的税收提留在项目所在地。由于四个县(区)为邻近县,项目公司的建设和运营管理职责相近,设立一个项目公司既能降低运行成本,又能提高管理效率。因此,对于捆绑打包类项目,在适宜的情况下建议进行跨区域统筹,设立单一项目公司负责全部项目的投资、建设、运营维护和移交工作。

5. 关于农村污水治理的长效运营机制问题

在本项目的实际操作过程中,各方深感农村污水项目推进的不易,主要原因农村污水治理还未建立长效的运营机制,农村污水处理设施非常分散,而且量小,往往无法通过使用者进行付费,目前可供选择的是政府付费。但政府付费的"钱"是哪里出,是由县级财政承担还是由乡镇承担并不明确,特别是对于财力比较薄弱的政府,这笔不少的开支对于地方政府将是一个沉重的负担。建议中央、省设立乡镇污水治理专项基金来减轻地方政府的财政压力,解决项目的资金问题,探索项目的长效运行机制。

6. 做好乡镇污水处理设施的顶层设计

无论是大项目还是小项目,都是五脏俱全的,均应做好顶层设计,把项目全生命周期里涉及的运营维护成本进行综合分析和考虑,把项目运行中可能遇到的问题尽量通过设计和建设去完善。本项目的设计由政府先行实施。若项目的设计工作交给项目公司负责,就可以充分发挥社会资本的主观能动性,由其负责全生命周期的整合优化。建议规划设计可由社会资本负责,政府做好投资决策、审批和监管。

7. 农用地的转用问题

本项目的选址多为农用地,应先办理农用地转用手续,由于农用地转用手续的审批权限在省级政府,本项目的乡镇污水处理厂选址时仅办理《选址意见书》,但地方国土部门向省级部门上报农用地转用手续,审批并未及时获批,导致部分乡镇污水处理厂的土地使用证未能及时办理,影响项目的建设和融资。针对本项目出现的问题,一方面,建议对于涉及农用地转用的项目,特别是项目地点分散,土地获取风险较大的项目,应先办理完毕农用地转用手续,落实项目选址后再实施。另一方面,建议国土部门针对农村建设的基础设施项目适当简化用地审批程序。

8. 农村污水处理的收费机制

本项目在实施方案编制过程就本项目的付费基础进行充分讨论,农村污水处理与城镇污水处理有较大不同,城镇污水处理费可通过在自来水中加价方式收取,但乡镇污水处理无操作基础。若采取直接向村民收取"污水处理费"方式,一是收费成本太高,村民的居住点较为分散,无法成片集中收取;二是农村居民的抵触情绪较大,村民还未形成"污染者付费"的意识。因此,目前阶段,较为适宜的做法是政府付费。建议政府可以建立多方面的收费机制,第一,逐步向村民宣传相关环保意识,按照《关于创新农村基础设施投融资体制机制的指导意见》(国办发〔2017〕17号)要求探索建立污水垃圾处理农户缴费制度,向排污单位和村民征收污水处理费;第二,按照"受益者补偿"的原则,按一定标准向流域下游受益单位收取一定的费用,用于上游乡镇污水处理设施的运行。

9. 复合型项目的评分标准设置

本项目的回报机制改变过去将全部建设运营成本摊到污水处理费的做法,而是将本项目的建设成本、运营可变成本和固定成本进行分解,这样给本项目带来的最大问题是采购阶段评分指标过多,包括建筑安装工程费下浮、合理利润率、污水处理技术服务费(即固定运营成本)和管网维护费用取费定额下浮率4个报价指标,这样设置是否合理值得商榷。建议对于复合型项目的评分设置可以基于政府支出责任进行设置,将各投标人的报价与项目的现金流量表结合对比分析以实现报价评分的合理化。

案例 9

江苏镇江市海绵城市建设项目

一、项目摘要

项目基本信息见表 9-1。

表 9-1　　　　　　　　　项目基本信息表

项目名称	江苏镇江市海绵城市建设项目（以下简称"本项目"）
项目类型	新建
所属行业	生态建设和环境保护——综合治理
合作内容	项目总投资为 25.85 亿元，其中，中央财政专项资金投资 12 亿元，项目公司投资 13.85 亿元。项目拆分为 A、B 两部分，A 部分由社会资本施工建设和运营维护，B 部分由社会资本负责投资、建设、运营维护，期满后移交给政府方。建设内容包括海绵型道路建设、海绵型小区（既有小区）建设、湿地生态系统建设、污水处理厂建设、雨水泵站建设、管网工程建设、水环境修复保护建设。
合作期限	23 年（建设期 3 年、运营期 20 年）
运作方式	建设—运营—移交（Build-Operate-Transfer，BOT）
资产权属	项目设施资产权属归政府方，项目公司拥有经营使用权。
回报机制	政府付费
实施机构	镇江市住房和城乡建设局
采购方式	竞争性磋商
政府出资方	镇江市水业总公司，国有企业（以下简称"水业公司"）
中选社会资本	中国光大水务有限公司（以下简称"光大水务"）

续表

签约日期	2016年4月18日
项目公司设立概况	项目公司名称：光大海绵城市发展（镇江）有限公司 设立时间：2016年6月1日 股权结构：项目公司注册资本金为4.62亿元，其中，镇江市政府方出资代表水业公司出资13 860万元，持股比例为30%；光大水务出资32 340万元，持股比例为70%。
主要贷款机构	邮储银行

二、项目识别论证

（一）项目背景

1. 项目概况

镇江市地处江苏省中部，位于长江南岸，年降雨量丰富，主城区地势高差大，河流、沟渠众多，排水便利，水资源的条件优越，但城市排水系统尚需改善。一是由于城区排水管网按2~5年一遇的重现期设计，城市排水防涝水平总体不高，降雨超过设计标准，城市会出现不同程度内涝；二是镇江市非常规水资源利用率较低，主要是污水的再生利用，与生态文明建设规划要求有较大差距；三是城市面源污染比重较大，根据《镇江市城市面源污染治理专项规划（2011－2020）》，镇江城市水体中BOD与COD总含量的40%~50%是来自于城市面源污染。

为治理城市水环境污染，解决城市内涝，提高非常规水资源利用水平，改善城市生态环境，镇江市制定了海绵城市建设目标。镇江市海绵城市建设试点区域位于城市主城区，面积约22平方公里，建设内容包括海绵型道路建设、海绵型小区（既有小区）建设、湿地生态系统建设、污水处理厂建设、雨水泵站建设、管网工程建设、水环境修复保护、海绵城市达标工程建设。

海绵城市的建设，一方面，可以通过对城市原有生态系统的保护、恢复、修复和低影响开发,来实现城市在适应环境变化和应对自然灾害时具有良好的"弹性",降雨时吸水、蓄水、渗水、净水,需要时将蓄存的水"释放"并加以利用;另一方面,通过完善截污管网和控源截污工程的建设消减城市面源污染对城市水体的环境污染。

镇江市根据地形地貌、汇水特征、下垫面条件等因素,将22平方公里的试点区划分为11个汇水分区。试点区22平方公里达标总体方案统领11个汇水区域分方案,再由分方案指导地区达标方案,最后由地区达标方案确定具体项目建设,在源头、过程、末端、水体不同的空间采用适宜的绿色、灰色、蓝色等工具,找到了系统最优解决方案。项目分区及分布见图9-1。

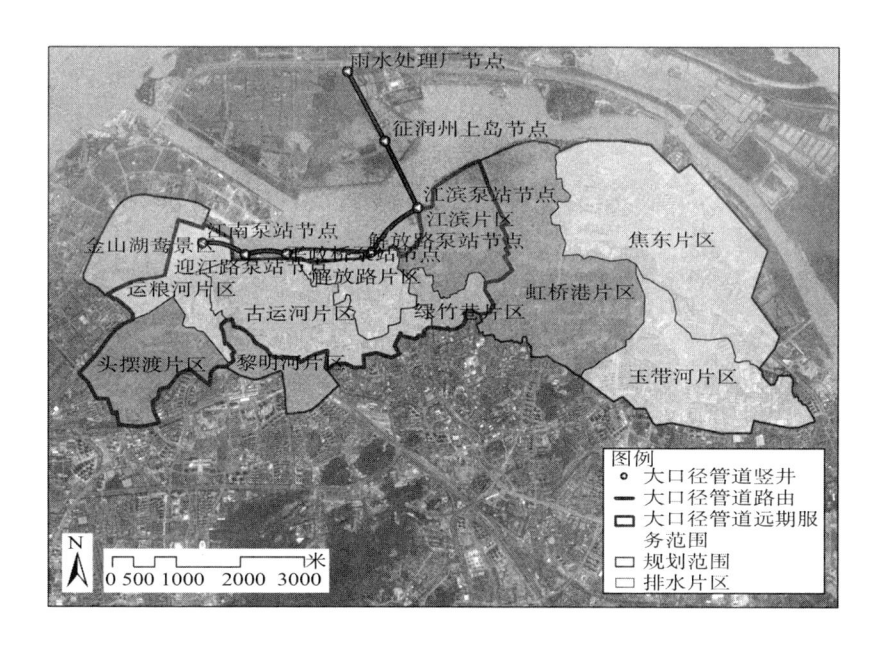

图9-1 项目分区及分布图

2. 实施PPP必要性

(1) 筹措资金建设,缓解地方政府财政压力

为推广海绵城市建设经验,财政部、住房城乡建设部、水利部等行业主管部门在全国范围内展开海绵城市的试点工作。根据《关于开展中央

财政支持海绵城市建设试点工作的通知》(财建〔2014〕838号),中央财政对试点项目给予专项补助。镇江市作为第一批海绵城市建设试点城市,可获得国家对海绵城市建设项目12亿元补贴资金。本项目建设总投资约25.8亿元,尽管获得国家补贴资金,但仍然存在13.8亿元的资金缺口,通过PPP模式引入社会资本负责筹措建设资金,可缓解地方政府财政压力。

(2) 提高运营效率,降低项目全生命周期成本

规范的PPP模式能够将政府的发展规划、市场监督、公共服务职能,与社会资本的管理效率、技术创新动力有机结合,减少政府对微观事物的过度参与。与传统政府投资模式相比,PPP模式可以提高运营效率与质量,降低项目全生命周期成本。

在项目建设阶段,由社会资本参与到项目可行性研究、设计和施工管理等项目建设过程,可保证项目在技术和经济上的可行性,使项目费用降低。相较于政府自行实施海绵城市项目建设的传统模式,PPP模式能够更好地控制技术风险和建设成本。在运营阶段,充分考虑项目建设的标准和运营效果,将补贴支付与绩效评价挂钩,激励社会资本提高运营效率。

(3) 引入先进经验,提升镇江市水务行业服务水平

通过本项目的实施,引入技术水平先进、管理经验丰富的水务行业领军企业入驻镇江,与镇江市水业总公司共同成立项目公司,建设现代企业管理制度。通过特许经营,明确政府与项目公司之间的责、权、利关系,有利于促进镇江市水务行业健康发展,提升镇江水务行业整体服务水平和行业竞争能力,实现走出镇江,面向全国,甚至走向世界的发展目标。

(二) 发起方式

本项目由镇江市政府方发起。

为积极响应财政部、住房城乡建设部鼓励采用PPP模式实施海绵城市试点的倡导，镇江市住建局在申报文件《镇江市海绵城市建设试点城市实施方案》中提出采用PPP模式实施项目方案。在成功成为第一批试点城市后，镇江市成立了海绵城市建设指挥部。指挥部于2015年4月向市政府提出以PPP模式实施项目的请示，得到了市政府同意后，于同年5月启动PPP项目的准备工作。

（三）实施方案

1. 合作范围界定

在合作期内，项目公司按照项目合同负责海绵型道路建设、海绵型小区（既有小区）建设、湿地生态系统建设、污水处理厂建设、雨水泵站建设、管网工程建设、水环境修复保护等项目的建设，并在合作期内负责对污水处理厂、雨水泵站、海绵城市达标工程项目进行运营维护，获得相应运营费用。在合作期结束时，项目公司将项目设施完好无偿移交给镇江市政府指定机构。

2. 项目边界条件

（1）回报机制

项目公司通过污水处理费收入和政府付费来收回成本，并实现合理投资回报。本项目事先确立绩效考核标准，由镇江市财政局依据住建局等监督机构的绩效考核情况，直接向项目公司支付相关费用。

（2）调价机制

① 初始调价

本项目在选择社会资本过程中，社会资本的报价是在估算的投资额基础上进行测算，并最终报价。根据项目最终经审计的投资额重新调整计算政府付费。

② 运营期调价

由于合作期较长，项目运营成本也会随着时间发生变化，根据《基础设施和公用事业特许经营管理办法》要求，特许经营项目价格或收费应当依据相关法律、行政法规规定和特许经营协议约定予以确定和调整。

ⅰ 污水处理项目。污水处理服务价格按照每三年一次进行调整，调价公式如下：

$$P_n = P_0 \times K_n$$

其中：n 为调整污水处理服务价格的当年；P_0 为第 n 年调整前的污水处理服务价格；P_n 为第 n 年调整后的污水处理服务价格；K_n 为调价系数，依据以下公式确定。

$$K_n = C_1 \times (E_n / E_{n-3}) + C_2 \times (L_{n-1} / L_{n-4}) + C_3 \times (Ch_{n-1} / Ch_{n-4}) + C_4 \times (CPI_{n-1} \times CPI_{n-2} \times CPI_{n-3})$$

其中：C_1 是电费在价格构成中所占的比例；C_2 是人工费在价格构成中所占的比例；C_3 是化学药剂费在价格构成中所占的比例；C_4 是价格中除电费、人工费、化学药剂费之外的因素所占的比例。

ⅱ 雨水泵站运营维护费。初始维护费通过选择社会资本环节竞争确定。在采购阶段，由社会资本方根据自身对成本因素的判断进行测算雨水泵站运营维护费测算，在其竞争性磋商文件中提出报价，报价水平纳入评分标准参与竞争。合作期内，如果出现因电价、人工工资、原材料等成本构成因素的价格变动而导致成本增长，可根据成本监审情况，进行相应调价。

ⅲ 达标工程运营维护费。对于排口排涝、径流、面源污染治理等综合达标工程项目，采购阶段设计方案尚未完全落实，维护养管方案也未确定，不具备开展运营维护费测算的条件。因此由政府暂定运营维护成本价，项目建成投运一年后，项目公司提供运营成本支出的相关凭证，由政府方或其聘请的第三方审计机构参照类似项目对运营成本进行重新核定。

（3）风险分配基本方案

在 PPP 方案设计中，依据"风险由最有能力控制的一方承担、各方承担的风险有上限、风险与收益相匹配"等原则开展项目的风险分配方案设计。主要风险分配框架见表9-2。

表9-2　　　　　　　　　　项目主要风险分配表

分类	风险	产生原因	产生后果	解决方案	承担方
政府层面风险	国有化	政府收回项目资产	PPP关系终止	如果必须强制收购，政府给予项目公司赔偿	政府
	政府干预	指政府不按照合同的约定，无故干预项目的决策	项目效率降低	约定政府无故干预的责任	政府
	政府信用	政府不履行或拒绝履行合同约定的责任和义务	支付延期甚至终止	聘请独立第三方评估	政府
	公众反对	由于各种原因导致公众利益得不到保护或受损，从而引起公众反对，使得项目建设造成风险	工期延误，可能需要重新谈判修改具体合同条款，严重时导致项目终止	做决策前站在公众的角度考虑，尽量做到不危害公众利益	政府
	税收调整	税收政策的调整	改变项目税负	根据税负变化相应增加或减少政府补贴	政府
	决策、审批延误	政府相关部门未能按时审批	项目周期延长，增加项目前期成本	相应延长特许期或政府方给予补偿	政府
	环保风险	项目不能满足环保要求	设计变更，投资或者运营费增加，甚至项目彻底失败	政府承担项目前期选址、环评等不符合环保要求的责任；社会资本承担运营原因导致的责任	政府/项目公司
	法律变更	适用本项目的法律法规发生了变更	对项目的建设和运营带来更高要求	因法律变更导致项目公司增加的费用超过一定的额度由政府给予补贴	政府/项目公司

续表

分类	风险	产生原因	产生后果	解决方案	承担方
市场层面风险	通货膨胀	物价上涨	成本增加	按约定的调价方式相应调整污水处理价格或政府差额补贴	政府/项目公司
	融资风险	指由于融资结构不合理、金融市场不健全等因素引起的风险	资金筹措困难、融资成本增加，甚至融资失败	政府协助进行融资机构的选择，融资机构提前介入项目	政府/社会资本方
	项目唯一性	其他社会资本新建项目对本项目形成实质性的商业竞争	项目收入减少	在项目特许期内，政府将不再在项目周围的一定范围内建设同类项目	政府
	第三方延误/违约	指项目相关第三方不履行或拒绝履行合同约定的责任和义务而给项目带来直接或间接的危害	工期延误，图纸交底不清，也可能引起成本增加	获取第三方准确信息，招标挑选最合适的伙伴，并通过合同管理由第三方承担相应责任	第三方
项目层面风险	项目建设总投资超支	项目投资超过投资估算	建设资金不足	投资控制措施；项目公司股东方设置预备金或预案；污水处理单价及政府补贴调整机制	政府/项目公司
	土地拆迁与补偿风险	在项目前期阶段，由于拆迁工作落实不到位，不能按预定时间和经费完成拆迁工作	前期成本增加、开工延误	拆迁进度由政府方负责；拆迁经费由项目公司承担，通过预定的调价方案最终由政府方承担	政府/项目公司
	设计风险	设计工艺选择不当	项目达不到预计效果	选择有实力的设计单位，加强设计方案审查	政府/项目公司/设计院
	完工风险	项目管理不力	建设成本增加，工期延误	设置建设期履约保函、定期进度检查	项目公司
	安全风险	由于现场管理不善，导致现场出现安全问题	项目成本增加，工期延误	严格执行安全管理制度，充分的监督监管	承包商/保险公司

续表

分类	风险	产生原因	产生后果	解决方案	承担方
项目层面风险	工程变更	由于项目场地状况等客观原因导致施工方案及施工方法的改变	建设成本增加，或工期延期	签订工程补充协议	项目公司
	污水水量风险	管网建设进度延后	导致水量达不到设计规模	给予社会资本基本水量承诺	政府/项目公司
	污水水质风险	污水进水水质超标	增加污水处理成本；污水出水水质超标	增加污水处理费或项目公司免责	政府
	项目运营成本超支	由于项目经验不足，实际成本超出等预期	项目利润下降甚至亏损	合理分配方案，加强成本管理	政府/项目公司
不可抗力风险	自然灾害	包括：洪水、风暴、地震、雷击、火灾等	项目建设运营受到影响	豁免项目公司责任；购买保险	政府/项目公司/保险公司
	上级政府行为	上级政府对项目的征用	项目提前终止	政府对项目公司适当补偿	政府/项目公司
	社会异常事件	战争、罢工	项目建设运营受到影响	购买保险	政府/项目公司/保险公司

3. 交易结构

中标社会资本与镇江市水业总公司合资成立项目公司，其中，社会资本占股70%，镇江市水业总公司占股30%。镇江市政府授权镇江市住建局授予项目公司特许经营权，由项目公司负责项目的投融资、建设和运营管理。交易结构见图9-2。

（1）项目A/B划分

本项目是住房城乡建设部确定的首批海绵城市试点项目，获得国家财政12亿元的补助资金。为保证财政补助资金的专款专用，且形成的资产权属全部归属国有，在项目交易结构设计时进行了特别的安排：根据项目

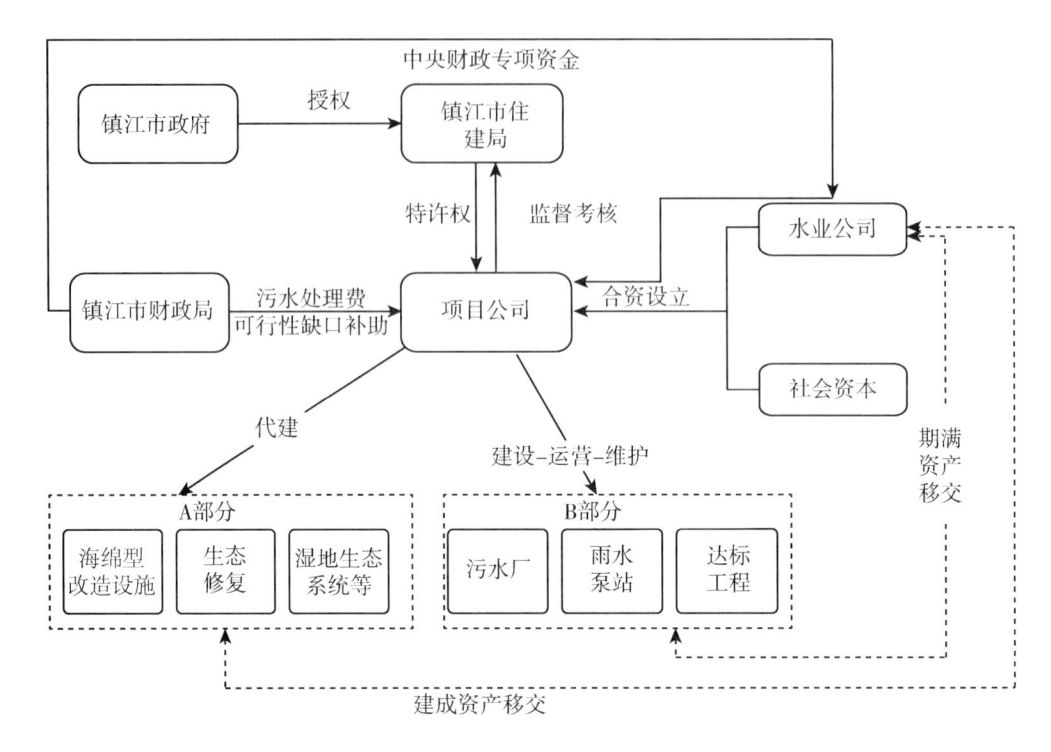

图 9-2 项目交易结构图

建设资金来源的不同，将项目拆分 A、B 两部分。A 部分采用中央补贴海绵城市投资的专项资金 12 亿元建设，以海绵城市源头项目为主，建设内容包括道路及海绵型小区改造、生态修复和引水活水工程、湿地生态系统等项目，项目业主为镇江水业总公司。B 部分以海绵城市过程和末端项目为主，建设内容包括污水处理厂、雨水泵站、排口排涝、径流、面源污染治理等综合达标工程项目的建设，总投资约为 13.85 亿元，B 部分的项目业主为项目公司，以建设－运营－移交（Build-Operate-Transfer，BOT）方式实施，由项目公司负责融资、建设和运营管理。

尽管从资金来源和资产权属方面将项目拆分成了 A、B 两个子项目，但在建设阶段，为便于建设管理工作的统一协调，整体推进，实现统筹海绵城市源头、过程和末端项目的衔接，达到系统最优和效果最好，A、B 两部分的建设工作都由项目公司统一负责。即 A 部分采用代建模式，由水业公司委托项目公司代建，资产所有权属镇江市水业总公司。

(2) 存量资产运营

项目公司负责投资建设的 B 部分工程内容包含征润洲污水处理厂改扩建工程与已经建成的征润洲污水处理厂一期工程在运营管理上难以分割。因此，在项目运营机制方面，方案未限定该部分资产一定由项目公司运营，预留了待征润洲污水处理厂新建工程完成后，项目公司可以同市水业总公司协商委托运营事项，届时由具备有效控制运营成本的一方来统一运营分别归属于双方的资产，以便更有效地控制运营成本。

4. 绩效考核指标体系

本项目的绩效考核体系包括污水处理厂考核、雨水泵站考核以及综合达标工程考核三方面。

污水处理厂的考核指标包括污水出厂水相关指标质量标准、出厂污泥含水率、噪声、废气控制等方面；雨水泵站考核指标包括维修计划、汛期检查、日常管理等方面；综合达标工程考核指标包括设置维护效果、产出效果、标准化管理、满意度指标等方面。

镇江市住建局作为镇江市海绵城市建设 PPP 项目的实施机构，定期对项目建设运营情况进行监测分析，会同市财政局进行绩效评价，并建立根据绩效评价结果、按照 PPP 项目合同约定对政府付费进行调整的机制。

试行期雨水泵站工程的相关考核指标如表 9-3 所示，试行期为开始商业运行日后第一年，后期检查项目将依据实际运营情况进行更新。

表 9-3　　　　　　　　雨水泵站工程绩效考核体系

一级指标	二级指标	标准值	主要评价指标
维修计划	计划上报	5	每年汛期结束一个月内提交下年度设备维修保养计划。
	维修项目	5	按照《城镇排水管渠与泵站维护技术规程》的要求，结合泵站设备现场状况，安排维修项目，杜绝设备欠修、失修情况的发生。维修时间安排合理，保证设备及设施（包括备用设备）维修在汛期前结束，所有设备运行工况良好。
	计划完成	5	是否按照时序进度完成维修计划。

续表

一级指标	二级指标	标准值	主要评价指标
汛期检查	水泵机组	15	运行正常平稳，仪器仪表显示正常，出水效率满足技术要求。
	电气设备	10	仪表显示在正常范围内，安全设施完好，变压器声响正常，油浸式变压器油位正常，无漏油、渗油现象，电气链接装置及电缆无异常发热、氧化现象。每年需委托有资质的部门进行高压强制检验。电气作业人员必须持有效的电工上岗证，必须执行有关电气设备操作票制度。应积极开展设备电能平衡测验和节能降耗工作。
	辅助设备及设施	5	格栅运行正常，阀门、闸门启闭正常，泵池及进出水涵（渠）无破损无积泥，户外设施防腐措施到位，无锈蚀现象。采用计算机监控系统实施自动监视和控制的泵站，应制定符合实际的计算机监控系统安全运行管理制度和运行应急预案。
	安全	5	各类安全设施完好、运行正常；警示标志完整清晰，能按规定完成各类预防性检验、测试；安全用具完好并能按期检验；泵站员工持证上岗，操作行为符合安全规范。各泵站必须配备应急电源及相关附属设施，确保外线断电情况下泵站运行。
	台账资料	5	做好泵站的运行、设备巡检和维护记录。
日常管理	日常保养	20	水泵保养后，其流量不应低于原设计流量的90%，按规定要求，对设备进行清洁、润滑、紧固工作。
	汛期值班	20	汛期杜绝脱岗情况的发生；及时制定度汛预案，值班人员能够根据各泵站水情以及镇江市城区防汛办的调度指令，接到汛情预报后，必须提前开闸或开启水泵排水，提前降低河道水位，确保不发生人为受淹事故。
	环境卫生	5	室内设备柜面整洁、地面无灰尘，门窗完好密闭，室外地面无垃圾、无杂物；栅渣及时清运。

5. 项目前期工作开展情况

(1) 项目审批

本项目在采购社会资本前，已完成项目立项等手续。确定社会资本成立项目公司后，再由项目公司履行项目可行性研究报告报批手续。

(2) 配套支持

实施机构负责协调政府部门开展本项目范围的征地拆迁和补偿工作（如有），保证项目正常开工。在项目建设过程中，协助项目公司协调与项目场地周边所涉及的有关单位的关系。

(3) 预算安排

本项目政府付费纳入镇江市中长期财政预算。

（四）物有所值评价和财政承受能力论证要点

1. 物有所值评价要点

项目的物有所值评价采用定性评价方法，分别从促进政府职能转变、加快增加供给、优化风险分配、促进创新和公平竞争、消除费用超支几个方面对采用PPP模式建设本项目进行评价。评价结果表明，本项目适宜采用PPP模式。

2. 财政承受能力论证要点

《关于印发〈政府和社会资本合作项目财政承受能力论证指引〉的通知》（财金〔2015〕21号）规定："每一年度全部PPP项目需要从预算中安排的支出责任，占一般公共预算支出比例应当不超过10%。省级财政部门可根据本地实际情况，因地制宜确定具体比例。"

以镇江市2010年、2011年、2012年、2013年、2014年全市一般公共预算支出4.49亿元、5.31亿元、5.49亿元、6.79亿元、6.54亿元为基数，综合本项目全生命周期内，年度财政支出占镇江市一般公共预算支出比例最大值为1.51%，对镇江市一般公共预算支出影响较小，同时随着财政一般公共预算支出逐步增加，补贴数额每年不变，该比例将逐年减小。

结果表明，本项目通过财政承受能力论证。

三、项目采购

(一) 市场测试及资格审查

1. 市场测试

在市场测试阶段,实施机构首先明确了"市场测试并非是寻找最佳合作对象,而是探讨最优合作方案"这一指导思想,高度重视和每一家潜在社会资本的沟通。实施机构与咨询顾问一起,先后与近二十多家社会资本方进行了两轮"一对一"的初步会谈。

通过面对面的交流,一方面便于各社会资本充分了解本项目的基本情况及初步构想,另一方面认真听取社会资本对项目实施方案初稿的初步意见。会谈结束,又请各家社会资本填报书面信息反馈表,并针对社会资本提出的合理意见,政府方予以采纳并进一步完善优化实施方案,为下一步采购工作的顺利开展奠定了基础。

2. 资格预审

参与市场测试的潜在社会资本情况各有不同,有些是在污水处理领域具有丰富业绩的企业、有些是在工程施工方面资质雄厚的央企、有些是资金实力强大的社会资本。为了让潜在社会资本均有机会参与项目的竞争,资格预审阶段对各种类型社会资本均敞开了大门。对社会资本方的资格条件要求如下:

第一,申请方应具有良好的财务状况(依据 2014 年审计报告)。

第二,企业为海内外上市公司,企业具有运营城市污水处理厂行业经验,以 PPP 方式(包括 BOT、TOT、股权合作等操作方式)投资并在运营的污水处理项目总规模累计不低于 30 万立方米/天;或者企业虽未上市,但污水处理规模累计达 100 万立方米/天以上;或者企业净资产达到 20 亿元人民币以上。

第三，本项目接受联合体参与竞争，联合体成员不得超过 2 名。

第四，申请方参加政府采购活动前五年内所有运营项目均未发生过重大安全和质量事故；无因自身违约或不恰当履约引起的合同中止、纠纷、争议、仲裁和诉讼记录。

第五，申请方有依法缴纳税收和社会保障资金的良好记录。

第六，申请方与负责方为同一企业或者存在控股、管理关系的不同企业，不得同时作为不同主体参与投标（可作为一个联合体内的不同成员）。

江苏省政府采购中心受镇江市住建局的委托，于 2016 年 1 月 21 日对本项目进行资格预审。报名参与资格预审的 15 家投资申请方经审查全部符合资格条件，分别是：成都市排水有限公司，中国葛洲坝集团投资控股有限公司，中国光大水务有限公司，安徽国祯环保节能科技股份有限公司，北京桑德环境工程有限公司，同方股份有限公司、深圳华控赛格股份有限公司联合体，北京碧水源科技股份有限公司、国开金泰资本（投资）有限公司联合体，广州环发环保工程有限公司、深圳市铁汉生态环境股份有限公司联合体，中国中铁股份有限公司、中铁上海工程局集团有限公司联合体，北控水务（中国）投资有限公司、中设投资有限公司联合体，上海星景股权投资管理有限公司、重庆康达环保产业（集团）有限公司联合体，北京首创股份有限公司、中国市政工程中南设计研究总院有限公司联合体，建信信托有限责任公司、北京泰宁科创雨水利用科技股份有限公司联合体，深圳市水务（集团）有限公司，中铁十九局集团有限公司。

（二）评审情况

1. 竞争性磋商

由于海绵城市建设涉及的子项目非常多，而且在社会资本采购阶段，很多项目甚至初步设计都还未完成，项目边界条件不够清晰，不适于采用招标方式。因此，本项目采用竞争性磋商的方式选择社会资本。

竞争性磋商及评审工作由江苏省政府采购中心组织。通过资格预审的潜在投标人中，共有 9 家投标人参与了本项目的竞争性磋商工作：中国光大水务有限公司，安徽国祯环保节能科技股份有限公司，同方股份有限公司、深圳华控赛格股份有限公司联合体，北京碧水源科技股份有限公司、国开金泰资本（投资）有限公司联合体，中国中铁股份有限公司、中铁上海工程局集团有限公司联合体，北控水务（中国）投资有限公司、中设投资有限公司联合体，北京首创股份有限公司、中国市政工程中南设计研究总院有限公司联合体，深圳市水务（集团）有限公司，上海星景股权投资管理有限公司、重庆康达环保产业（集团）有限公司联合体。

2. 评审情况

评审采用综合评分法，磋商小组按照磋商文件规定的评分标准和要求，依据各合格社会资本最终报价和响应文件进行综合评审，按综合评审得分高低的顺序推荐成交候选社会资本。经磋商评审及确认谈判，本项目最终确定的成交社会资本为中国光大水务有限公司。

（三）合同谈判及签署

合同确认谈判要点包括在项目公司融资出现困难，无法获得银行融资时，光大水务将为项目公司提供股东借款以满足项目建设需要，以及项目公司股权转让等事项。合同谈判环节结束后，2016 年 4 月 18 日镇江市住建局与项目公司签署了经镇江市人民政府审批的 PPP 项目合同。

四、项目落地情况

（一）项目公司设立情况

1. 公司概况

公司性质为有限责任公司，公司名称为光大海绵城市发展（镇江）

有限公司，注册资本为人民币 4.62 亿元。2017 年 3 月底，注册资本金已经全部到位。

2. 股权结构

政府方出资代表镇江市水业总公司出资 1.39 亿元，持股比例为 30%；社会资本光大水务出资 3.23 亿元，持股比例为 70%。双方均以现金方式出资。

3. 管理层架构

董事会由 5 名董事组成，其中，政府方委派 2 名董事，光大水务委派 3 名董事。

监事会由 3 名监事组成，由政府方委派 1 名，光大水务委派 1 名，职工代表监事 1 名。职工代表监事由公司职工通过职工代表大会、职工大会或者其他形式选举产生。

项目公司设总经理 1 名，副总经理 2 名（股东双方各委派 1 名）。项目公司实行董事会领导下的总经理负责制，由总经理负责项目公司的日常经营管理。总经理由光大水务提名，董事会聘任，其他高级管理人员按照相关的权限和程序报批后，由董事会聘任或解聘。

（二）项目融资落实情况

1. 实施方案中融资方式及条件

项目资本金占总投资额的 33%，其余资金由项目公司向银行融资解决。

2. 融资实际执行情况及交割情况

本项目是"双试点"项目，具有非常重要的示范意义，而且项目合作条件清晰，风险可控。因此得到各金融机构的积极关注，债务资金融资工作进展较为顺利。在镇江市财政局的大力支持下，项目公司通过对贷款利率、贷款周期等关键融资条件进行比较，与农业银行江苏分行镇江支行、建设银行江苏分行镇江支行、邮储银行江苏分行镇江支行三家机构签署了贷款意向协议。

农业银行、建设银行等银行融资利率按照同期中国人民银行贷款基准利率下浮10%，邮储银行融资利率按照同期中国人民银行贷款基准利率下浮12%，期限均为23年，各银行均未要求股东提供担保事项，贷款条件比较优厚。目前已同邮储银行签订了贷款协议，2017年4月首笔贷款3 500万元正在走相应程序。

3. 再融资问题

本项目在锁定期限结束后允许社会资本提前退出。在项目合作期前八年内光大水务不得转让在项目公司的全部或部分股权。合作期内满八年后，如光大水务拟转让在项目公司中的全部或部分股权，受让方应满足约定的技术能力、财务信用、运营经验等基本条件，并以书面形式明示，在其成为项目公司股东后，转让方须督促并确保项目公司继续承担本协议项下的义务；且该转让须报请镇江市政府书面同意，并经商务主管部门批准。

（三）资产权属及会计税收处理

项目设施资产权属归政府方，项目公司拥有经营使用权。项目公司按国家相关政策缴纳增值税、附加税、所得税等各项税费。

（四）项目进度

1. PPP 项目实施进度

本项目实施进程见图 9-3。

案例 9 江苏镇江市海绵城市建设项目

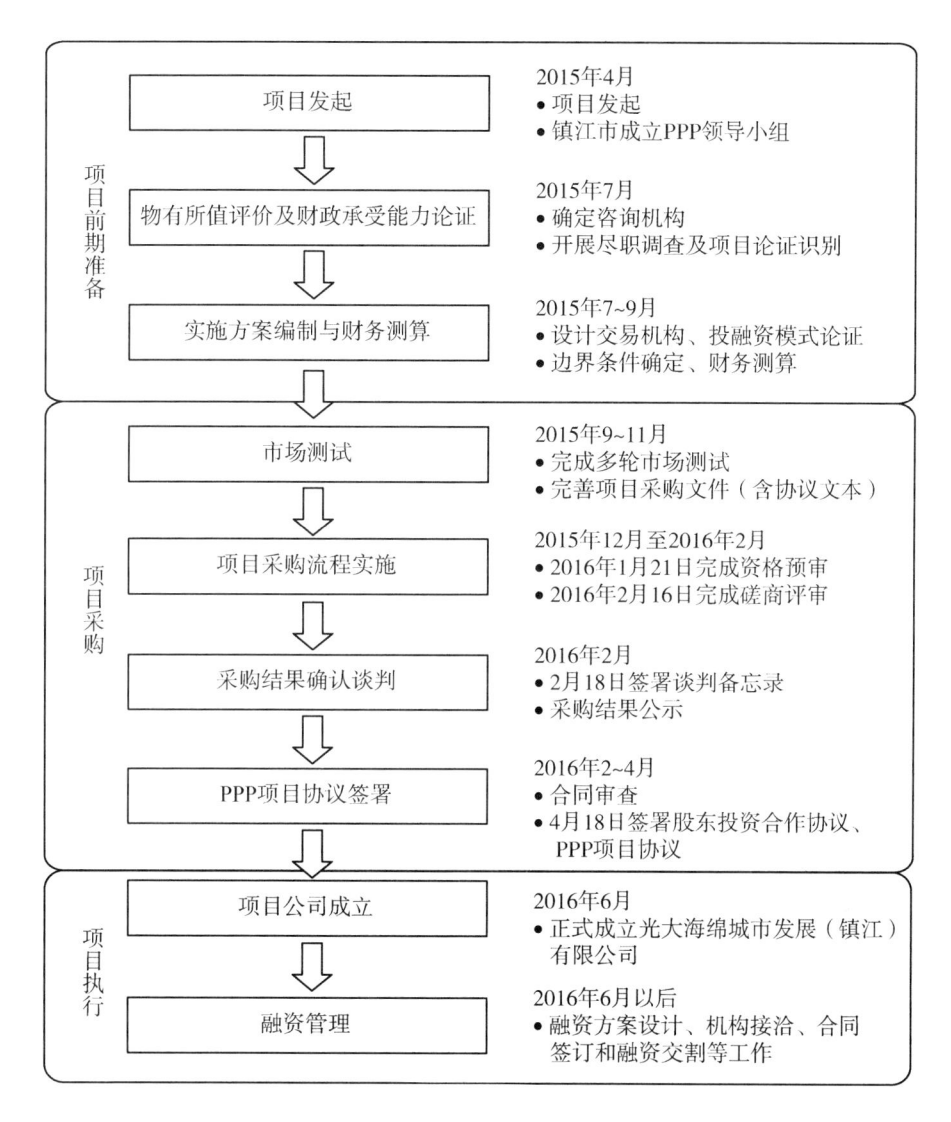

```
项目前期准备:
  项目发起
    2015年4月
    • 项目发起
    • 镇江市成立PPP领导小组
  ↓
  物有所值评价及财政承受能力论证
    2015年7月
    • 确定咨询机构
    • 开展尽职调查及项目论证识别
  ↓
  实施方案编制与财务测算
    2015年7~9月
    • 设计交易机构、投融资模式论证
    • 边界条件确定、财务测算

项目采购:
  市场测试
    2015年9~11月
    • 完成多轮市场测试
    • 完善项目采购文件（含协议文本）
  ↓
  项目采购流程实施
    2015年12月至2016年2月
    • 2016年1月21日完成资格预审
    • 2016年2月16日完成磋商评审
  ↓
  采购结果确认谈判
    2016年2月
    • 2月18日签署谈判备忘录
    • 采购结果公示
  ↓
  PPP项目协议签署
    2016年2~4月
    • 合同审查
    • 4月18日签署股东投资合作协议、PPP项目协议

项目执行:
  项目公司成立
    2016年6月
    • 正式成立光大海绵城市发展（镇江）有限公司
  ↓
  融资管理
    2016年6月以后
    • 融资方案设计、机构接洽、合同签订和融资交割等工作
```

图 9 – 3 项目实施进程图

2. 项目建设进度

项目建设进度计划见表 9 – 4。项目签约后，基本按预计进度开展，目前工程进度已完成 70%，预计 2017 年底基本完工。

表 9-4 项目建设进度

项目名称	项目概况	总投资（万元）	建设进度完成情况
LID改造	49个既有小区、6条道路、6座雨污水泵站进行雨水花园、透水铺装、植草沟等海绵型建设。	73 152	2017年3月已完成70%，2017年7月全部完工。
易涝积水区达标工程	松村路、尚德路、古城路、解放路6号、南苑新村、学府路、黎明河（黄山天桥、珍珠桥）、六角桥、左湖立交等积水区达标。	14 300	2017年3月已完成70%，预计2017年全部完工。
排口排涝、径流、面源治理等综合达标工程	透水膜、曝气管、挡水膜、潜水泵、浮岛反应器、在线处理、大口径深层管道建设及调蓄池等工程。	99 100	除大口径深层雨水管道外，其余全部于2017年完工。
生态修复和引水活水工程	生态护坡建设、生物毯、浮床修复、圩区水系设施建设、湿地建设、原水水质安全保护项目	25 348	2017年3月已完成80%，预计2017年全部完工。
管网工程	沿江、沿古运河、运粮河等污水截流管截流优化	7 200	2017年3月已完成60%，预计2017年全部完工。
征润洲污水处理厂	改建12.5万吨/天，扩建7.5万吨/天，深度处理20万吨/天	23 000	2017年3月已完成90%，预计2017年9月全部完工。
雨水泵站建设	长江、御桥村雨水泵站建设三摆渡、江南雨水泵站建设改造六摆渡泵站	16 400	2017年3月已完成50%，预计2017年全部完工。
合计		258 500	

五、项目监管

根据《关于政府和社会资本合作示范项目实施有关问题的通知》（财金〔2014〕112号），PPP项目监管架构主要包括授权关系和监管方式。

授权关系主要是政府对项目实施机构的授权，以及政府直接或通过项目实施机构对社会资本的授权；监管方式主要包括履约管理、行政监管和公众监督等。其中，本项目的监管包含以下内容：

（一）行政监管

镇江市财政局、住建局、环保局、审计局、物价局等各政府部门依据职能分工对项目公司行政监管。

在项目建设过程中，将招标管理和跟踪审计作为监管重点。

项目相关的招标方案由项目公司编制，招标方案编制完成之后报海绵城市建设指挥部审批后方能实施。招标采购过程均通过政府统一的招投标平台来实施，确保招标采购工作的公开、公平、公正。

在造价控制方面，依据相关工程造价和工程决算有关规定，明确海绵城市建设项目全过程跟踪评审造价咨询和财务决算评审审计机制。做好本项目工程造价审计、工程管理审计、投资绩效审计和财务竣工决算审计，覆盖建设全过程的所有作业内容，形成全过程跟踪审计模式。通过以上方式，对本项目的监管从传统的以财务审计为主导，转移到以质量、进度和造价为主导的全过程跟踪审计上来。

（二）履约管理

镇江市住建局作为PPP项目合同的签订一方，以合同当事人的身份监督社会资本及项目公司履约。

镇江市住建局有权自行或委托第三方机构监督项目公司的履约情况及财务状况。鉴于项目公司是为本项目新设的、没有任何履约记录的新公司，资信能力尚未得到验证，为了规避社会资本履约风险，政府方要求社会资本提供建设期的履约担保、运营期的履约担保及移交担保。协议双方严格按照PPP项目合同的约定，履行双方的权利义务，确保项目融资、建设、运营等各个阶段顺利实施。

（三）公众监督

为确保有效推进工作，提高公众参与度，得到公众的支持和理解，在工程项目建设过程中，将采取以下方式，切实加强社会公众对本项目的监督。

项目实施前，向社会公众征求海绵建设改造方案，并及时修改项目设计与建设方案；建设过程中和竣工后，邀请社会公众参观海绵城市建设工程。

建立社会督察员制度，邀请一批社会热心人士担任海绵城市建设特邀督察员，参与海绵城市的监督和民意收集、反馈及解释工作。

通过以上方式，切实加强社会公众对海绵城市建设的理解、认识与监督，使社会公众成为海绵城市建设的监督者、支持者和参与者。

六、项目点评

（一）特点及亮点

1. 紧密合作，保障项目顺利落地

项目的顺利实施，首先得益于政府对项目的高度重视和各相关主体的密切配合。项目启动前，镇江市政府为规范政府和社会资本合作，成立PPP领导小组，并出台了管理细则，明确了工作流程和部门职责，建立PPP实施方案审查制度，规范了PPP项目报批程序。

项目正式启动后，PPP领导小组各成员单位密切合作，深入研究，共同决策。例如，针对海绵城市建设项目回报模式这一难点，项目实施机构多次与财政等部门积极沟通，结合海绵城市项目社会效益为主的特性，最终确定了政府付费的回报模式，保障社会资本的合理收益，为本项目顺利实施奠定了基础。

密切沟通还表现在实施机构和咨询机构之间。对于咨询机构提交的成果，从最初的实施方案，到市场测试报告、到采购文件、到项目合同，实施机构不仅审核咨询机构提交的书面文件，还就所涉及的所有关键问题和咨询公司展开充分讨论，通过多次交流探讨，加深双方对问题的理解，进而寻求到最合适的解决方案。

2. 操作规范，充分发挥 PPP 优势

本项目实施的全过程，均是严格按照 PPP 模式的主要原则来操作的。在合作对象的选择上，尽管按照国家相关文件，当地融资平台公司只要债权债务关系和政府脱钩，也可以作为 PPP 项目的社会资本方；当地的城投公司也表示，有中央支持的 12 亿元作为自有资金，其余建设资金可以轻松筹集。但是，PPP 领导小组认为，应严格按照 PPP 的主要精神，通过和市场化程度更高的企业合作，实现"引资、引智和引制"的更高目标。最终，在不增加政府以及本地国有企业负债的情况下，实现了 13.85 亿元资金的筹集。另外，在选择采购社会资本方的过程中，按照公开、公平、公正的原则展开。在项目推介阶段，积极向所有潜在社会资本推介项目，并听取他们的合理建议；在比选条件设计阶段，不为任何人量身定制比选条件；在竞争性磋商阶段，严格按照江苏省财政厅的要求，将采购工作放在省级政府采购中心去开展，进一步保证采购工作的合规性。通过规范操作，保证了项目的充分竞争性，使得 PPP 的优势得以充分发挥。

3. 积极创新，运用再谈判机制解决实际问题

本项目包含数百个子项目，构成复杂；实施任务紧迫，在实施社会资本方采购时，有相当部分的建设内容设计方案尚未确定；本项目为国家首批试点的海绵城市建设项目，没有可借鉴的历史经验，运营成本无从估算。针对上述情况，很难再像过去实施单体污水处理项目那样，设定较为清晰的采购条件。为解决项目实际问题，本项目创新性地设计了运营费用的再谈判机制。当然，再谈判并不是漫天讨价还价，而是将几个关键技术经济参数设计为竞争点，通过社会资本在采购环节的报价加以锁定，作为

再谈判的依据，能有效降低再谈判的难度，保障项目后续顺利实施。

4. 科学比选，选择最佳社会资本

社会资本方的比选采用综合评分法。评分标准除政府付费报价外，重点从技术、管理、市场开拓能力、产业链完备和资本运作能力等方面设置评分点，同时对社会资本的发展历程、股东背景、自身优势、注册资本及净资产等财务指标、相关业绩、收益率要求、融资资金来源渠道等方面进行全方位覆盖，以实现本项目规划、设计、建设、运行全产业链和全生命周期最优，使同时拥有技术、资本、资源的社会资本能脱颖而出，最终选择到了光大水务这一最适合本项目的合作伙伴。

5. 引入竞争，降低项目融资成本

本项目拟采用银行贷款 9.65 亿元，金额较大，财务费用会是一笔不小的负担。为了降低融资成本，镇江市财政局积极参与到实施方案的制定讨论中，同实施机构、咨询公司一起，拟定了多层次的融资保障计划。首先，和当地的金融机构充分沟通，积极了解它们对项目的贷款意愿，并和中国农业银行达成初步的贷款意向，锁定了利率下浮 10%，期限 15 年的贷款条件。其次，在采购文件中明确，如果社会资本可以获得其他金融机构的融资条件优于中国农业银行的条件，则采用社会资本选择的金融机构；比选时将财务费用纳入评分因素，鼓励社会资本进一步挖掘资源，发现更优的融资条件。同时，为了避免社会资本的非理性承诺，在竞争性磋商过程中又要求社会资本出具书面承诺函，保证如果其选择的金融机构不能兑现之前承诺的融资条件，则由社会资本按照同等条件向项目公司提供股东借款。

项目公司成立后，镇江市财政局又协助项目公司组织面向所有金融机构的项目推介会，广泛宣传本项目的示范性和稳定性，形成金融机构间的有效竞争。最终，本项目获得的最优贷款条件为基础利率下浮 12%，贷款期限 23 年。

6. 强化管理，建立海绵城市建设机制

建立指挥管理机构。成立了以市政府主要领导为组长，分管领导为副组长，各辖区、各职能部门、各投资主体主要负责人为成员的市海绵城市建设工作领导小组。成立了以市政府分管领导为指挥长的市海绵城市建设指挥部，指挥部下设办公室，统筹协调、专职推进海绵城市建设试点工作。

建立工程建设机制。海绵城市建设主体包括社会主体、城市建设主体、PPP公司三部分，负责对试点区内所有项目和建成区内新、改、扩建项目，按照海绵城市建设的要求，与整体项目同时设计、建设、运行。

建立社会共建机制。建立政府引导、专家咨询、多元投入、公众参与和舆论监督的共建机制，五位一体，合力推进。

7. 因地制宜，探索老城区建设道路

老小区海绵城市建设实现"海绵+"。对于已建成的35个和在建的8个老小区，镇江市针对各自存在的突出问题，将海绵城市与积水区整治、街巷道路改造、物业提升、既有建筑节能改造、雨污分流、老旧水气管网改造、管线下地、绿化和环境提升等有机结合，多措并举，综合施策，解决群众反映的突出困难和矛盾，全面提升居民的生活质量和人居环境，实现老旧城区的有序修补和有机更新。

旧城改造实现"城建+海绵"。针对试点区范围内海绵城市目标、指标要求高、任务重、常规做法无法实现的片区，镇江市把原本列入城建备选库中的棚户区、城中村改造、道路建设、河道整治、成片开发、绿地和景观建设等项目提前实施，通过"城建+海绵"，既实现了试点目标指标，又拉动经济、改善城市面貌，实现综合效益最大化。

8. 科技引领，开发智慧海绵城市系统

在原有数字化供排水系统基础上，以新一代信息技术（以云计算、大数据、移动互联网、物联网等为代表）、科学管理和现代雨洪管理理论

技术等为基础，以城市范围内水循环全过程为研究对象，通过"互联网+海绵城市"，再造政府及其各职能部门、海绵城市各方主体和社会公众在投资决策、规划设计、工程建设、运营管理、绩效评估考核、预警和应急指挥等方面管理机制和流程，提高管理效率，有效应对自然灾害和生态危机，在城市化过程中促进人与水、人与自然相和谐。目前，系统正在开发过程中，2017年底前将完成第一阶段成果，全面投入运营。

（二）项目实施成效

1. 排水防涝能力有效提升

在2016年雨季，海绵城市改造区域内涝防治和径流污染控制成效显著，受到群众的充分肯定。对江二社区等海绵城市的设施监测结果表明，在日降雨量25.5毫米以内情况下，地块排口无出流；超过标准降雨量的出流水SS为23毫克/升，实现延缓降雨峰值和径流污染削减的目标。在2016年10月27日短历时强降雨期间，虽然个别源头改造区域出现短时间积水，但通过分析，公众更加清晰地理解到：由源头、过程、末端、水体组成的海绵城市系统工程作用重大，意义深远。

2. 城市水环境质量逐步改善

在镇江市海绵城市建设过程中，围绕面源污染削减60%目标，源头、过程、末端相结合，采用绿色、灰色、蓝色多种措施，利用植草沟、雨水花园、下沉式绿地等"绿色设施"的截留、净化，减少雨水径流中污染物对环境和水质的污染，提高水环境质量。

试点区域原有2条黑臭水体，目前虹桥港经过控源截污及建设虹桥港清水通道工程，通过生态浮岛、生物聚生毯等技术对水体进行生态修复，同时通过清水通道定期对河道进行引水活水，该处河道水体黑臭现象基本消除，水质明显改善。一夜河黑臭水体整治工作已初见成效，通过清淤疏浚、控源截污等技术手段，水质得到一定的改善，部分河段已基本消除黑臭现象。

3. 老城区海绵城市建设综合效益显著

在镇江市海绵城市建设过程中，充分落实"海绵+"的建设理念，结合物业提升、积水区整治、背街小巷等工作对老小区进行综合性的整治，提升了小区环境，完善了小区功能，实现了海绵城市建设、房屋节能等建设目标，全面改善了城区老小区的整体居住环境，得到小区居民的肯定。

4. 海绵城市理念开始深入人心

项目建设期，镇江市人民群众对海绵城市建设并不十分理解，甚至因为工程施工影响出行等原因有不满情绪。通过指挥部和项目公司的多方努力，海绵城市理念开始深入人心。

从2015年10月起，镇江市出台了系统配套的管控制度，所有新、改、扩建项目都按照海绵城市建设要求，同时规划设计、同时施工、同时验收投入运行，海绵城市建设做到不欠新账。

通过工程实绩展示和丰富多彩的宣传，海绵城市已成为一种绿色、生态、代表未来城市化方向的理念，为公众理解和接受。越来越多的老百姓要求将自己所居住小区纳入海绵城市改造，海绵城市建设由"政府要做"转变为"我要做"。

5. 海绵城市产业格局初步形成

通过PPP模式，镇江市已形成了"资本+技术+市场"的战略合作架构。通过与国内外高水平团队和专家协作，在海绵城市顶层设计、灰绿蓝工具箱构建、源头LID（Low Impact Development，低影响开发）设计、地表径流和水体水质水力学模型建立、智慧海绵系统开发等方面，开始形成自己的核心竞争力。

同时以海绵城市建设试点工作为契机，以海绵城市建设技术为核心，积极探索海绵城市建设产业化和市场化道路，打造具有咨询策划、规划设计、建设运营、技术产品供应等全产业链的核心竞争力企业，既满足了海绵城市投资、建设、运营的需要，同时形成了新的、可持续发展的产业门类，为镇江市海绵城市建设的有序推进提供了有力保障。目前，除项目公司成立外，还成立了江苏满江春城市规划设计研究有限公司、镇江满江春新材料科技有限公司等企业。

6. PPP 精神得到深刻理解和认识

项目实施机构——镇江市住建局在制定申报试点城市的方案时，对 PPP 模式的理解可以说是一知半解。然而，在项目实施过程中，通过与咨询机构的交流探讨、随着合同边界条件的逐渐清晰，对 PPP 模式的认识和理解越来越深刻。充分体会到实施 PPP 项目所带来的融资模式、管理模式的变革，以及变革所带来的深刻意义；体会到规范的 PPP 模式能够将政府的发展规划、市场监督、公共服务职能，与社会资本的管理效率、技术创新动力有机结合，减少政府对微观事物的过度参与，与传统政府投资模式相比，可以提高运营效率与质量，降低项目全生命周期成本。在对项目进行回顾和总结时，当地政府明确表示今后再实施项目会将 PPP 模式作为首选方案。

（三）问题与措施

本项目存在的最大问题是海绵城市绩效考核标准尚不完善。项目由污水处理工程、排水网系统和低影响开发系统三项组成。对污水处理厂和排水管网系统的考核标准是明确的。但对低影响开发系统的绩效考核并未明确，而是采用"再谈判"的方式。

从项目实施目标来看，海绵城市建设的实施目标是清晰的：通过 2015~2017 年三年的海绵城市建设工作，综合"渗、滞、蓄、净、用、排"等多种技术措施，全面实现海绵城市目标。到 2017 年年底，试点区全面完成海绵城市建设项目，实现年径流总量目标控制率 75% 以上，对应设计降雨量（24 小时）≥25.5 毫米；排水防涝标准达到有效应对 30

年一遇降雨；防洪标准达到"长流规"标准（相当于 50 年一遇）；面源污染削减率达到 60%，有效削减合流制溢流污染，旱季雨水管道无污水外排，地表水水质达标率 75%。

在 PPP 方案设计过程中，曾探讨过以项目总体目标作为绩效考核标准，但考虑到海绵城市建设低影响开发的实施效果不仅仅和设计施工质量有关，更取决于项目规划方案。本项目规划方案是在政府方主导下进行的，用此目标来考核项目公司绩效也不尽合理。为了不影响 PPP 项目实施进程，只好采用暂不做具体约定，待项目建设完成、开始试运行后，再另行商议确定。

项目进入实施阶段后，镇江市住建局高度重视绩效考核标准工作的重要性。目前，随着项目设计工作的完成、建设工作接近尾声，指挥部和项目公司一起，组织专门技术团队，正在制定技术标准和管控机制。

一是建立覆盖全生命周期的绩效考核机制，针对试点区内海绵城市建设项目，正在构建覆盖投资、建设、运营全生命周期的管理模式和绩效考核机制。由项目公司按照海绵城市要求和内容，进行投资、建设和运营。住房城乡建设部门会同财政部门依据相关规定和标准，对其实施绩效考核并按效付费。目前正在 7 个小区和其他类别项目上进行运营管理尝试，包括收集小区基本信息表及源头 LID 的平面图，并建立管养设施的检查维护工作要求、日常检查记录和维护登记事项，取得经验后推广至所有项目。

二是构建政策和技术标准体系，完成《镇江市城市总体规划》《镇江市城市水系保护控制规划》等 8 个规划编制和修编工作，出台《镇江市海绵城市设施运行维护管理暂行办法》《镇江市海绵城市建设（LID）规划管理办法（试行）》等 14 个制度和技术规范，《镇江市海绵城市专项规划》和《镇江市海绵城市管理办法》通过专家评审，《镇江市海绵城市建设图集》等 6 项技术标准初稿已完成，正在修改完善过程中。

案例 10

安徽池州市海绵城市建设清溪河流域水环境综合整治 PPP 项目

一、项目摘要

项目基本信息见表 10-1。

表 10-1　　　　　　　　　　项目基本信息表

项目名称	安徽池州市海绵城市建设清溪河流域水环境综合整治 PPP 项目（以下简称"本项目"）
项目类型	新建
所属行业	生态建设和环境保护——综合治理
合作内容	总投资 8.96 亿元。本项目由社会资本负责投资建设、运营维护，期满后移交给政府方。其中，建设内容包括：城市湿地森林公园综合利用暨清溪污水处理厂尾水生态处理工程；城市黑臭水体整治工程；汇景片区海绵城市改造工程；观湖赵圩片区海绵城市改造工程。 产出标准：通过本项目的实施，到 2017 年，示范区年径流总量控制率达 72%，对应设计降雨量 24 毫米/天，年水中悬浮物去除率为 40%，城市内涝防治标准达 30 年一遇，防洪标准达 50 年一遇，基本建成现代雨水控制利用系统、海绵城市建设长效管理机制，将池州打造成为全国中小城市海绵城市建设的典范。
合作期限	12 年（建设期 2 年、运营期 10 年）
运作方式	建设-运营-移交（Build-Operate-Transfer，BOT）
资产权属	合作期限内项目公司拥有项目资产经营权，项目用地政府采取划拨方式提供。

续表

回报机制	政府付费
实施机构	池州市住房和城乡建设委员会（以下简称"市住建委"）
采购方式	竞争性磋商
政府出资方	池州市水业投资有限公司，国有独资
中选社会资本	深圳市水务（集团）有限公司（以下简称"深圳水务集团"）和上海市政工程设计研究总院（集团）有限公司（以下简称"上海市政院"）联合体（以下简称"深圳水务联合体"）。
签约日期	2016年9月
项目公司设立概况	项目公司名称：池州市水环境投资建设有限公司 成立时间：2016年10月 股权结构：项目公司注册资本金为1.79亿元，池州市水业投资有限公司出资3 584.866万元，持股20%；深圳水务集团出资1.25亿元，持股70%；上海市政院出资1 792.433万元，持股10%。
主要贷款机构	深圳水务集团利用自身信用，通过发行中期票据形式，获取项目所需债务性融资。

二、项目识别论证

（一）项目背景

1. 项目概况

池州市作为全国第一批海绵城市建设试点城市之一，为全面贯彻落实试点申报承诺，需按《池州市海绵城市试点建设三年实施计划（2015 – 2017）》完成试点区域建设，并实现相应指标。试点建设示范区选取中心城区核心区域18.5平方公里的范围，覆盖池州市老城区和天堂湖新区，见图10 – 1。中心城区"三山、三河、三湖"交相辉映，湿地面积达11平方公里，具有天然的海绵城市架构。本项目是池州市海绵城市建设试点的重要组成部分，是包含"流域治理 + 海绵 + 黑臭水体治理"的池州市老城区连片改造项目。

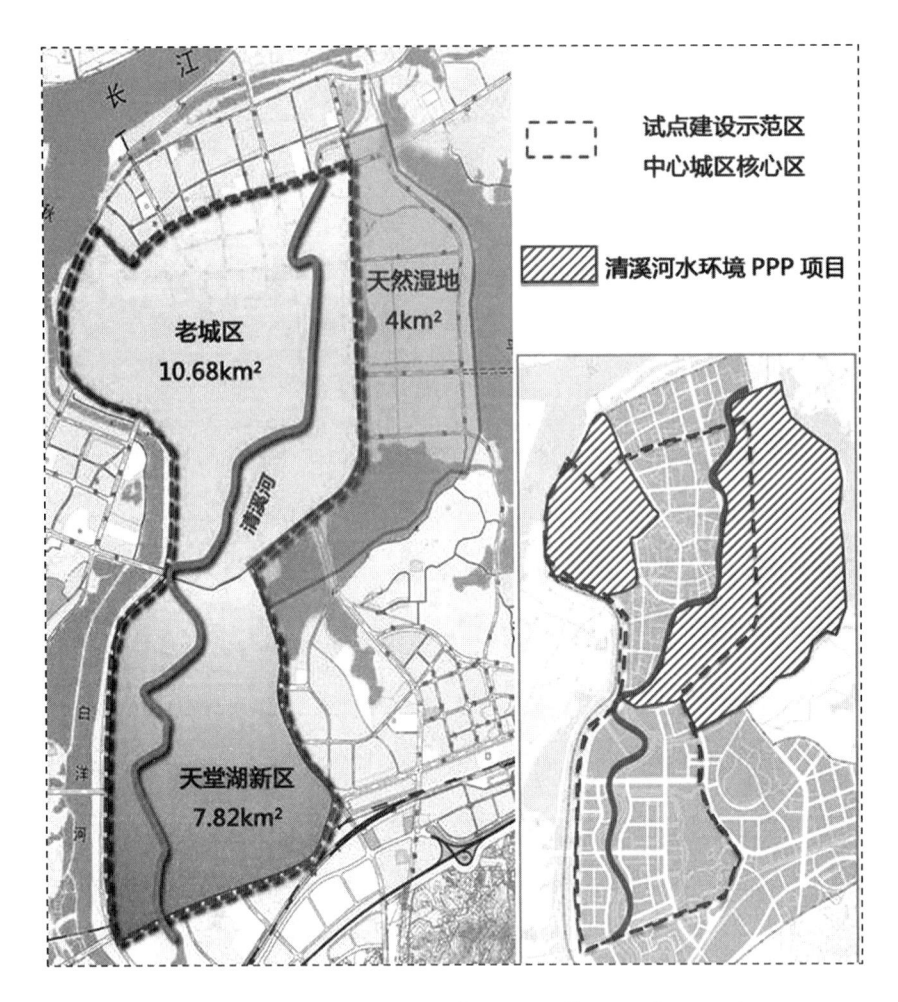

图 10 -1　池州市海绵城市试点建设示范区及本项目建设区

为贯彻落实国家关于加快政府职能转变、创新重大领域投融资机制和拓宽社会资本投资渠道的有关精神，加大项目市场化运作力度，引导社会资本参与基础设施和公共服务领域投资、建设和运营，提高公共产品和服务供给的质量及效率，池州市决定在试点建设示范区内以政府和社会资本合作（PPP）模式推进本项目。本项目是池州市海绵城市 PPP 建设的核心项目。

2. PPP 实施的必要性

本项目采取 PPP 模式运作，是对国家深化投融资体制改革、提升公共产品供给质量、提高政府治理能力政策精神的积极响应,是落实国家促进新型城镇化发展的必然要求,其必要性具体表现在以下几个方面:

(1) 丰富项目建设资金渠道,缓解地方政府财政压力

池州市是国家"海绵城市"建设试点城市,试点建设项目(2015～2017年)共计117个,总投资约221.62亿元,其中海绵城市相关的项目投资约38.91亿元,短期内资金投入规模大,完全依靠政府投入将给地方财政带来很大资金压力。采用PPP模式引入社会资本,通过市场化运作,可在一定程度上弥补池州市海绵城市建设资金缺口,缓解财政压力。

(2) 响应国家政策,对接中央专项补助资金

财政部《关于开展中央财政支持海绵城市建设试点工作的通知》(财建〔2014〕838号)提出,中央财政对海绵城市建设试点给予专项资金补助。本项目的开展是池州市人民政府加快推动海绵城市试点建设工作,积极探索在海绵城市建设领域采用PPP模式,并积极对接中央专项资金补助,争取资金尽快到位的必然要求。

(3) 引进先进经验,提高建设运营管理效率

采用PPP模式引入市场竞争机制,择优选择社会资本,引入资金实力雄厚、建设运营专业能力强的优秀企业建设实施本项目,可以为池州市的海绵城市建设及基础设施行业引进先进的技术和管理经验,提高市政公用行业建设及运行效率,提高经济效益,节约社会资源,实现多方共赢。

(4) 转变政府职能,提升地方政府治理能力

池州市针对本项目组建了由政府职能部门、技术咨询顾问、商业咨询顾问组成的综合执行团队。政府职能部门负责项目的统筹规划、宏观管理;技术咨询顾问负责技术指导、落实规划;商业咨询顾问负责投融资规划、PPP模式运作。通过规范、专业、高效的PPP运作,地方政府在从项目识别准备到采购执行阶段的项目全生命周期,实践长期合作、风险分担、收益共享、重诺守约、有效监督的PPP内涵特征,对于转变职能、提高治理能力具有深远意义。

（二）发起方式

本项目由政府方发起。

（三）实施方案

1. 合作范围界定

本项目合作范围内的主要工程包括：

第一，污水处理厂尾水生态处理工程。尾水湿地处理工程（表流湿地、生态稳定塘、生态沟渠、自动监测系统等）、水系贯通工程（湿地处理系统引水工程、森林公园活水工程、清溪河补水工程）、湿地森林公园景观工程（碳汇林构建工程、道路工程、亮化工程、景观小品）。

第二，黑臭水体整治工程。对红河、中心沟、天平湖排涝沟三条河沟和南湖、观湖、赵圩、二院水塘、百荷公园五个湖泊的黑臭水体，进行污染负荷控制、水体边坡改造、改善底泥控制内源污染、重构水生态系统等工程整治。

第三，汇景片区改造工程。汇景北苑和九华山大道海绵城市改造示范区；汇景片区2.99平方公里范围内海绵城市综合改造；建设内容包括低影响开发雨水系统改造、既有建筑改造、片区景观提升等。

第四，观湖赵圩片区改造工程。观湖赵圩片区2.31平方公里范围内既有建筑海绵城市改造和观湖赵圩黑臭水体整治。

2. 项目边界条件

（1）回报机制

本项目采用"政府付费"的回报机制，合作期内政府按期向项目公司付费，以弥补项目公司建设投资、养护费用，并使其获得合理回报。

(2) 调价机制

项目验收合格进入运营养护期后，运营维护服务费每3年调整一次，主要针对消费物价指数等因素变化进行定期调整。

(3) 风险分配基本框架

本项目按照风险分配优化、风险收益对等和风险可控原则，在政府和社会资本之间合理分配风险。项目设计、建造、财务和运营维护等商业风险由社会资本承担，法律、政策等风险由政府承担，不可抗力等风险由政府和社会资本合理分担（见表10-2）。

表10-2　　　　　　　　　　风险分配表

风险类别		双方共担	政府	社会资本/项目公司	风险处置措施
项目设计、建造、财务和运营等相关商业风险	设计不当			√	PPP项目合同中明确设计文件质量的考核标准，并加大违约处罚力度。
	分包商违约			√	通过施工合同，明确分包商与项目公司的连带法律责任。
	地质条件	√			友好协商，合理共担风险。
	场地可及性/准备	√			
	工程/运营变更	√			
	考古文物保护	√			
	建造成本超支			√	项目公司应加强自身工程建设及运营服务的管理，按照PPP项目合同的约定确保工程的质量、进度和安全，保证运营服务质量达标，并自行承担此部分风险。
	完工延误			√	
	技术、质量不合格			√	
	工地安全			√	
	劳动争端/罢工			√	
	运营成本超支			√	
	服务质量不达标			√	
	维修过于频繁			√	
	运营效率低			√	

续表

风险类别		双方共担	政府	社会资本/项目公司	风险处置措施
项目设计、建造、财务和运营等相关商业风险	人工、材料、机械价格上涨	√			在约定范围内由项目公司承担，超出约定范围，按PPP项目合同中3年调价机制处理。
	上游水质不达标	√			友好协商，合理共担，并根据污染者付费原则追索污染者责任。
	移交后设备状况	√			移交后缺陷责任期内（通常为1年）项目公司承担，缺陷责任期后政府承担。
	项目公司破产	√			友好协商，合理共担风险。
政策和法律、国有化或没收、土地征收和整理等风险	征用/国有化		√		通过PPP项目合同约定给予项目公司的补偿形式及金额。
	审批延误		√		
	土地征收和整理		√		征地拆迁部门应严格按计划完成土地拆迁工作，如拆迁未能如期完成，政府方应赔偿合理的经济损失并顺延合作期。
	合同文件冲突	√			友好协商，合理共担风险。
	收费变更	√			
	利率、税收等宏观经济政策变化	√			
	水环境建设规范等行业规定变化	√			
不可抗力等风险	不可抗力	√			
	通货膨胀	√			

3. 交易结构

（1）运作模式

本项目采用BOT的运作方式，项目公司负责项目设计、融资、建设、运营维护和经营权移交；政府向项目公司支付费用。

(2) 具体操作流程

第一，市住建委通过资格预审，采取竞争性磋商方式选择社会资本，与社会资本草签 PPP 项目合同，明确双方的合作意向，详细约定双方的关键权利和义务。

第二，由池州市水业投资有限公司与中选社会资本按照 20%：80% 的比例合资成立项目公司。

第三，市政府授权市住建委与项目公司签署 PPP 项目合同。

第四，在合作期限内，项目公司自行承担费用、责任和风险，负责本项目的设计、融资、建设和运营维护。

第五，在合作期限内，市住建委及其他政府相关部门对项目公司的运营情况进行考核，考核结果作为政府付费依据。

第六，合作期届满后，项目公司应按照 PPP 项目合同的约定，将本项目设施完好、无偿、无担保、无质押、无债务地移交给政府指定机构。

项目交易结构见图 10-2。

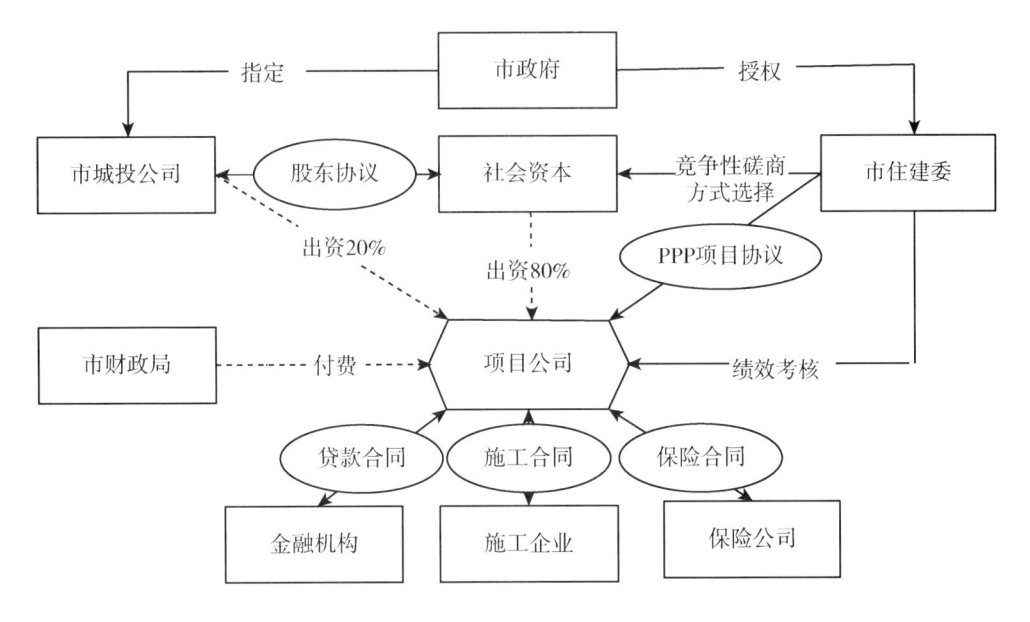

图 10-2　交易结构图

4. 绩效考核指标及体系

绩效考核主要针对运营维护阶段，考核结果与可用性服务费、运营维护服务费支付挂钩，有效激励项目公司提高服务水平。

（1）考核方法

市住建委作为本项目实施机构，负有指导和监督项目健康运行的责任和义务。市政府成立本项目考核工作小组，考核工作小组负责对项目公司的运营维护进行绩效考核。考核采用定期考核（季度考核和年度考核等）和不定期抽查（日常巡查）相结合的方式。考核实行打分制，满分100分。政府按绩效考核结果支付可用性服务费和运营维护服务费。

（2）考核权重

绩效考核内容主要包括清溪河水环境整体效果（权重20%）以及4个子项工程设施维护和产出指标实现（权重各20%）这两大部分，5项共100%。

（3）考核内容

尾水生态处理工程绩效考核见表10-3和表10-4。

表10-3　　　　　　设施维护考核内容（满分60）

设施维护绩效考核内容		分值
植物栽培与管理	冬季防冻，及时收割与处置。	0~10
湿地设施检修与更换	日常设备检修与更换；运营期内至少一次设备大修与填料更换，护堤维护。	0~15
按设计工况运行维护	丰水期与枯水期水位控制、冬季运行期间水位控制、湿地间歇运行、防汛期间紧急预案与紧急排放通道清理。	0~15
景观设施管养	尾水湿地相关景观设施的日常管养、维护与大修。	0~15
水质监测	对湿地进水、出水水质进行检测，每月提供不少于一次的水质检测报告。	0~5

案例 10　安徽池州市海绵城市建设清溪河流域水环境综合整治 PPP 项目

表 10-4　　　　　　　　　产出指标考核内容（满分 40）

产出指标绩效考核内容		分值
出水水质标准	根据《中华人民共和国地表水环境质量标准》（GB3838-2002），地表水环境质量标准基本项目 24 项，指标达到地表水Ⅳ类水标准（除总氮≤10 毫克/升外，其他指标达到地表水Ⅳ类水标准）。	0~20
水量指标	处理全部清溪污水处理厂日常尾水。	0~10
补水线路水质保障	保障尾水湿地补水线路沿途水质不劣于现状水质。	0~10

黑臭水体整治工程绩效考核见表 10-5 和表 10-6。

表 10-5　　　　　　　　　设施维护考核内容（满分 40）

设施维护绩效考核内容		分值
水体管理	避免杂物、垃圾、树木落叶、饲料等进入水体；禁止畜禽养殖；控制鱼类及生物种群数量。	0~6
水域保洁	清理垃圾和漂浮物等；设置景观水系循环净水装置；建设自净水生生物群落。	0~6
水生生物管理	水生动植物生态稳定，净化系统运行良好。	0~8
驳岸绿化	黑臭水体沿岸绿化养护。	0~6
设备维护	定期对设备进行维修保养，保证正常工作。	0~8
水体清淤	堤岸铺砌；清淤，保证淤积不得影响排涝功能和排水管口的排水。	0~6

表 10-6　　　　　　　　　产出指标考核内容（满分 60）

产出指标绩效考核内容		分值
水质标准	根据《中华人民共和国地表水环境质量标准》（GB3838-2002），地表水环境质量标准基本项目 24 项，指标达到地表水Ⅳ类水标准。	0~50
黑臭水体控制指标	根据《住房城乡建设部环境保护部关于印发城市黑臭水体整治工作指南的通知》（建城〔2015〕130 号），可以利用表观污染指数（SPI）等辅助开展黑臭水体政治效果评估。	0~10

汇景片区改造工程绩效考核见表 10-7 和表 10-8。

表 10 - 7　　　　　　　　　　设施维护考核内容（满分60）

设施维护绩效考核内容		分值
雨水设施景观绿化	植物覆盖率、植物生长修理、定期清除杂物、植物维护管理、边坡台坎维护。	0~15
雨水设施检修与更新	生态化雨水设施、透水铺装、雨水调蓄池检修与设备更新。	0~25
雨水设施日常管养	雨前检查、雨后检查、季度检查、年度检查。	0~20

表 10 - 8　　　　　　　　　　产出指标考核内容（满分40）

产出指标绩效考核内容		分值
年径流总量控制	实现片区75%的年径总量控制目标，设计降雨量为26.8毫米。	0~10
SS削减率	SS削减率达到40%。	0~10
合改分与合流制溢流控制	结合海绵城市改造实现合改分或合流制溢流控制。旱季，小区无污水流入市政雨水管网；小区溢流频率不超过一年3次，或小于重现期0.3年60分钟降雨平均雨强下不出现溢流。	0~10
排水能力要求	重现期3年一遇暴雨不出现积水问题；重现期30年一遇暴雨不出现严重内涝。	0~10

观湖赵圩片区改造工程绩效考核同汇景片区。

清溪河水环境整体效果绩效考核见表10-9和表10-10。

表 10 - 9　　　　　　　　　　设施维护考核内容（满分50）

设施维护绩效考核内容		分值
水体管理	避免杂物、垃圾、树木落叶、饲料等进入水体；禁止畜禽养殖；控制鱼类及生物种群数量。	0~4
水域保洁	清理垃圾和漂浮物等；设置景观水系循环净水装置；建设自净水生生物群落；沿岸清洗。	0~6
水生生物管理	水生动植物生态稳定，净化系统运行良好。	0~5
驳岸绿化	清溪河沿岸生态驳岸的绿化养护。	0~5
设备维护	定期对设备进行维修保养，保证正常工作。	0~5
水体清淤	堤岸铺砌；清淤，保证淤积不得影响排涝功能和排水管口的排水。	0~5
监测系统数据维护及监测设备维护	监测系统数据维护并提交季度、月度、年度报告，监测设备日常管养、月度检修等内容。	0~20

表 10-10　　　　　　　产出指标考核内容（满分 50）

产出指标绩效考核内容		分值
水质指标	根据《中华人民共和国地表水环境质量标准》（GB3838-2002），地表水环境质量标准基本项目 24 项，指标达到地表水 IV 类水标准。	0~40
黑臭水体控制目标	根据《住房城乡建设部环境保护部关于印发城市黑臭水体整治工作指南的通知》（建城〔2015〕130 号），可以利用表观污染指数（SPI）等辅助开展黑臭水体政治效果评估。	0~10

（4）绩效付费

运营期内，市住建委通过对项目公司服务绩效水平进行考核，实现绩效考核结果与可用性服务费和运营维护服务费的支付挂钩。绩效考核评价结果量化为综合评分，并按照综合评分分级。只有全部考核分值 85 分以上才能拿到全额可行性缺口补助。

① 运营维护服务费

运营维护服务费 = 年度运营维护成本 × (1 + 合理利润率) × 绩效考核系数

当项目公司考核得分达到或超过政府设定的绩效考核优良分数线 85 分时，绩效考核系数取 1.0；当项目公司考核得分低于政府设定的绩效考核及格分数线 60 分时，绩效考核系数取 0；当项目公司考核得分处于及格分数 60 分和 70 分之间时，绩效考核系数取 0.7；当项目公司考核得分处于 70 分和优良分数 85 分之间时，绩效考核系数按下列公式计算：

$$绩效考核系数 = 0.7 + 0.3 \times (考核得分 - 70)/(85 - 70)$$

② 可用性服务费

运营期内，如项目公司连续两次绩效考核结果得分低于 70 分，市住建委依下列公式支付当年及以后年份的可用性服务费，直至绩效考核结果得分不低于 70 分的年份：

$$当年可用性服务费支付金额 = 当年可用性服务费金额 \times 90\%$$

红河、中心沟、平天湖排涝沟、南湖、观湖、赵圩、二院水塘、尾水湿地和清溪河 9 个子项出水水质必须满足绩效考核办法相应的出水水质标准，否则，则甲方有权依下列公式支付当年及以后年份的可用性服务费：

当年可用性服务费支付金额 = 当年可用性服务费金额 × (1 − n × 5%)

其中，n = 水质不达标子项数量（n = 0 ~ 9）。

5. 从程序角度描述项目实施的规范性

（1）项目立项等前期手续

2016年3月，完成能评批复（池发改环资表〔2016〕06~09号）；

2016年3月，完成项目建议书批复（池发改审批〔2016〕50~51号、109~110号）；

2016年3月18日，通过物有所值评价、财政承受能力论证（池财中心〔2016〕212号）；

2016年3月23日，池州市城乡规划局《关于清溪河流域水环境综合整治项目和滨江区及天堂湖新区基础设施项目规划选址意见的函》（池规函〔2016〕25号）；

2016年3月28日，池州市人民政府市长办公会议纪要第71号第二条同意本项目立项；

2016年4月，完成环评批复（池环函〔2016〕65号、67号、86号、87号）；

2016年4月，完成用地预审（池国土资预审字〔2016〕8~10号、17号）；

2016年4月，完成工程可研批复（池发改审批〔2016〕125~126号、143~144号）；

2016年2~5月，通过公开招标选定中国通用咨询投资有限公司作为本项目咨询机构，完成实施方案，并经池州市人民政府专题会议审查通过（专题会议纪要第18号）。

（2）配套支持

为保障本项目顺利推进，池州市人民政府明确征地拆迁工作实行属地管理，征地工作由市土地收储中心、开发区管委会、平天湖风景区管委会负责；拆迁、迁坟及地面附着物补偿等由贵池区政府、开发区管委会、平天湖风景区管委会负责。同时，经市政府同意，供电土建工程、路灯电源、道路配建消防栓等由项目公司一并实施，纳入总投资，以便于项目管理和推进。

（3）预算安排

本项目已列入2016年本级政府性投资项目计划《池州市人民政府办公室关于印发2016年市本级政府性投资项目计划的通知》（池政办〔2016〕8号），先后经市政府常务会议、市委常委会会议审议通过，并经市三届人大常委会第二十七次会议审议批准。按照PPP项目合同约定将财政支出责任、支付金额按年度列入预算并纳入中长期财政规划。

（四）物有所值评价和财政承受能力论证要点

根据财政部相关文件要求，市财政局通过政府采购的方式，委托第三方专业咨询机构进行物有所值评价和财政承受能力论证，并就项目论证情况做了专题汇报。

1. 物有所值评价要点

本项目物有所值评价从定性评价与定量评价两个方面分别进行了分析评价。

（1）定性评价情况

本项目物有所值定性分析采用专家打分法，聘请项目管理、工程技术、财政、金融、资产评估、行业、法律、资产评估等不同领域的专家为每项评价指标打分，并依据评价规则计算最终定性评价得分为78.1分，通过评价（见表10-11）。

表10-11　　　　　　　　物有所值定性评价结果

编号	评价指标	权重（%）	加权得分
1	全生命周期整合程度	15	12.25
2	风险识别与分配	15	11.88

续表

编号	评价指标	权重（%）	加权得分
3	绩效导向与鼓励创新	15	10.50
4	潜在竞争程度	15	12.25
5	政府机构能力	10	8.33
6	融资可获得性	10	7.42
7	项目规模大小	5	4.13
8	预期使用寿命长短	5	4.02
9	全寿命期成本测算准确性	5	3.46
10	行业示范性	5	3.48
合计			78.10

（2）定量评价情况

根据本项目初步实施方案设计的项目投融资结构、股权结构、回报机制以及咨询公司调查所得相关数据，对政府采用传统模式与PPP模式实施本项目的成本进行了测算与比较，得出PPPs净现值11.67亿元，PSC现值12.62亿元，VFM值为9 533.89万元，采用PPP模式相比传统模式节省7.55%，通过定量评价。

（3）物有所值评价结论

本项目采用PPP模式，更能实现"专业的人做专业的事"，于池州市人民政府而言，不仅能节约政府支出，降低财政负担，转移项目风险，更使政府能抽身于微观事务，专心于监管者的角色；于社会资本而言，基于专业人才与行业经验，可以提升公共服务质量、降低运营成本、提高利润空间，可实现政府与社会资本双赢。同时池州市作为海绵城市建设试点城市，本项目亦纳入示范领域，使得本项目具有一定的代表性，有较大的示范意义。

2. 财政承受能力论证要点

经过对本项目政府支出责任、已有PPP项目及政府同期拟实施的PPP项目政府支出责任进行测算：本项目实施后政府各年支出占一般公共预算支出的比例介于 0.79%～1.93%，每年度全市全部 PPP 项目支出占政府一般公共预算支出的比例介于 2.35%～6.56%。由此得出结论：第一，本项目中，政府年度支出占市本级财政一般公共预算支出的比例小于 10% 的高限，并为池州市未来的 PPP 项目市场发展留下一定空间。第二，本项目为池州市采用市本级财政支持的第一个环保类水环境综合整治 PPP 项目，行业和领域均衡性较好。

三、项目采购

（一）市场测试及资格审查情况

1. 市场测试

为充分了解社会资本对项目的响应程度，积极采纳市场反馈意见，项目实施机构和咨询公司在项目准备阶段和采购阶段做了大量市场测试工作。结合项目特点，定向筛选行业中具有行业影响力的 19 家水务公司进行了市场测试。

2. 资格预审

（1）设定的资格条件

本项目设定的资格条件见表 10-12。

表 10-12　　　　　　　　　资格预审条件

资格设置	标　　准
主体要求	允许联合体资格预审申请，联合体成员不得超过 2 家；应明确联合体中负责设计、施工和运营的成员及联合体牵头方。
资质要求	申请人应具备工程设计综合甲级资质或市政行业设计甲级资质和建筑行业设计甲级资质，应具备市政公用工程施工总承包贰级及以上资质。
财务要求	应具有独立健全的财务管理、会计核算和资产管理制度，须提供经审计的 2011～2015 年度财务报告；2015 年度净资产总额应不少于 30 亿元；银行授信额度应不低于 10 亿元，须提供金融机构出具的本项目融资意向函。

续表

资格设置	标　　准
业绩要求	应至少具有一项投资金额 3 亿元及以上的水环境综合整治项目设计业绩；应至少具有一项投资金额 5 亿元及以上的水环境综合整治 PPP 项目业绩。
项目负责人要求	设计负责人应具有市政给排水专业高级工程师职称，至少具有一项以设计负责人身份参与的投资金额 1 亿元及以上的水环境综合整治项目设计业绩。在建设期内，设计负责人每月驻场办公时间不得少于 22 天。 项目负责人应具有市政公用工程一级注册建造师执业资格证书及高级工程师职称，应至少具有一项以项目负责人身份参与的投资金额 1 亿元及以上的水环境综合整治 PPP 项目业绩。在建设期内，项目负责人每月驻场办公时间不得少于 22 天。
其他要求	单位负责人为同一人或者存在直接控股、管理关系的不同申请人，不得参加同一采购项目的资格预审。

（2）审查结果

资格预审采用有限数量制，资格预审评审小组对资格预审申请文件进行初步审查、详细审查及综合打分，通过评审，资格预审合格的社会资本方有深圳水务集团和上海市政院组成的联合体等 5 家机构。

（二）评审情况

根据本项目技术复杂、突出设计的特点，采取两阶段磋商方式：第一阶段对响应方案进行磋商，第二阶段在第一阶段磋商确定的方案基础上进行最后报价。

1. 磋商过程

磋商小组由实施机构依法组建，市住建委作为本项目的采购人推荐 1 人；另提请住房城乡建设部和财政部推荐，其中海绵城市专家 3 人，法律专家 1 人，财务专家 1 人，PPP 专家 1 人。磋商小组与 5 家供应商分别进行磋商，并将磋商内容予以记录。磋商内容重点是社会资本方的设计方案、建设运营方案和融资方案等。磋商后，由 5 家供应商分别对可用性服务费累计折现值、年运营维护服务费和工程施工预算下浮率进行最后报价。

根据最后报价以及磋商响应文件中的设计方案，建设、运营和管理方案，财务、融资方案，法律方案和综合实力，由磋商小组进行综合打分评审。

2. 评审标准

本项目采用综合评分法，侧重社会资本的设计和运营维护能力。对社会资本响应的方案、综合实力及报价三部分进行综合评审，其中设计和运营方案分数占比超过 2/3，这充分反映了本项目运作"突出全生命周期建管整合"的特点。

通过设置合理的竞争性磋商价格标的，引导社会资本理性报价。按照财政部《政府和社会资本合作项目财政承受能力论证指引》的计算方式和前期财务测算，设定完善的标的体系，包括项目全部建设成本、合理利润率、年度折现率、可用性服务费累计折现值、年度运营维护服务费。

3. 评审结果

根据上述磋商和评审程序，推荐深圳水务集团和上海市政院联合体综合评分为预中标供应商。

（三）合同谈判及签署

1. 确认谈判要点

本项目于 2016 年 8 月进行合同确认谈判，未对 PPP 项目合同草案进行实质性修改。通过谈判，确认政府方建立经常性协调机制，积极为深圳水务联合体提供必要的支持；深圳水务联合体在建设期内设立常驻池州机构；社会资本方于 2016 年 8 月底前完成系统技术方案优化设计。

2. 合同文本的审批及签署

2016 年 9 月草签合同文本，并在项目公司成立后于 2016 年 12 月正式签署项目合同。

四、项目落地情况

(一) 项目公司设立情况

1. 公司概况

政府方出资代表和社会资本共同出资于 2016 年 10 月设立项目公司，公司名称为池州市水环境投资建设有限公司，地址为安徽省池州经济技术开发区九华山大道 499 号，公司注册资本 1.79 亿元人民币，目前已全部到位。

2. 股权结构

本项目股权结构见表 10 – 13。

表 10 – 13　　　　　　　　股权结构

序号	股东名称	出资方式	出资额（万元）	出资比例（%）
1	池州市水业投资有限公司（政府方出资代表）	现金	3 584.866	20
2	深圳水务集团	现金	12 547.031	70
3	上海市政院	现金	1 792.433	10
合计			17 924.330	100

关于政府方股东的特别规定：池州市水业投资有限公司作为政府方股东享有分红权；董事会采取"一人一票"的表决制度，政府方股东委派的董事对影响公共利益或公共安全的事项享有一票否决权，董事会决议由出席会议的董事签字确认。

关于社会资本方股东的特别规定：第一，确保在 PPP 项目合同生效日后 30 日内按照工程进度计划完成融资交割；第二，作为股东为项目公司融资提供担保或提供股东借款。

3. 管理层架构

项目公司设董事会，董事会由 5 名董事组成，其中政府方出资代表池州市水业投资有限公司推举 1 人，深圳水务集团推举 3 人（其中 1 人任董事长，需政府方同意）和上海市政院推举 1 人，由股东会选举产生。

项目公司设监事会，监事会由 3 名监事组成，其中 1 名为公司职工代表，其余为股东代表。池州市水业投资有限公司推荐 1 人，深圳水务集团和上海市政院共同推荐 1 人。

项目公司设经营管理机构，包括总经理（1 人，社会资本方提名）、副总经理（1~3 人）、财务经理（1 人，社会资本方提名）、财务副经理，其中池州市水业投资有限公司提名财务副经理 1 人。由董事会决定聘任或者解聘。

（二）项目融资落实情况

1. 实施方案中的融资方式及条件

项目融资由中选社会资本或项目公司负责。具体融资方式为债务融资，计划融资金额为 7.17 亿元，占项目总投资的 80%。债务融资利率为 5 年期以上银行贷款基准利率（4.9%）。等额本息法，还本付息年限为 10 年，贷款年限为 12 年。

2. 融资实际执行情况和交割情况

项目资本金已由三方股东实际出资到位，根据 PPP 项目合同，现已完成融资交割。

项目公司股东出资 20%，剩余资金由项目公司通过贷款或其他融资方式解决。在实际操作中，为减轻财政支出压力、减少项目公司财务成本，深圳水务集团利用其 AAA 级信用，已成功发行了中期票据，并以借款方式给予项目公司所需债务性融资，期限和还款金额由深圳水务集团和项目公司根据项目公司的现金流情况确定，可以保证项目公司正常运行。

(三) 资产权属及会计税收处理

项目公司在建设期内投资建设形成的项目设施，以及运营期内因更新重置形成的项目设施的所有权属于池州市人民政府所有，合作期限内项目公司拥有资产经营权。

(四) 项目进度

1. PPP 项目实施进度

本项目实施进程见图 10-3。

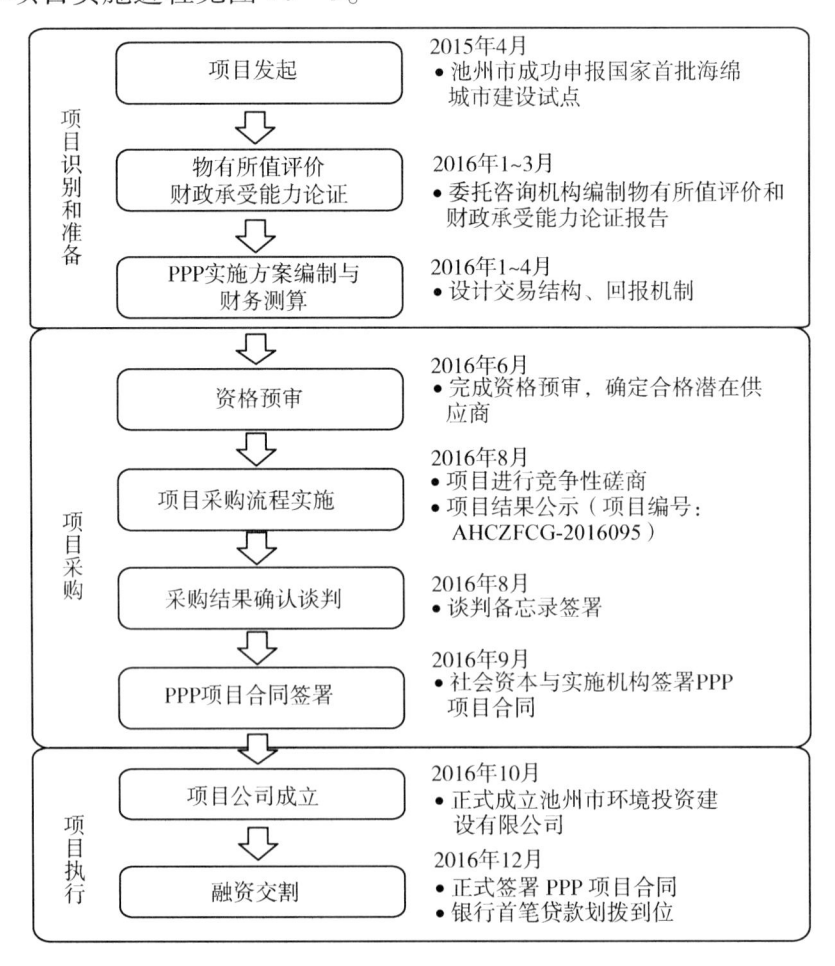

```
项目识别和准备:
  项目发起 —— 2015年4月
    • 池州市成功申报国家首批海绵城市建设试点
  物有所值评价财政承受能力论证 —— 2016年1~3月
    • 委托咨询机构编制物有所值评价和财政承受能力论证报告
  PPP实施方案编制与财务测算 —— 2016年1~4月
    • 设计交易结构、回报机制

项目采购:
  资格预审 —— 2016年6月
    • 完成资格预审，确定合格潜在供应商
  项目采购流程实施 —— 2016年8月
    • 项目进行竞争性磋商
    • 项目结果公示（项目编号：AHCZFCG-2016095）
  采购结果确认谈判 —— 2016年8月
    • 谈判备忘录签署
  PPP项目合同签署 —— 2016年9月
    • 社会资本与实施机构签署PPP项目合同

项目执行:
  项目公司成立 —— 2016年10月
    • 正式成立池州市环境投资建设有限公司
  融资交割 —— 2016年12月
    • 正式签署PPP项目合同
    • 银行首笔贷款划拨到位
```

图 10-3 项目实施进程图

2. 项目建设进度

第一，根据招投标文件以及总体实施计划，本项目已完成试点示范区内全部地块的测量、地勘、物探工作，并编制了详细的勘探报告；设计单位已完成项目系统方案的优化设计、典型案例设计、全部子项目方案设计，为后续项目快速推进提供了保障。

第二，2016年10月，本项目典型案例（试点建设示范区内的样板工程）以及25个海绵改造子项目、3个黑臭水体综合整治项目已全面动工，截至目前典型案例项目主体工程已基本完工，其他子项目正在快速推进。

第三，九华山大道综合改造、汇景北苑海绵改造以及护城河遗址公园综合改造3个EPC项目（项目承包单位经过招标确定），主体工程已基本完工。

第四，2016年10月，清溪河截污干管改迁和合流制溢流污染治理工程已全面动工。截至目前沿石台路、东湖路顶管工作井已全部完成，顶管作业全面展开。

第五，根据项目实施计划，2017年3月底将建设完成70%改造区域，面积达3.03平方公里，2017年12月底项目主体工程将建设完工，实现项目建设目标。

第六，2018年2月进入试运营期，2018年8月完成竣工验收，进入正式运营。

五、项目监管

根据《关于政府和社会资本合作示范项目实施有关问题的通知》（财金〔2014〕112号），PPP项目监管架构主要包括授权关系和监管方式。授权关系主要是政府对项目实施机构的授权，以及政府直接或通过项目实施机构对社会资本的授权；监管方式主要包括履约管理、行政监管和公众监督等。

市住建委会同行业主管部门参照《池州市本级政府性投资项目管理办法》和《池州市本级政府性投资项目预算管理办法》等对本项目的审批、建设、监督、预算等进行管理，并参照《池州市本级政府性投资项目审计监督办法》等对本项目进行全过程跟踪审计和竣工决算审计。

第一，项目设计和项目建设阶段。规范本项目的设计变更和现场签证行为。鼓励项目公司通过设计优化和施工管理等措施来降低项目投资总额，并对节约的投资额按一定比例对项目公司给予奖励。在项目竣工后，市住建委会同相关主管部门、项目公司组织项目竣工验收。

第二，项目执行阶段。对项目公司的运营服务质量、设施运营维护情况等进行考核、评估，以保证本项目所提供的服务符合相关的技术规范和标准。在 PPP 项目合同中规定，项目实施机构将组织对项目公司运营维护绩效的考核，实行打分制，满分 100 分。绩效考核结果与运营维护费用支付挂钩，若项目公司连续两年绩效考核不及格，政府有权提取项目公司运营履约保函不高于年运营维护费用的金额作为违约赔偿。

第三，项目移交阶段。市住建委会同行业主管部门、项目公司组建移交委员会，按 PPP 项目合同规定对本项目进行整体移交，做好资产评估、性能评估及资金补偿等工作，妥善办理过户及管理权移交手续。性能评估确保项目符合污水达标排放、景观状态良好和排水设施运转正常等设计标准。

六、项目点评

（一）项目特点及亮点

1. 科学打包，实现"流域＋海绵＋黑臭"系统整合

通过全面梳理海绵城市建设脉络，进行科学打包。海绵城市建设非常复杂，为防止项目碎片化、连片显示度差等问题，池州市海绵城市将 117 个独立分散的子项目进行系统化整合，打包成排水厂网 PPP、水环境

PPP、天堂湖 PPP 三个项目包。本项目即水环境 PPP 项目按照"老区连片改造——流域+海绵+黑臭"的模式，根据源头改造—中端整合—末端治理—绩效考核达标的全流域整治理念，将相关子项整合成体现流域性特征、系统性突出的 PPP 项目。流域关系及各 PPP 项目关系框架如图 10-4 所示。

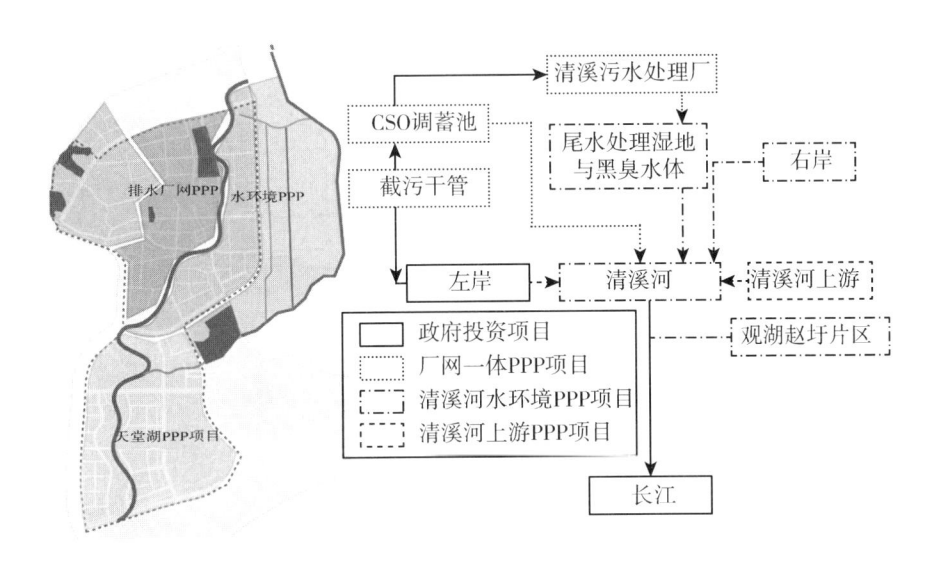

图 10-4 本项目组成及相关 PPP 项目关系框架

第一，以实现项目总体产出目标为导向确定项目范围。根据"源头改造—中端整合—末端治理—绩效考核"的全流域水环境治理理念确定项目范围，以清溪河流域整治为最终目标，整合污水处理厂尾水综合利用、黑臭水体整治、住宅区海绵城市改造等工程，打包运作 PPP 项目，系统解决清溪河流域的水质保障、生态修复与再生回用等重要水问题。

第二，确定本 PPP 项目范围时充分考虑上下游关系、水质动态、汛期排涝、汛期与水质关系、汛期与植物维护的关系等，以界定各子项目边界，从汇水片区到流域，最终合理选定纳入本项目的各子项。以观湖赵圩片区为例，"岸上"生活污水的偷排与漏排、雨季雨水径流污染，都是造成末端水体水质恶化的重要原因。如果按照常规公建公营方式分项整治，很难形成最有效、最优化的方案，甚至会出现上下游建设管理单位相互推诿或指责的问题。因此，必须以流域管理的视角整合项目，进行统筹管理。观湖赵圩、汇景片区的海绵城市侧重源头雨水系统的建设与管理，减少水体污染负荷来源。尾水湿地项目将污水处理厂尾水作为城市景观水源的重要来源，净化后回用保障枯水期水动力与水质。红河、中心沟等黑臭水体整治项目将清溪河、尾水湿地与若干湖体串联打通，最终实现清溪河流域的整体水质提升、动力增强与水资源回用。

第三，强调绩效考核与责权边界的精细化处理。即便将清溪河城市流域统筹打包，本项目仍然面临与上游农业污染风险、洪水灾害风险、污水处理厂尾水不达标等一系列责权的分解。基于清溪河流域科学的洪涝、水质灾害风险分析，本项目梳理了多条免责规定，保持建设目标与项目设置高度一致。另外，围绕从源头至末端的综合整治思路，本项目强调日常巡查与流域监测相结合的专业考核方式，这是确定 PPP 项目范围、产出目标、绩效考核标准等的必然要求和有效手段。在项目打包时即提前考虑监测考核，如监测界面、责任界面的划分等。同时，在项目范围内增加考核辅助监测系统，以有效落实流域监测。

2. 严控产出目标

第一，在项目准备和项目采购阶段，从编制实施方案、资格审查文件、竞争性磋商文件到 PPP 项目合同体系，都特别强调制定详尽的项目产出目标并严格执行，包括清溪河流域水环境总体产出目标和各子项目产出目标。

第二，通过 PPP 项目合同条款严格约束社会资本（项目公司）实现产出目标，主要体现在下述条款：

一是质量保证和质量控制。项目验收要求产出目标全部达标，质量要求一次性验收合格。

二是试运行。自项目试运行之日起，项目实施机构和项目公司应共同委托监测机构对本项目进行监测。如果自试运行之日起连续 6 个月，本项目监测数据均符合试运行监测标准，则本项目通过试运行。该监测标准以项目产出目标为依据。

三是竣工验收。项目通过试运行后，项目实施机构会同相关政府部门及项目公司按适用法律的规定和竣工验收标准、项目产出目标要求组织并实施竣工验收。

四是运营和维护。项目公司应按照PPP项目合同规定的范围提供运营维护服务，实现本合同所规定的项目产出目标。

五是绩效考核和服务费支付。绩效考核的核心和服务费计算、支付的基础都是必须达到项目产出目标。

3. 突出全生命周期建管整合

非经营性的政府付费项目应特别关注实现PPP的内涵特征，即长期合作、风险分担、收益共享、强调运营、激励相容和按效付费。

本项目的一大特色是在工程可行性研究报告基础上把方案设计也作为一项招标内容，要求社会资本方提供相关设计标准规划。这是因为海绵城市建设是一个系统而又复杂的过程，加之国家层面直到2016年才有关于海绵城市建设标准的雏形，设计和技术方案的好坏对海绵城市的成功与否将起到极为重要的作用。

流域水环境综合整治项目，由于运营期涉及内容繁琐、部门协调频繁的运营维护与管理工作，往往建设期效果明显，但后期管理维护不佳，水质逐渐恶化。

本项目最大限度整合项目建设管理责任，避免"重建设、轻运营"情况的出现，将本项目涉及各个子项目的项目设计、建设、运营维护统一交由PPP公司进行管理。

项目实施机构在项目运作之初已经完成项目可行性研究，要求成交社会资本负责方案设计、初设和施工图设计。结合海绵城市建设特点、本项目的要求，运作中特别强调社会资本须具有设计和工程完工后的运营维护综合能力。具体体现如下：

第一，项目实施机构和咨询机构针对可研报告中对于运营管理内容研究深度不足的问题，编制出台《池州市海绵城市低影响开发雨水工程运行维护导则（试行）》等文件，并在此基础上，针对运营管理工作内容，逐项分析梳理运营维护工作量，结合本地造价信息，测算年度运营维护成本，增强项目财务测算的准确性，同时指导社会资本方更准确地编制运营维护方案和对年度运营维护费报价。

第二，要求社会资本组成联合体参加甄选，联合体需要具有设计和运营的资质、业绩等条件。

第三，资格预审阶段聚焦水务企业运维业绩、突出设计经验能力。

第四，竞争性磋商阶段综合评审，加大设计和运营管理方案评审权重。

第五，本项目要求社会资本/项目公司在项目实施机构已经完成可研的基础上，编制海绵城市建设的方案设计、初设和施工图设计，在竞争性磋商阶段社会资本需编制方案设计。为鼓励潜在供应商提供优秀的设计方案，充分发挥技术优势，对提交最终响应文件、但未成为成交供应商的社会资本，给予现金补偿，补偿费用由项目公司承担，并计入项目前期费用。

第六，强调设计负责人、项目负责人资质、经验，细化其现场工作要求。

第七，PPP项目合同中突出运维绩效考核，并将考核结果与可用性服务费挂钩。

第八，在股东协议草案中要求设计单位在项目公司中出资占股。

4. 细化绩效考核

编制《池州市海绵城市（低影响开发）建设项目规划设计导则》，制定"绩效考核办法"，主要针对运营维护阶段，同时考核结果与可用性服务费支付挂钩，体现突出全生命周期建管整合特点、激励项目公司提高服务水平。项目在执行阶段将根据绩效考核付费，因此，对提升水体质量、改善水环境品质等几项重要指标都做了细化设计，项目公司只有全部考核分值在85分以上才能得到政府全额支付的服务费。

本项目制定了详尽的绩效考核办法，仅以四个子项中的黑臭水体整治工程为例，其绩效考核内容如下：

第一，明确项目产出。水体经过整治后达到以下整治目标：提升水体景观质量，改善水体周边景观环境；黑臭水体水质指标达到地表水Ⅳ类水标准；达到住房城乡建设部《城市黑臭水体整治工作指南》要求。

第二，在工程可行性研究报告基础上经调研、同技术顾问研讨进一步确定运营维护工作内容。例如黑臭水体治理运营维护工作内容就细化为水体管理、水域保洁、水生生物管理、水体清淤、驳岸绿化和设备维护6个方面。

第三，确定考核权重和考核内容（见图10-5）。

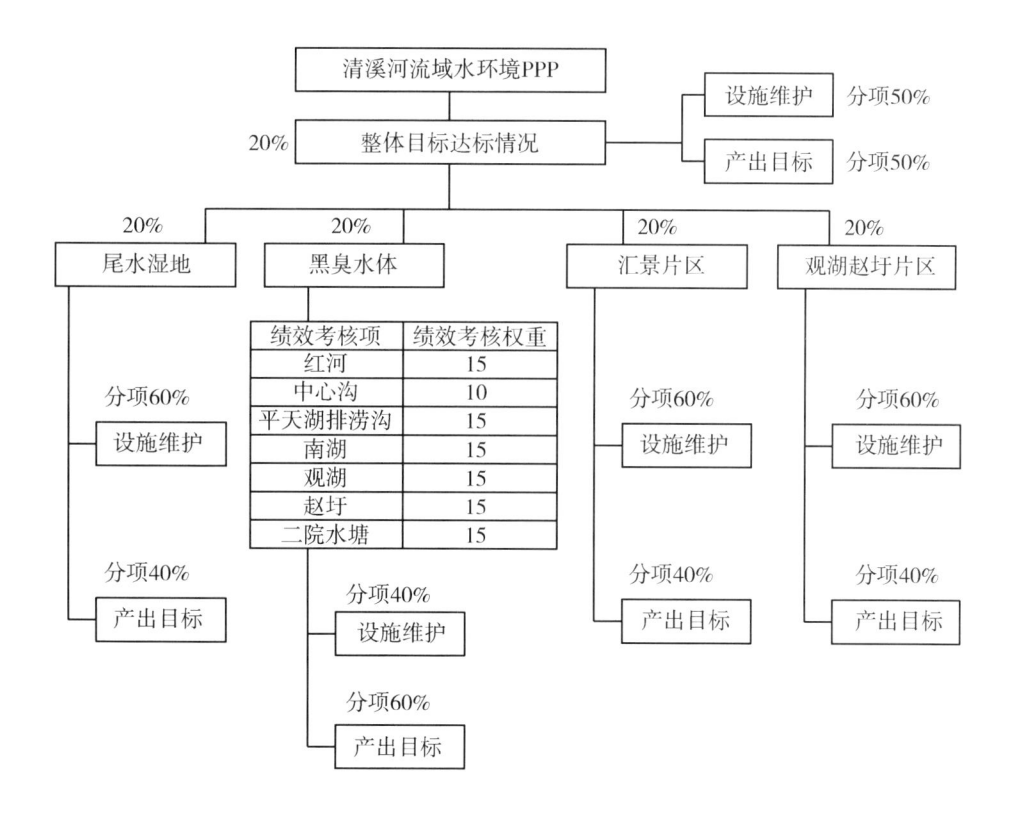

图10-5 本项目绩效考核图

第四，考核结果运用。

一是确定年度运营维护服务费。

运营维护服务费 = 年度运营维护成本 × (1 + 合理利润率) × 绩效考核系数

二是绩效考核结果挂钩可用性服务费。在项目运营期内，例如，项目公司连续两次绩效考核结果得分低于70分，则可用性服务费支付金额为当年金额的90%，直至绩效考核结果得分不低于70分。突出9个关键子项的出水水质，必须达到绩效考核办法规定出水水质标准。每出现一项不达标，则扣除当年可用性服务费金额的5%。

5. 规范政府采购操作程序

第一，通过广泛的市场测试实现4个目标：一是完善PPP实施方案；二是测算合理的政府付费范围，包括运营维护费用测算、确定服务费测算参数，以设置合理利润率、年度折现率等技术经济参数；三是确定资格预审标准，制定6个维度的资格条件，即资质、财务、业绩、相关负责人、信誉和其他要求；四是确定竞争性磋商程序要点。

第二，在资格预审中聚焦水务企业运维业绩、突出设计经验能力，采用有限数量制促成能实现优势资源优化配置的联合体参加竞争。

第三，在竞争性磋商环节，重点关注社会资本的设计和运营维护能力，防止出现低价投标。

一是采用综合评审，侧重社会资本的设计和运营维护能力。综合评审分为社会资本响应的方案、其综合实力及报价三部分，评分满分100分。其中方案67分，综合实力18分，报价15分。而方案中又特别突出设计方案占30分，其次是运营管理方案占17分，后续依次是财务融资方案10分，建设方案和法律方案各5分。体现本项目突出全生命周期建管整合的特点。

二是通过设置合理的竞争性磋商价格标的，引导社会资本理性报价（见表10-14至表10-16）。按照财政部《政府和社会资本合作项目财政承受能力论证指引》的计算方式和前期财务测算，设定完善的标的体系，包括年度折现率、合理利润率、年度运营维护服务费、工程施工预算下浮率、项目全部建设成本。

表 10 – 14　　　　　　　　　　具体报价要求

标的	单位	报价
可用性服务费累计折现值	万元	
年度运营维护服务费	万元	
工程施工预算下浮率	%	

表 10 – 15　　　　　　　　　　填报项目

填报项目	单位	数值
合理利润率	%	
年度折现率	%	
项目全部建设成本	万元	

表 10 – 16　　　　　　　　　　具体评分标准

项目	分值	评分标准
可用性服务费累计折现值	8	为计算可用性服务费累计折现值，本项目全部建设成本不得超过 10.8315 亿元；合理利润率上限值为 5.88%；年度折现率上限为 6.75%；按 6.75% 的折现率计算累计折现值。 满足响应文件要求且报价最低的为磋商基准价，其价格分为满分，其他的报价得分按下列公式进行计算：报价得分 =（磋商基准价/最后磋商报价）× 8。
年运营维护服务费	3	年度运营维护服务费不超过 1 000 万元。满足响应文件要求且报价最低的为磋商基准价，其价格分为满分 3 分，其他的报价得分按下列公式进行计算：报价得分 =（磋商基准价/最后磋商报价）× 3。
工程施工预算下浮率	4	满足竞争性磋商文件要求且工程施工预算下浮率最大的得 4 分，其他下浮率得分计算：下浮率得分 =（所报下浮率/最大下浮率）× 4。工程施工预算下浮率应不低于 10%。

6. 提前考虑施工管理，有效控制工程造价

本项目在项目实施机构完成立项和工程可行性研究的基础上开始 PPP 项目运作，由中选社会资本及未来成立的项目公司编制方案设计、初步设计和施工图设计，而只有在施工图设计阶段才有详细的工程预算，才有可能进行较有效的工程造价控制。为了解决这一问题，在编制 PPP 实施方

案及项目采购中,项目实施机构和咨询公司就要求社会资本投报工程施工预算下浮率和合同控制总价。由未来的项目公司完成施工图设计,经政府部门组织评审同意完成施工图审查。项目公司在此基础上按当地工程量清单计价规范编制工程预算,财政部门审查确认后下达工程预算批复。工程预算按照社会资本投报的施工预算下浮率下浮后作为最终工程决算的依据。

同时,要求社会资本方报价出全部建设成本,经项目实施机构确认后作为PPP项目合同的控制总价,按照PPP项目合同实际计算可用性服务费时,全部建设成本为决算审计后的项目总投资,但不得超过控制总价。通过这些设计,较好解决了工程造价控制、可用性服务费确定和调整等问题。

7. 建立"政府+技术咨询顾问+商业咨询顾问"的项目管理机制

为合规、协调、高效推进本项目,解决海绵城市建设投资规模大、项目类别复杂、关联性强、涉及政府职能部门及社会机构多的问题,池州市专门组建了"政府+技术咨询顾问+商业咨询顾问"的综合执行团队,构建"三位一体"联动推进机制,形成"顶层系统协调+过程技术把控+项目落地保障"的无缝合作机制,并通过加强培训、强化宣传等方式,有力推动各项工作的开展,最终为本项目的落地实施提供了政策保障、技术保障、商务保障。

(二)项目实施成效

1. 项目环境效益

本项目通过生态化的绿色设施,结合局部高效的灰色处理设施,统筹解决主城区城市积涝、雨水径流污染、城市黑臭水体、水环境修复、城市湿地保护等诸多水环境问题。

此外，在建设期实施的绿色基础设施本身，不仅具有上述功能，更具有景观、居民环境提升、间接生态教育等非常明显的增值收益。而通过BOT这种涵盖全生命周期的建设与管理方式，最大限度地保障了项目的可持续性。

2. 社会与经济效益

本项目投资规模较大，设施公益性明显，是池州市进一步提升水环境质量和创新政府管理方式的重要项目。虽然本项目本身不具经营性，但通过PPP模式实施，能够在资源的调动能力和资金的使用效率上大大提升。

首先，基于绿色基础设施建设海绵城市及治理黑臭水体的技术路线本身具有突出的高效经济、可持续特征。相较传统治理方法中投入大量的末端处理设施的思路，绿色设施具备明显的综合效益。即便在同样的投资情况下，这种建设思路仍然能够收获更多的综合效益。

其次，采用BOT模式，最大限度发挥了社会资本方的建设施工和运营管理优势，提高了项目设计、施工、运营各阶段效率。尤其是能够从一开始即考虑对复杂的水环境项目的可持续运营，进一步补足了政府的专业提升能力、管理效率等长期短板，以目标考核提升了项目的可持续性和财务预见能力。

最后，由于项目包投资较大，打包投融资的思路提升了融资效率，间接降低了工程造价和运营成本，为公众提供高质量的服务。同时，有效缓解了政府财政压力，也推动了公共服务领域的投融资机制创新。

本项目作为池州市海绵城市试点建设的核心项目，其顺利实施以及实施过程中的有益探索对国内其他地区海绵城市建设模式探索具有很好的示范借鉴意义。

3. 政府治理优化

通过PPP模式运作，可以使池州市人民政府及所属的住建委、财政局等政府职能部门从过去的基础设施公共服务的提供者转变为监管者角色，进而促进政府职能转变、提升政府治理效率。

（三）问题与建议

1. 加快政府部门职能转变

PPP 项目在识别、准备、采购阶段，各级政府部门都高度重视，且分工明确，各阶段都经过严格的报批、审批流程。然而，项目进入执行阶段后，对于非传统项目，如本项目属于海绵城市建设，构成内容类别复杂、关联性强，技术要求高，政府部门如何监督、管理和服务都需要进一步探索，职能转换可能遇到瓶颈，对于如何实现项目后期的有效监管及妥善移交缺乏专门政策性指导性意见。

专业人才队伍匮乏，难以确保项目高效规范实施。本项目作为海绵城市建设的核心项目，需要从项目规划设计、技术手段、建设运营监管等各方面专业的人才储备，目前政府部门人才队伍业务能力远不能达到要求，对项目的顺利推进和规范实施形成实质性障碍。

推广 PPP 模式，需要完善的行政监管程序以及有效的外部监督机制予以保证，尤其是海绵城市建设控制标准、监管体系在国内乃至发达的欧美国家，均未有相对成熟的体系。政府目前按照传统模式，安排人员编制，组建绩效考核机制，依据合同约定的绩效考核标准进行日常监管，尝试通过购买服务方式聘请第三方专业机构对实施过程及政府监管成效进行专门评估，并构建监管人员的再监管体系，从而破解目前项目实施过程中监管难题。

建议：一是为加快政府职能转变，针对项目执行阶段中的问题，从国家层面来看，应在完善 PPP 法制结构基础上，通过高等院校设置专业、政府部门专项培训、国家政策奖励激励等多种形式加大对 PPP 专业人才的培育培养。二是针对非传统项目，应通过购买服务方式，引入第三方专业评估机构，对项目实施及监管情况进行评估，搭建绩效考核中心，不断完善绩效考核体系建设，明确项目公司权限，并加强对项目执行过程中的政策性指导。

2. 加强运营阶段数据收集

建议有关部门加强海绵城市运营阶段数据的收集积累和分析，逐步形成行业内统一的运营标准。这有助于进一步促进项目相关各方更加关注包括运营维护管理工作在内的全生命周期监管整合，指导项目单位在项目识别和准备阶段提高运营成本测算的准确性，指导项目实施机构编制更具操作性的绩效考核办法，引导社会资本方编制更加具体和针对性更强的运营维护管理方案。

思 考 篇

PPP 项目实操中的共性问题与思考

一、PPP 项目与现行固定资产投资项目管理程序的衔接问题

（一）项目立项问题

根据《国务院关于投资体制改革的决定》（国发〔2014〕20 号）的规定，对于固定资产投资项目的管理，分别实行审批制、核准制与备案制。对于政府投资建设项目采用审批制；对于企业不使用政府投资建设的项目，一律不再实行审批制，区别不同情况实行核准制和备案制，其中，政府仅对重大项目和限制类项目从维护社会公共利益角度进行核准，其他项目无论规模大小，均改为备案制。

对于实行审批制的项目，项目实施前需编制项目建议书、可行性研究报告等，并经审批通过；实行核准制的项目，仅需向政府提交项目申请报告，不再经过批准项目建议书、可行性研究报告等的程序。实行备案制的项目，企业只需按照属地原则向地方政府投资主管部门履行简单的备案手续即可。

对于 PPP 项目，特别是项目包含基础设施与配套开发等多项实施内容的片区开发或特色小镇类 PPP 项目，如何进行项目立项，实践中有两种不同的做法。有的采用分开立项的方式，对于基础设施部分采用审批

制，配套开发部分采用核准制或备案制。本书收录案例多为水务综合类项目，有的项目将子项工程分别予以立项；有的采用统一立项的方式，将项目整体打包，统一编制项目建议书、可行性研究报告，统一实行审批程序。对于上述立项程序各地的认识不一、做法不同，建议出台政策予以梳理和明确。

（二）PPP项目社会资本采购前政府应完成的前期准备工作

传统的工程建设项目，政府进行施工单位的采购前需要完成可行性研究报告、初步设计、施工图设计的编制，施工单位根据上述文件按图施工。

PPP项目中，财政部和国家发改委对政府方在采购社会资本前应完成的前期工作均作出了规定。《关于印发〈政府和社会资本合作项目财政管理暂行办法〉的通知》（财金〔2016〕92号）第五条规定，"新建、改扩建项目的项目实施方案应当依据项目建议书、项目可行性研究报告等前期论证文件编制。"《关于印发〈传统基础设施领域实施政府和社会资本合作项目工作导则〉的通知》（发改投资〔2016〕2231号）第十条规定，"可行性研究报告审批后，实施机构根据经批准的可行性研究报告有关要求，完善并确定PPP项目实施方案。"

根据上述规定，财政部、国家发改委均要求政府方先行完成可行性研究报告的编制工作，只是在是否需要完成可研审批的规定上存在些许差异。但上述规定在实操中产生了一定偏差，而且有些安排与建筑法规定并不一致，需要加以统一规范。

第一，有些项目时间要求较紧，因此带来项目前期准备时间不够，规划、可研等前期资料不完整等问题，进而导致PPP项目实施方案、物有所值评价及财政承受能力论证的基础较差，流于形式。建议政府方合理规范PPP项目的前期工作，并引导给予PPP项目合理的前期工作准备时间，对规范操作的项目进行宣传，避免前期准备工作基础较差，项目匆忙上马。本书中镇江海绵城市 PPP 等项目前期工作较为扎实，实际上为项目顺利落地奠定了很好的基础。

第二，有些项目前期准备充分，政府方完成初步设计、施工图设计后方启动社会资本的采购工作。政府方做到施工图设计，项目公司按图施工，这将不利于社会资本发挥其主观能动性进行适当创新。建议对于产出明确的 PPP 项目，政府方可先行完成初步设计，并允许项目公司进行合理优化；对于产出不明确、边界不清晰的 PPP 项目，可由项目公司全面负责初步设计、施工图设计等工作，保证项目的设计能够为项目后期的建设与运营服务。

第三，样本案例中，部分项目一方面将项目公司作为建设单位，另一方面又由政府方直接与项目监理单位、勘察设计单位签订相应的监理合同和勘察设计合同，相关费用纳入项目总投资，类似的安排与建筑法规定并不一致，需要加以统一规范。

二、PPP 更应突出绩效考核，实现按效付费

值得注意的是，当前有些 PPP 项目存在一定"劣币驱逐良币"的现象。将以工程建设目的为主的项目象征性地增加一点运营或维护的内容，再通过政府支付可用性付费的方式使社会资本收回工程建设费用，看似采用的是 PPP 模式，实质上是拉长版的"BT"方式，变相实现工程建设和融资的目的。

BT 模式易形成大量地方政府债务、无法实现项目建设与运营的衔接、增加了项目全生命周期成本，目前，BT 方式是国家政策法规不鼓励并被限制的一种工程建设方式。若项目以可用性付费为幌子，实则采用 BT 模式或实行固定回报，既不能减轻政府债务，同时还加大了财政压力，降低甚至免除社会资本承担的运营风险，从而违背推行 PPP 的初衷，不符合"收益共享、风险分担"的原则。

对于此种现象，建议增强项目识别作用。《关于印发〈政府和社会资

本合作模式操作指南（试行）〉的通知》（财金〔2014〕113号）中明确规定，在开展PPP项目的操作之前，首先要对项目进行识别，项目识别主要判断项目是否适合采用PPP的方式实施。

而判断项目是否为PPP项目还是工程建设项目的关键，还是在于项目交易结构的设置。若项目建设费用的支付取决于运营期内的绩效考核结果，即可认定为PPP项目，但若工程建设投资的收回与项目建成后的运营服务效果不直接关联，哪怕披上了"可用性付费"的外衣，也不能称之为PPP项目。以污水处理项目为例，虽然前期需进行污水处理厂的建设，但社会资本所有投资的收回均取决于社会资本是否提供合格的污水处理服务，而不是根据工程建设内容固定给予社会资本以投资回报。因此行业共识是污水处理BOT项目是典型的PPP项目。

实践中按"投资成本+运营成本+回报率"定价的项目很多（名称多为"可用性付费"+"运维绩效付费"），投资成本基本采用项目投资总额确定（投资成本由项目前期费用、建设工程费用、建设工程其他费用及建设期利息等构成），运营成本为年运营维护费，且回报率多与银行贷款利率挂钩。付费采用按"可用性付费"+"运维绩效付费"按年平均后，根据考核结果支付，其中可用性付费部分大多与项目竣工验收挂钩，与运维服务质量无关。上述定价方法及绩效考核机制与国家期望的"按效付费"、绩效定价机制不符，容易助长"重建设、轻运营"的不良风气，建议尽早出台行业绩效考核指导标准，将项目建设费用的一定比例与运营期内绩效考核结果挂钩，促使社会资本在项目设计、施工阶段就考虑运营，真正重视项目运营，从根本上提高PPP项目公共服务的质量和水平。参与案例选编评审的专家们认为，为实现推行PPP模式目的，对于边界明晰、产出标准明确的项目，建设成本的支付需全部与运营期内的绩效考核结果挂钩；而对于边界不清晰，无统一产出标准的项目，则应增大绩效考核的比例。可以借鉴的是本书中已有项目将可用性付费与后期运营绩效挂钩方面的探索。水务综合类项目（海绵城市、黑臭水体等）绩效标准尚不明确的情况下，更应突出环境绩效，按效付费。另外，按年支付也不利于项目可持续发展，严重影响项目的生存能力，为了保障项目具有健康的现金流,建议采用用量定价方式,根据供应量和服务效果按月或至少按季付费。

三、关于成立项目公司的相关问题

(一) 关于是否必须成立项目公司的问题

《关于印发〈政府和社会资本合作模式操作指南(试行)〉的通知》规定:"社会资本可依法设立项目公司。政府可指定相关机构依法参股项目公司。"国家发展改革委等六部委联合印发的《基础设施和公用事业特许经营管理办法》(六部委第 25 号令)规定:"实施机构应当在招标谈判文件中载明是否要求成立特许经营项目公司。"从上述规定可以看出,相关法律并没有强制要求成立项目公司。

若成立项目公司,对社会资本而言,其仅以在项目公司的出资额为限承担责任,风险较小;对政府而言,政府方只需对接项目公司,便于项目管理,同时项目公司一般在项目所在地成立,能够增加当地税收。当然,对应跨区县的综合性项目,项目公司是否只成立一个或每个区域均成立一个,在本书中也有案例(福建龙岩四区县乡镇污水处理项目)值得研究。

(二) 社会资本与项目公司在 PPP 项目合同关系中的角色定位

《政府采购法》第二十四条第二款规定:"以联合体形式进行政府采购的,参加联合体的供应商均应当具备本法第二十二条规定的条件,并应当向采购人提交联合协议,载明联合体各方承担的工作和义务。联合体各方应当共同与采购人签订采购合同,就采购合同约定的事项对采购人承担连带责任。"《PPP 项目合同指南(试行)》(财金〔2014〕156 号)规定:

"在项目初期阶段,项目公司尚未成立时,政府方会先与社会资本(即项目投资人)签订意向书、备忘录或者框架协议,以明确双方的合作意向,详细约定双方有关项目开发的关键权利义务。待项目公司成立后,由项目公司与政府方重新签署正式 PPP 项目合同,或者签署关于承继上述协议的补充合同。"

实践中的困惑是,项目公司设立后,由项目公司签署承继 PPP 项目合同的补充协议或是重新签署 PPP 项目合同后,社会资本应否对 PPP 项目合同的履行按照《政府采购法》规定继续承担连带责任?所选样本案例中,多数项目要求社会资本对项目公司融资承担担保责任,在项目公司融资不到位时提供股东借款;部分项目要求社会资本(而非项目公司)向政府方提供履约担保(包括建设期、运维期和移交后的履约担保)。为减少实践中的分歧,建议尽早加以统一规范。

(三) 关于联合体成员是否必须成为项目公司股东的问题

联合体投标是指两个以上法人或者其他组织组成一个联合体,以一个投标人的身份共同投标的行为。组建联合体目的是增强投标竞争能力,减少联合体各方因支付巨额履约保证金而产生的资金负担,分散联合体各方的投标风险,弥补有关各方技术力量的相对不足,提高共同承担的项目完工的可靠性。

在实践中联合体成员是否均需要出资入股项目公司,成为项目公司的股东,现行法律法规均未对此作出明确规定。

参与案例选编评审的专家认为若政府方不要求联合体每个成员均有出资义务,可能在项目建设结束后,不能有效控制联合体成员,特别是施工方。建议政府在采购社会资本方时,可以要求联合体成员在联合体协议书中约定成员出资的比例,一方面更加体现出 PPP 项目"收益共享、风险分担"的原则,另一方面也可约束联合体的成员,督促其有效履行股东义务。

（四）对于联合体成员能否转让股权的问题

PPP项目的合作期限相对较长，通常为10~30年，投资回收周期长、投资回报率较低，使得联合体中一些成员在投资PPP项目时往往要求提前退出。

对于是否允许联合体成员提前退出的问题，目前法律没有明确规定，参与案例选编评审的专家认为在建设期需要进行大量的资金投入，联合体成员对外转让股权应给予严格限制，经政府方同意，在履行相应交接手续且责任约定明确的情况下，联合体成员间可以进行转让；在项目运营期，项目进入稳定运营的状态，联合体成员对内、对外转让均不受限制，但在联合体中承担运营职能的社会资本，只有在得到政府方书面同意的情况下，才能减持股份。

财税方面的总结与思考

PPP项目中的税收安排和筹划对于项目成本核算、企业盈利水平将产生重要影响，但由于目前PPP项目涉及面较广、配套政策尚在逐步完善中，且《资源综合利用产品和劳务增值税优惠目录》（财税〔2015〕78号）和"营改增"等税收政策变动对于水务行业又产生了整体的深刻影响，因此各参与相关方，包括地方税务主管机关在内，对于水务PPP项目涉及的税种、税收优惠政策的适用性等难以全面、准确界定；而且社会资本一般以税后利润为基础计算收益率，相关税收的最终承担方实质为政府，税收政策变动的成本也大多由政府承担。因此在项目前期准备和社会资本选择过程中，社会资本缺乏足够的动力与政府全面沟通项目实际税收负担，实施机构和咨询机构则缺乏足够的能力来详尽测算税收成本，这就导致了前期项目成本测算的不准确，进而影响到物有所值和财政承受能力评估的准确性，甚至会影响到项目后续实施的稳定性。

一、对于项目应缴税款的认识差异较大

综合项目报告和反馈情况，各项目在项目公司成立、融资建设、项目运营和项目移交等阶段的税收适用情况认识存在较大差异和片面性；对于政府以不动产等入股，以及PPP项目中来源于政府的付费或补贴等环节的税收，大多缺乏足够的重视，没有准确进行税负测算，或充分适用税收

优惠政策；项目公司取得专项补贴后的财务和税务处理不妥当；个别项目片面放宽了税收优惠政策的适用性；实施方案中对税收成本不够重视，部分项目仅简单地定性描述；从反馈情况中也可以看出，有部分项目实施方案中认为移交阶段不涉及税收或方案中尚未明确。这些问题将会对政府和社会资本双方未来全生命周期的合作带来不确定影响。

二、与地方税务主管机关缺乏有效沟通

由于项目准备过程中对于税收不够重视，因此在项目准备过程中，咨询机构、社会资本和实施机构与税务主管机关的沟通还不够全面深入，多数单位有这方面计划但尚未实施，有些则根本没有这方面安排，仅少数项目表示已与税务主管机关进行沟通且成效明显；且不同地区，甚至于同一地区的税务机关对于项目都存在不同的解释口径，也直接导致PPP项目各方无所适从。

三、政府实际支付义务测算不准确

一方面是PPP项目各方对于税收缺乏足够的重视，另一方面部分咨询机构也缺乏这方面的专业能力，因此导致了PPP项目前期准备中税收测算不够精确。尤其对于政府，作为PPP项目中税收的最终承担方，前期税收测算的不全面和不准确将会很大程度上影响到政府的实际支付义务，并直接导致了物有所值定量测算、财政承受能力评估的不准确。

同时，如果前期方案中未能详尽规划税收筹划，但在项目实施过程中，尤其在项目公司利润分配环节社会资本采取了相应的避税方法，会增厚社会资本利润，变相增加了政府对社会资本的支付责任。

四、部分税收政策执行口径有待进一步明确

从项目调研及反馈的情况来看,在部分税收政策的适用条件上有待进一步细化或明确,比较典型的包括,政府付费或可行性缺口补贴项目中,用于弥补项目成本的部分和项目公司利润部分是否应同样纳税、地方政府支付的服务对价是否可以作为不征税收入等,目前已经看到不同的地方税务部门对此有不同的解释和界定;对于来自于中央财政等上级的专项补贴,不同项目公司的财务和税务处理办法也不尽相同,税负也相应不一样。

针对上述问题,建议在 PPP 模式税收政策设计,以及水务 PPP 项目的税收安排中应着重注意以下几个方面:

(一)用好现有各项税收优惠政策

目前我国 PPP 项目广泛运用于水务等公共服务各领域,相关部门针对这些公益性领域已制定了诸多的税收优惠,应在 PPP 项目中根据《中华人民共和国企业所得税法实施条例》《关于全面推开营业税改征增值税试点的通知》《资源综合利用产品和劳务增值税优惠目录》和《国家税务总局关于企业所得税应纳税所得额若干问题的公告》等规定,注重用好现有的优惠政策,并在项目前期方案策划中,注重各项优惠政策的适用条件,尤其应注重加强与当地税务主管机构的沟通,为后续项目顺利享受税收优惠打好基础,以切实降低社会资本提供公共服务的成本。

(二)重视 PPP 项目前期税收筹划

合法合规地进行税收筹划,对社会资本而言,将有助于降低纳税成本,节省了费用开支,提高了社会资本的资本收益率,使其利润直接增

加，进而增强社会资本的竞争能力；从政府而言，将会引导包括社会资本在内的各类市场主体按照国家政策导向行事，进而使得国家税收政策的引导和调节效应得以实现。具体到PPP项目，开展充分地税收筹划，还将极大地减少项目实际税收成本，从而减少政府方的直接支付责任。

（三）合理选择差异化的PPP模式

PPP模式的选择不仅取决于项目是新建或是存量改造，更应结合项目本身特征、政府的目标和潜在社会资本的性质，选择个性化的模式。PPP模式的选择对于调动社会资本参与PPP项目的积极性和主观能动性，对于项目的资产价格、会计处理、融资安排、税收筹划、再融资设计和政府实际支付成本等会产生深远影响，包括项目税收成本的高低和税收筹划的安排均有实质性影响，可谓牵一发而动全身，因此不能简单地套用BOT、TOT或ROT等模式，而是应合理选择具体适用的PPP模式。

（四）完善PPP项目税收优惠体系

建议针对PPP项目的经营模式、合作期限、项目性质等特性，完善现行所得税、增值税等方面的优惠政策，更加合理地覆盖各类PPP项目的全生命周期，尤其对于因为采取PPP模式而较其他项目所增加的相关环节，如PPP项目公司资产转让移交等所增加的税收，PPP项目中项目公司不少情况下无法取得增值税进项抵扣凭证而导致增值税税负偏高等，应逐步完善相关税收优惠，既能体现税收的公平，也可在一定程度上减少PPP项目中地方政府的支付责任。

（五）明确部分税收政策的执行口径

由于目前《资源综合利用产品和劳务增值税优惠目录》和"营改增"等税收政策变动对于水务行业产生了整体的深刻影响，且PPP作为近几年新生事物，配套政策尚在逐步完善中，因此各地对所涉及的部分税收政策理解不一。如政府付费或可行性缺口补贴项目中，地方政府支付的费用是否可以作为不征税收入，用于弥补项目成本的部分和项目公司利润部分是否应同样纳税，对于来自于中央财政等上级的专项补贴如何进行财务和税务处理，政府前期投入资产的增值部分该如何处理等，还有待政策制定部门进一步明确相关执行口径，以便地方实操部门统一认识。

（六）界定不同 PPP 模式下相关资产性质

目前《企业会计准则》仅针对企业采用 BOT 参与公共基础设施建设时项目公司的资产性质做了界定，将基础设施确认为公司的金融资产或无形资产。但该文件仅限于通过特许经营实施的 BOT 项目，目前尚没有别的文件明确 PPP 其他模式是否也参照此办法执行，且对于项目公司而言，资产界定为固定资产、金融资产或无形资产不仅影响到项目融资的可得性和融资成本，且固定资产、金融资产和无形资产在折旧或摊销年限、损失税前认定、加计扣除等方面都会有差异，也就可能导致企业税负增加。因此，建议尽早明确 PPP 各类具体模式中资产性质的具体界定。

（七）注重 PPP 项目税收优惠审核

为充分发挥税收优惠的政策导向作用，避免不合规项目通过包装偷逃税，应在加大对规范 PPP 项目税收支持力度的同时，加强对 PPP 项目的合规性审核，县级以上财政部门应结合国务院和财政部相关政策要求，出具 PPP 项目审核意见，以此作为享受相关税收优惠的依据。尤其是在推动 PPP 项目规范、有序、可持续发展所明确的程序性、主体性等方面要求，对诸如政府和社会资本界定错误，通过固定回报、"明股实债"等进行变相融资的伪 PPP 项目等，一律不得享受相关税收优惠，严格防范企业借 PPP 名义进行包装以侵蚀税基。

（八）全面公示税收优惠享受信息

作为财政部推进 PPP 模式规范发展的一贯原则，公开透明的要求也应得到充分落实。通过对项目公司享受税收优惠相关信息的公示，尤其是合作主体、回报机制、绩效考核、风险分配等核心条款，以及项目执行过程中各阶段的税收优惠享受情况，使 PPP 项目更全面地接受各方监督，既能避免伪 PPP 项目通过税收优惠偷逃税，更能督促政府、咨询机构和社会资本共同推进规范 PPP 项目的开展。

（九）加强对咨询机构的宣传和引导

目前各级政府 PPP 项目实施中都将第三方咨询机构作为重要的智力支持，多基于咨询机构的方案选择社会资本并明确双方责权利，因此有必要加强对咨询机构的宣传和引导，使其充分认识到项目实施方案中税收测算的重要性，并在咨询过程中补充增加这方面的专业力量。当然，这也需要项目实施机构首先认识到税收测算和筹划的重要性，在咨询采购中明确这方面要求，并予以咨询机构一定的激励引导。

融资方面的总结与思考

一、项目总体投融资情况及共性特征

(一) 投融资基本情况

1. 总投资

本书的 10 个 PPP 示范项目总投资金额 163.65 亿元,平均单个项目投资额 16.37 亿元。其中,3 个项目(海南海口市南渡江引水工程 PPP 项目、镇江市海绵城市建设 PPP 项目、山东临沂市中心城区水环境综合整治工程河道治理 PPP 项目)有中央政府或地方政府财政补贴,补贴金额共计 24.98 亿元,扣除中央和地方财政补贴后,10 个项目总投资金额 138.67 亿元,平均单个项目投资 13.87 亿元。

2. 项目资本金

10 个项目的平均资本金为 3.89 亿元,平均项目资本金比例为 23.82%。若扣除中央和地方财政补贴部分,平均项目资本金比例为 28.11%。其中,项目资本金比例最高的为 35.8%(山东临沂市中心城区水环境综合整治工程河道治理 PPP 项目,扣除专项补贴资金计算),最低的为 20%（广西南宁市竹排江上游植物园段（那考河）流域治理 PPP 项目）。对应地，债权融资平均比例为 71.89%，最高融资比例为 80%，最低融资比例为 64.2%。

3. 回报方式

从回报方式看，10 个项目中，政府付费项目 6 个，可行性缺口补助项目 3 个，使用者付费项目 1 个。三类回报方式占总样本比例分别为 60%、30% 和 10%。

4. 中标社会资本属性

根据中标社会资本属性，将社会资本分为央企（国企）上市公司、央企（国企）非上市公司、民企上市公司、民企非上市公司四类，10 个项目中的中标社会资本，有 3 家为央企（国企）上市公司（含旗下拥有上市公司平台的集团），5 家为央企（国企）非上市公司，2 家为民企上市公司，没有民企非上市公司。民企参与率为 20%。

5. 资本金融资

10 个项目中，有资本金融资（股权融资）的项目仅有 1 个（江苏徐州市骆马湖水源地及原水管线项目），金额为 1.8 亿元，为江苏省 PPP 基金参与股权融资，基金持股比例为 25%。但是，该案例中基金的参与不是社会资本主动选择的结果，而是作为招标的前置条件写入招标方案。其余 9 个项目资本金部分均无金融机构进行资本金融资。

6. 债权融资

10 个项目中，有 2 个项目（徐州沛县供水 PPP 项目、安徽池州市海绵城市建设清溪河流域水环境综合整治 PPP 项目）直接由社会资本（兴蓉投资、深圳水务集团）利用其自身信用，在资本市场发行债券（公司债、企业债或中期票据）为项目提供债务性资金；1 个项目（福建龙岩市四个县（区）乡镇污水处理厂网一体化 PPP 项目）正在向省级 PPP 基金

（福建省 PPP 引导基金）申请债权融资（还未最终审批）；其余 7 个项目债权融资都来源于银行贷款（其中镇江市海绵城市建设 PPP 项目可能会用到江苏省 PPP 引导基金，用于小部分债权融资）。

在上述银行贷款参与债权融资的项目中，涉及的贷款银行包括国家开发银行、农业发展银行、建设银行、工商银行、农业银行、中国银行、邮政储蓄银行、交通银行、招商银行、光大银行、广州农商银行等。贷款期限最长的（镇江市海绵城市建设 PPP 项目）为 23 年，贷款期限最短的（广西南宁市竹排江上游植物园段（那考河）流域治理 PPP 项目）为 9 年。

7. 融资成本

股权融资方面，由 PPP 基金提供支持的项目，多数 PPP 基金要求固定收益及附回购条款的退出机制。股权融资的收益水平略高于债权融资，一般为 5 年以上人民银行贷款基准利率（以下简称"贷款基准利率"）上浮一定比例。

债务融资（贷款利率）方面，除 2 个项目社会资本用自身信用发债融资外，其余 8 个项目中，融资成本最高的为基准利率上浮 10%，但仅为贷款意向，尚未提款；其他大部分项目的融资成本为基准利率，或基准利率下浮 10%；融资成本最低的为基准利率下浮 20%，为政策性银行给予的贷款利率；商业银行中融资成本最低的为基准利率下浮 15%。

8. 融资增信

10 个 PPP 示范项目中，2 个项目由社会资本直接以自身信用发债（公司债、企业债或中期票据）融资；5 个项目债权融资部分由社会资本提供担保；3 个项目债权融资方式为项目公司自身信用（无担保），社会资本增信比例为 70%。此外，除使用者付费项目（山东济宁市金乡县城乡供水一体化建设工程）外，其他政府付费或政府缺口补助项目中的政府支付义务，项目所在地政府财政部门均纳入中长期财政规划并承诺纳入未来相应年度财政预算（有些项目手续正在办理过程中）。

（二）投融资共性特征

比较上述数据可以发现：本书中 10 个项目案例在投融资方面存在以下几个共性特征：

第一，中标社会资本实力普遍较强。为顺利推动项目落地，并降低项目融资带来的财务成本，地方政府普遍倾向于选择实力较强的社会资本。10 个项目的社会资本有 8 家为央企或国企，有 5 家为上市公司（其中 2 家民企上市公司）。

第二，项目资本金比例普遍较高，且多数项目资本金为社会资本自有资金出资。项目资本金是股东方对项目建设提供的保障。对于项目总投资来说，项目资本金起到了一定的杠杆效应：20% 的项目资本金撬动了 80% 的债权资金，放大了 4 倍杠杆。因此，项目资本金比例越高，对于债权银行来说，杠杆越低，风险越低。10 个项目平均项目资本金比例达到 28.11%，远高于 20% 的项目资本金比例要求。此外，由于银行风险相应降低，因此能够接受相对较低的贷款利率，也间接降低了项目公司的融资成本。

第三，债权融资普遍由社会资本提供增信措施。为融资便利，同时降低项目融资成本，有 7 个项目的社会资本方提供了增信，其中还有 2 个项目社会资本方通过自身信用发债融资用于项目建设。

第四，贷款融资成本目前普遍不高，融资期限相对较长。由于上述三点原因，10 个项目债权融资成本普遍不高，多数项目贷款融资成本为基准利率下浮一定比例；且融资期限普遍较长：10 个项目中，全生命周期超过 20 年的项目有 7 个，这 7 个项目中有 4 个项目贷款融资期限也达到或超过 20 年。

第五，成为示范项目对项目融资普遍有较大帮助。多数项目实施人员表示，由于采取 PPP 模式，尤其是纳入国家级示范项目后，项目备受银行、基金等金融机构的青睐，金融机构不仅表达了积极的合作意愿，而且提供了相对于传统项目较为优惠的融资条件。可见，规范的 PPP 项目，会得到国家的鼓励与支持（例如入选示范项目），同时也会为项目融资提供便利，创造更优的融资条件。

二、项目投融资亮点

（一）地方政府重视、社会资本支持是项目获得良好融资条件的必要保证

PPP项目融资中的债权投资人主要关注两方面的风险：一是来自政府方面的风险；二是来自项目公司或社会资本方面的风险。

债权人首先关注的是还款来源风险，对于政府付费或政府负有差额补足等支付义务的PPP项目来说，政府的财政实力和信用情况对债权人非常重要。政府在前期沟通中，充分向银行等金融机构展示地方经济发展前景、财政实力、明确政府支付的边界、将该部分支付义务纳入跨年度财政预算等措施能够增强社会资本信心，增加对金融机构的吸引力，有利于达成更为优惠、期限更长的贷款条件。

此外，项目公司道德风险、项目建设工程质量风险、服务不能满足PPP项目合同要求导致政府无法支付风险等都对金融机构债权投资本金和收益安全构成威胁。因此，项目公司中社会资本方的能力、实力、资信情况也很重要，社会资本方强有力的支持是自身信心的体现，也是金融机构有意愿投资及提供良好融资条件的关键。

在本次入选案例中，有些地方政府前期积极介入并主导和银行机构沟通，向银行等金融机构全面阐明政府政策、介绍项目情况、分析经济前景、界定政府支付边界等，得到了金融机构的积极响应，一些金融机构在社会资本进入前就已经与政府相关部门签订了贷款意向，为后期确定社会资本后的项目融资打下了非常好的基础。社会资本的支持力度也在示范案例中得到充分体现，部分社会资本为项目公司融资提供担保，向金融机构

展示信心和决心；部分社会资本主动承担融资责任，承诺最高融资成本上限；还有实力较强的社会资本利用自身高信用等级优势，直接通过公开债券市场融资，降低项目融资成本。

对于政府财力较弱的地方，若能够吸引到较强的社会资本投资运作项目，融资尚可依赖社会资本的信用；若中标社会资本实力也不强，上述措施往往还不够，当地政府和中选社会资本都需要对项目提供更强有力的支持。从入选项目和备选项目来看，上级政府提供专项补贴，或申请政府出资成立的政府引导性 PPP 基金是一个比较有效的办法，因为专项补贴和政府引导 PPP 基金都能为 PPP 项目提供政府增信的作用。如果条件许可，适当提高项目资本金比例，也是提升股东对项目公司的支持力度，降低金融机构风险的有效手段。

（二）在项目采购前进行市场测试，或在融资环节引入竞争，有利于融资成功并获得理想的融资条件

10 个案例中，前期准备较为充分、为融资做更多准备功课的项目，例如，海南海口市南渡江引水工程 PPP 项目，在项目采购前，由咨询机构出具融资市场测试方案，提出项目融资的各项要求（包括融资比例、融资利率、期限、担保、还款安排），由海口市政府出面，向建设银行、中国银行、交通银行、国家开发银行等 7 家银行发出征询函，充分了解金融机构对本项目的融资意向，了解了金融机构对于融资额度、融资成本、融资期限和担保措施的基本要求。由于多家金融机构都明确表示了对项目融资支持的意愿，因此大幅度增强了政府对于项目采购的信心，同时也对融资成本、贷款期限、增信措施等做到心中有数，融资成功率更高，融资条件更好。再如，镇江海绵城市 PPP 项目，镇江市财政局和实施机构、咨询公司一起，拟订了多层次的融资保障计划。首先，在社会资本采购前和当地的金融机构充分沟通，积极了解金融机构对项目的贷款意愿，并和农业银行达成初步的贷款意向，锁定了利率下浮 10%，期限 15 年的贷款条件。其次，在采购文件中明确，如果社会资本可以获得优于农业银行条

件的融资，则采用社会资本选择的金融机构。再次，比选时将财务费用纳入评分因素，鼓励社会资本进一步挖掘资源，发现更优的融资条件。同时，为了避免社会资本的非理性承诺，在竞争性磋商过程中又要求社会资本出具书面承诺函，保证如果其选择的金融机构不能兑现之前承诺的融资条件，则由社会资本按照同等条件向项目公司提供股东借款。项目公司成立后，镇江市财政局又协助项目公司组织面向所有金融机构的项目推介会，广泛宣传本项目的示范性和稳定性，形成金融机构间的有效竞争。最终，该项目获得了基础利率下浮12%，贷款期限23年的最优贷款条件。

（三）灵活的股权和资本金结构，有利于项目公司的财务优化

项目资本金制度始于1996年的《国务院关于固定资产投资项目试行资本金制度的通知》（国发〔1996〕35号），目的是避免项目投资变成项目投机。项目资本金是项目社会资本的投资实力和风险承担能力的一个验证。由于我国项目资本金比例通常要求等于或高于20%，对于投资规模较大的项目，项目资本金将是一笔不小的金额。这笔资金如何体现在项目公司，目前业界很多项目的做法，是将认缴注册资本金金额设置与项目资本金等同，然后将项目资本金根据施工进度，以实缴注册资本方式注入项目公司。这种做法可能存在两个风险：一是有限责任公司的股东，是按认缴注册资本承担有限责任，注册资本金越高，股东风险可能越大（尤其是在项目建设初期，资本金尚未完全到位，但发生了超过预期和承受能力的风险）；且政府方一般在项目公司中出资较少，若按项目资本金金额设置注册资本，政府方可能无法在项目公司中持有理想的股权比例。二是注册资本金若等同于项目资本金，项目公司最终实现的利润可能沉淀在注册资本金中，只有通过减资方式退出，这将十分困难。

福建龙岩市四个县（区）乡镇污水处理厂网一体化PPP项目，则采取了不同以往的做法。该项目的项目资本金比例设定为总投资额的30%。按照项目总投资6.72亿元计算，项目资本金应为2.016亿元。但政府方

和社会资本并未将项目公司的注册资本金设置为 2.016 亿元，而是设置为 1 000 万元（4 个项目公司共计 4 000 万元），注册资本以外的股东自有资金通过资本公积形式注入项目公司。这样，既满足了股东方自有资金达到项目资本金比例的要求，又降低了项目公司注册资本金。

在某些项目中，也有的做法是将注册资本以外的股东自有资金，以股东借款的形式借给项目公司。这种做法在一定程度上与《国务院关于固定资产投资项目试行资本金制度的通知》相冲突。《国务院关于固定资产投资项目试行资本金制度的通知》明确规定："投资项目资本金，是指在投资项目总投资中，由投资者认缴的出资额，对投资项目来说是非债务性资金，项目法人不承担这部分资金的任何利息和债务。"股东借款属于债务性资金，不符合制度要求。

三、投融资问题与思考

（一）10 个项目基础较好，基本未体现出融资难问题

10 个示范项目中，7 个项目所在地为省会城市或经济实力较强的地级市，项目基础好、政府财政能力强，能够吸引实力雄厚的社会资本。项目资本金比例较高、中选社会资本提供增信及入选财政部示范项目等因素进一步增强了项目的吸引力，因此项目总体融资成本较低，难度不大。

事实上融资难问题一直影响 PPP 项目的落实。对庞大的 PPP 项目库来说，仅国家级项目库——财政部 PPP 综合信息平台项目库中的 PPP 项目总投资即已达 14.6 万亿元，加上未纳入国家级项目库的省级、市级项目库 PPP 项目，保守估计总投资额至少再翻一倍。这些项目并非都能够像上述 10 个示范项目一样，有如此优越的基础条件。事实上，在本次案例选编编写工作中，示范项目从 24 个到 10 个的选择过程就很能说明问题：财政实力弱、中标社会资本不强的 PPP 项目存在融资困难，即便是已经进入示范的个别项目，其股权融资、债权融资还都没有完全落实，存

在较大的不确定性。因此从总体上看，PPP项目普遍面临的融资难题，尤其是非示范项目会显得更加突出。

多数PPP项目融资困难，主要体现在以下两个方面：

一是融资增信主体缺失，或增信主体增信能力不足。按照《关于印发〈政府和社会资本合作模式操作指南（试行）的通知〉》（财金〔2014〕113号）规定，"项目融资由社会资本或项目公司负责。"因此，PPP项目融资的增信，应由社会资本或项目公司提供。由于项目公司本身的结构，信用级别不高，故应由中标社会资本为主要增信主体。但在实践操作中，很多社会资本为建筑类央企、国企，或者各类上市公司，出于资本约束和负债率控制考虑，这些企业很难为项目公司的融资提供担保等有效增信。增信主体缺失，是PPP项目融资困难的最大症结。

除社会资本担保增信以外，若项目的回报方式为政府付费项目，债权融资的金融机构除了可以依托社会资本提供增信外，还可以根据承担支付义务的地方政府的财政支付能力，以及信用状况，判断项目公司回款现金流的充足性和稳定性。在某种程度上来说，这也是一种增信。然而，在这10个示范项目中，中选社会资本不是央企、国企，就是民企上市公司，且有7个项目社会资本提供了直接或间接增信，另外3个项目，具有付费义务的政府方分别为海口市、镇江市和南宁市，地方政府的财政支付能力较强，融资也相对容易。这10个项目并没有出现中选社会资本和政府方财政支付能力都较弱的项目，或者即使中选社会资本实力较强，但不愿为项目提供增信的情况。因此PPP项目融资常见的增信主体缺失或增信主体增信能力不足的困难，在这10个项目中没有得到体现。

二是融资期限与PPP项目合作期限存在错配。在PPP模式以前，通常银行等金融机构为项目进行融资的融资期限，一般为10年以内，最长不超过15年。但PPP模式由于是政府和社会资本的长期合作，PPP项目全生命周期年限通常在20年、30年甚至更长。贷款期限越长，银行不确定的风险越高，对于实力较强的社会资本提供增信的项目，银行尚可接受（例如本书中的部分案例）；而实力较弱的社会资本，或社会资本实力较强但不愿提供增信的项目，银行出于控制风险考虑，能够提供的贷款期限就无法满足 PPP 项目融资期限。若贷款存续期内，项目的现金流无法覆盖贷款融资的本息，则对于项目公司和社会资本来讲，还需要考虑再融资问题。再融资问题一般在初次融资时就需要考虑（通过对项目公司现金流的测算，以及贷款存续期本息偿还额的测算进行预估），特别是基础较差（社会资本实力弱、政府财力弱）的项目，本身融资能力就弱，长期不确定性更明显，因此再融资风险更大，在极端情况下甚至存在项目中期失败的风险。

由于 10 个项目的中选社会资本实力普遍较强，7 个提供了增信，另外 3 个具有支付义务的地方政府财政支付能力也较强，因此银行愿意提供相对较长的融资期限，10 个项目的融资期限错配问题也不是很明显。

（二）资本金融资（股权融资）问题

项目融资需求通常主要有两大类：一是资本金融资（股权融资）；二是贷款融资（债权融资）。如前所述，债权融资中，金融机构主要考察项目公司的现金流情况——对于政府承担支付义务（政府付费和可行性缺口补助）的项目，主要考察政府的支付能力，或者社会资本的增信能力；对于使用者付费项目，主要考察社会资本的增信能力。而资本金融资，则有两种情况：一种是"明股实债"融资；另一种是"同股同权"融资。

在 PPP 项目投融资中，作为产业资本的社会资本如果进行股权融资一般会寻找金融资本。金融资本一般不会直接干预产业资本的日常运营与管理，作为对价，金融资本往往会要求产业资本保证其投资本金和预期收益，即人们常说的"明股实债"。对于项目公司来说，这部分资金是实实在在的"股"，承担一切股本应该承担的责任；对于产业资本来说，这部分资金本质上是一种负债，负有保证本金不受损失和约定收益的责任和法定义务。在当前的 PPP 项目融资实践中，不少项目的资本金融资仍为"明股实债"融资。"明股实债"融资并非完全禁止。财政部《关于在公共服务领域深入推进政府和社会资本合作工作的通知》（财金〔2016〕90号）明确规定：应"防止政府以固定回报承诺、回购安排、明股实债等方式承担过度支出责任,避免将当期政府购买服务支出代替 PPP 项目中长期的支出责任,规避 PPP 相关评价论证程序,加剧地方政府财政债务风险隐患"。因此,在 PPP 项目中,若"明股实债"融资的回购方、兜底方为中选社会资本,或者其他第三方,并未受到政策限制;但若回购方、兜底方为政府,则是不允许的。但在示范项目之外,目前众多的资本金融资项目中,仍存在着政府作为金融机构持股份额的回购主体,或财政做基金的劣后级投资人,并作为基金优先级投资人回购主体的项目,这是否与政策制度相抵触,值得关注和研究。

(三) PPP 基金的作用尚未得到应有的发挥

10 个示范项目里,有 2 个项目用到了省级 PPP 引导基金,另有一项目可能会引入 PPP 基金作少量债权融资。用到 PPP 基金的项目为江苏徐州市骆马湖水源地及原水管线项目和福建龙岩市四个县(区)乡镇污水处理厂网一体化 PPP 项目,PPP 基金分别参与 1.8 亿元股权融资和 3.5 亿元债权融资;另一可能会引入 PPP 基金的项目为镇江市海绵城市建设 PPP 项目,可能会引入江苏省 PPP 基金支持少量债权融资。3 个项目引入的 PPP 基金,有 2 个投向了债权融资。由于这 10 个 PPP 示范项目普遍存在中选社会资本实力强、项目资本金比例高等优势,这些项目债权融资均未遇到困难,PPP 基金此时参与债权融资更像是"锦上添花";而更需要"雪中送炭"的股权融资,则只有一只基金参与,且并未真正做到"同股同权"。

政府 PPP 引导基金在 PPP 项目中起到什么作用?参与案例选编评审的专家们认为应该从三个方面考虑。

首先,是支持股权和资本金部分,还是支持债权部分?专家们认为应该主要支持股权和资本金融资部分。原因是 PPP 项目的投融资难点,主要是项目资本金制度对政府和社会资本的资金实力提出了较高要求。由于 PPP 项目通常投资规模较大,要满足 20% 甚至更高的项目资本金,对社会资本来说也是一笔不小的投资,这也是融资困难的非上市民营企业无法大规模参与 PPP 项目的原因之一。而在资本金问题解决后，若负有支付义务的地方政府财力尚可，或者项目市场化现金流较为充足和稳定，一般都可以在银行融到贷款资金。

其次，是以"同股同权"的真股权方式，还是以"明股实债"的假股权方式？专家们认为，应主要以"同股同权"的真股权方式参与 PPP 项目资本金融资。原因是政府出资的 PPP 引导基金，更多地应该体现政府对 PPP 项目的导向——提高项目的可融资性，吸引社会资本参与 PPP 项目，PPP 基金应该更多地发挥其引导作用。若政府 PPP 引导基金采取"明股实债"方式，则与其他市场化的 PPP 基金无异，这样的基金不需要政府参与一样会设立——依靠社会资本等主体信用发起设立。政府既然参与基金的设立，应更多地提供市场不能有效满足的 PPP 项目融资服务，即"同股同权"参与 PPP 项目资本金融资。

最后，是与市场化金融机构一起争夺"好项目"，还是重点帮扶支付能力较弱的地方政府，或技术能力较强、管理经验较丰富但资金实力欠佳的社会资本？专家们认为，应该重点支持后者。原因是类似本书 10 个财政部 PPP 示范项目，社会资本方实力较强，也多数愿意提供增信，无论是股权融资还是债权融资，其融资难度都不大。PPP 基金不参与的话，市场化的金融机构一样可以参与，PPP 基金的参与反而对于市场化金融机构可能是一种冲击，甚至有的项目政府实施机构在采购社会资本之前，就将 PPP 基金持股作为项目采购的前提条件之一，要求社会资本予以接受；甚至还有的 PPP 基金依托政府的支持要求必须参与项目，融资成本甚至比市场上还要高。如前所述，政府出资的 PPP 引导基金应当主要起引导作用，提高（融资困难但必须要实施的）PPP 项目的可融资性，因此更应该帮扶诸如财力较弱的县级、区级地方政府发起实施的关系国计民生的 PPP 项目，并在融资的同时帮助融智；或者帮扶技术能力较强，或运营管理能力较强、信誉良好但资金实力较弱的社会资本，帮助 PPP 项目提高专业化建设、运营、管理能力，从而实现项目采用 PPP 模式而追求的物有所值。

后　　记

　　本书收录了十个财政部前三批示范项目中已落地的水务行业类项目，从海绵城市、综合治理（黑臭水体治理）、污水处理（农村污水）、引水（原水）、供水（复合项目）等细分领域入手，对项目操作流程、适用的政策法律、融资及财税等方面内容进行深入分析和全面总结。在此过程中，有关地方政府、咨询机构以及中标社会资本方提供了大量一手、准确的资料和素材，保证了案例信息采集的精准性与完整性。在此对各有关单位与领导专家的支持表示衷心的感谢。

　　本书由财政部政府和社会资本合作中心和 E20 环境平台合作编著，财政部金融司孙晓霞司长、董德刚副司长，财政部政府和社会资本合作中心焦小平主任、韩斌副主任，为本书的写作思路和框架设计进行了专业指导，明确了写作方向和编撰原则；财政部金融司阚晓西、易赟、马文杰、张帆，财政部政府和社会资本合作中心夏颖哲、刘宝军、李文杰、石盼盼、赵阳光、王琦、张戈，E20 环境研究院赵喜亮、汤明旺组成的工作组负责组织编写。此外，由 E20 环境研究院薛涛，毕马威咨询李炜，中国国际经济咨询周勤，北京市京都律师事务所刘敬霞，北京市中伦（上海）律师事务所周兰萍，上海财政局纪鑫华，北京云天新峰投资管理中心张继峰，弘泰通保投资管理有限公司何俊，北京建筑大学车伍，中国城市规划设计研究院王家卓，水利部发展研究中心乔根平，北京工业大学李军，清华大学刘文君组成的专家组，对案例内容进行了严谨细致的审核把关，保证了案例技术层面的专业性与规范性，同时对案例进行了评估研讨和深度思考，深化了案例经验的总结。此外，本书编写工作同时得到了英国

后　记

"全球繁荣基金"的支持，在此深表谢意。

由于我国PPP实践还处于不断发展、规范的过程，本书收录的项目尽管在按效付费、交易结构设计、社会资本采购、项目融资实操等方面进行了不少探索和创新，但仍有优化提升的空间。同时，因时间、精力和信息披露程度所限，本书仍有不足之处，敬请批评指正。

编写组

2017年8月